吴宝康学术年谱

◎徐拥军 编著

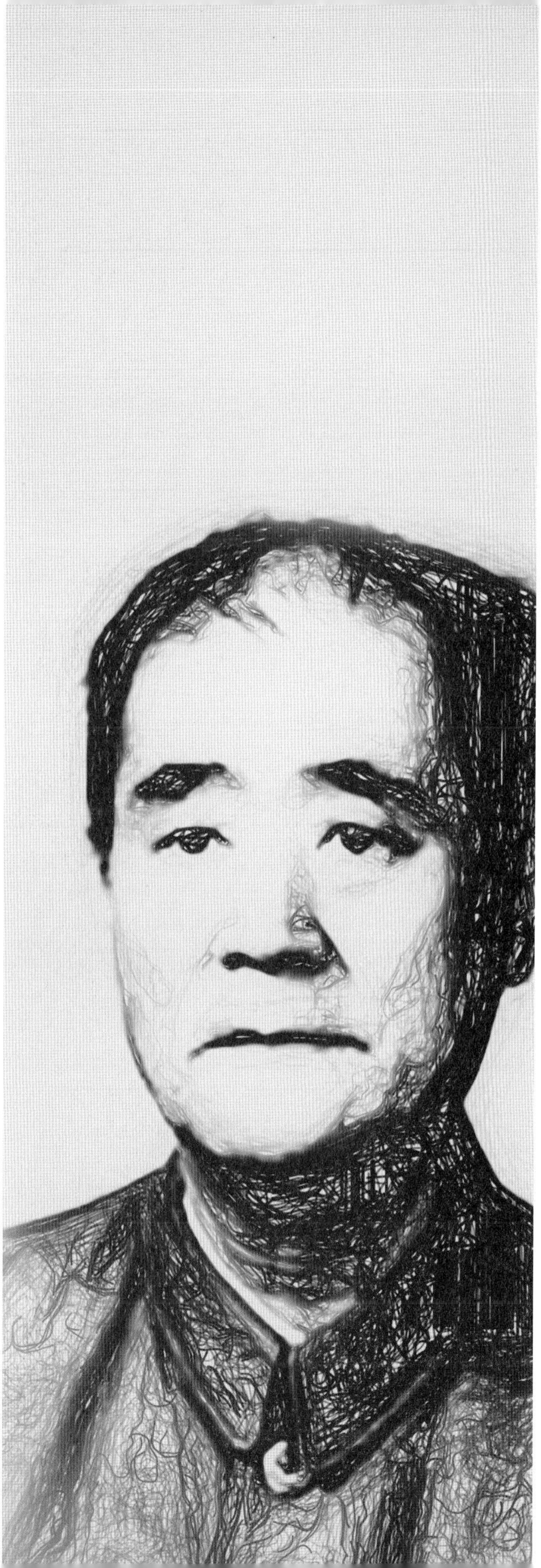

中国人民大学出版社
·北京·

我是这么想的，
只要我们这个党、我们社会需要档案学这个专业，
什么力量都挡不住它的发展。

序

值吴宝康先生诞辰百年之际，受学院委托，后学徐拥军编写了《吴宝康学术年谱》以为纪念。清学者章学诚言，文人之有年谱，颇觉有补于知人论世之学，不仅区区考一人文集已也。这部年谱亦如是，以年月为经、事实为纬对吴老学术思想的翔实梳理，展现了吴老的为人为学和不凡人生，彰显先贤，启发来者，可以让读者从中获得诸多裨益。

吴老是一位革命者，早年的传奇经历，书写了一位热血青年的崇高志向和忠诚品格。吴老年方十五便生出民族义愤和对抗日将士的敬仰，继而在进步思想的影响下加入地下党，舍弃安稳职业，以笔为枪，办报调研宣传，经历了亲人离别、爱妻被捕、流离征战等艰难困苦，其革命信念历久弥坚。从此，战士的品格进入他的血脉，化作人生底色，使他无论任何时候都不惧挫折艰难，在坎坷与困境中坚韧不拔，对投身的事业忠诚执着，鞠躬尽瘁。

吴老是一位拓荒者，一生不断在荒芜之处探路、开垦、耕耘并收获，成就了国家一方事业和个人独特贡献。特别是自 35 岁受命创建新中国档案专业教育，便义无反顾地走进这片空白之地，从无教案、无教材、无教员处做起，历经半个多世纪的艰辛跋涉，规划并建立了中国现代档案教育体系，奠定了档案学理论的基础，构建了档案学术研究的大框架，开辟了若干领域，成为这一学科当之无愧的奠基人。吴老身在教育战线，始终关注全国档案事业的发展战略，在成立国家档案局、中央档案馆和“文化大革命”后恢复国家档案局，以及国家档案体制、立法、政策、管理等重大实践方面都有开创、推进之功，为我国档案事业发展的一个又一个“前所未有”做出了重大贡献。

吴老是一位学者，投身档案教育数十年，以教书育人为本，以发展学术为责，不懈探索攀登，取得了丰厚的学术成果。在创建和发展学科过程中，吴老以其宏观视野和学术大格局，始终关注档案学的价值、体系、特点、发展趋势及其与档案事业的关系等基本问题，主攻档案学基础理论，同时对一些分支学科建设和重大档案实践问题进行考察研究，建树颇丰。吴老治学之勤奋与前瞻令人敬佩，除“文化大革命”十年学科中断之外，吴老一直坚持研究专业问题，著书撰文立说，与教材、专著共同面世的论文超110篇。特别是离休后的10年间，吴老以古稀之年伤病之身笔耕不辍，发表论文近60篇，所涉问题广泛，紧贴时代脉搏，提出不少新问题和新观点，把档案学的厚度和宽度又推进了一大步。

对这样一位学科奠基人、领军人的学术思想加以总结和研究在学科史中不可或缺，不少后人已发表论文加以研究，相比而言，此番编写的学术年谱因其体例或可弥补若干论文所不能及。本书作者初次编撰谱书，力求循其特点，彰其功用。一为全面。清学者孙诒让以为，盖名贤魁士一生从事于学问，非有谱以精考其年，无由得其详实。本书作者几近遍览与吴老学术生涯相关的各类文献，据此对吴老的学术经历、思想脉络、学术贡献做出连续性、体系化呈现，同时摘要部分研究评价观点，吸纳多位前辈同仁意见，为后人完整地研究吴老学术思想提供了较为完备的基础材料。二为准确。清学者全祖望以为，大而国史，小而家传墓文，容不能无舛谬，所借年谱以正之。这部学术年谱资料翔实，其中包括相当数量的论著原文、档案和个人回忆，且以年月系之，可与相关史实相互校订，亦可确定一些事件和学术观点的时间及背景。三为客观。年谱是传记体裁之一，重在记载谱主生平事迹，以为后人参考。因此，本书作者坚持以史料叙事，凡重要事件、重要观点皆予记述，其中亦包含吴老本人思想观点的发展变化和他人评价的不同声音，未加主观评论，留待读者分析判断。上述全面、准确、客观三个特点相互关照而成，表达了本书作者的编撰追求和指导思想。

这部年谱用笔简而记事周，对一些事实、观点未做详尽缀辑，虽无繁编之应有尽有，已得简编之线索清晰。这一线索可为吴老学术思想研究者和所有后人追寻延续，借之走入深处，收获更加丰厚的成果。

冯惠玲

2017年9月16日

写在前面

一、本书将吴宝康先生一生分为五个阶段：（1）1917年至1951年，先生出生至调至中国人民大学创办档案高等教育之前；（2）1952年至1965年，先生调至中国人民大学至“文化大革命”前；（3）1966年至1976年，“文化大革命”时期；（4）1977年至1987年，筹备恢复中国人民大学及档案系至先生离休前；（5）1988年至2008年，先生离休至逝世。另加上2009年至2017年，先生逝世后至诞辰100周年。全书共分为六卷。

二、本书不仅按时间顺序以条目形式编录先生的生活和工作经历、教育和学术成果，而且辑录每一时期各界人士对先生教育成就、学术思想的评介。

三、本书在编录先生的论著时，不仅对先生论著的主要内容进行一定概括，而且对其关键、核心的论述予以原文摘录，以更好地忠于先生原意，便于读者学习和研究先生的学术思想。对于他人评介先生的论著，亦是采取这种概括加原文摘录的方式予以编录。

四、他人在评介先生生平事迹时，诸如具体的时间、职务等信息与先生自述的《我的回忆》有细微出入的，以《我的回忆》及先生的论著原文为准。而《我的回忆》所述信息与中国人民大学档案馆馆藏“吴宝康人物档案”原件记载有出入的，则以档案原件为准。

五、一些具体月份、日期不可考的事件、论著，置于当年、当月各条目之末。在提及他人职务、身份时，皆指当事人当时的职务、身份。

六、在摘录先生论著、收录《我的回忆》时，对原文中的编校印刷错误进行了个别文字的校正。

目　录

第一卷

1917—1951 年（出生～34 岁）

◎ 1917 年（民国六年，丁巳） 先生出生

9 月 4 日（阴历八月二十日）[①]，吴宝康出生于浙江湖州南浔镇（今湖州市南浔区）。原名吴庆荣，小名福宝、阿福或福官。

先生祖父吴龙臣；祖母张氏，名节；父亲吴其况，字士良；母亲孙玉英。

先生兄弟姐妹四人，大姐吴庆珍，先生排第二，大弟吴庆华，小弟吴庆棠（后改名吴健）。[②]

吴宝康母亲孙氏

吴宝康祖母张氏

◎ 1921 年（民国十年，辛酉） 4 岁

7 月 23 日，中国共产党第一次全国代表大会在上海召开。

◎ 1922 年（民国十一年，壬戌） 5 岁

2 月，先生随祖母到上海。[③]

---

① 据先生二女儿吴稼青反映，先生应是 1917 年 10 月 5 日（阴历八月二十日）出生，参加新四军工作填表时被人误写为 1917 年 9 月 4 日，此后就一直写 1917 年 9 月 4 日。

② 吴宝康．我的回忆［J］．档案学通讯，1997（1）：72-80.

③ 吴宝康．我的回忆［J］．档案学通讯，1997（1）：72-80.

9 月，先生入上海城西幼稚园学习。①

◎ 1923 年（民国十二年，癸亥）　6 岁

7 月 15 日，先生在上海城西幼稚园保育科修业期满。②

1923 年吴宝康（左起第四）在上海城西幼稚园保育科修业期满时留影

9 月，先生入上海城西小学初小读书。③

◎ 1924 年（民国十三年，甲子）　7 岁

是年，先生父亲因伤寒症亡故。④

◎ 1927 年（民国十六年，丁卯）　10 岁

7 月，先生从上海城西小学初小毕业。⑤

---

① 吴宝康．我的回忆［J］．档案学通讯，1997（1）：72-80.

② 湖州市南浔区档案局（馆）．高山仰止：纪念新中国档案学和档案教育事业开拓者吴宝康［Z］．湖州：内部发行，2017：1.

③ 吴宝康．我的回忆［J］．档案学通讯，1997（1）：72-80.

④ 吴宝康．我的回忆［J］．档案学通讯，1997（1）：72-80.

⑤ 吴宝康．我的回忆［J］．档案学通讯，1997（1）：72-80.

9月，先生入上海西区小学高小读书。[①] 先生回忆：

我的印象自到西区小学念书后，顿觉课程较前为重，要求也较前为严。这就促使我加倍努力，勤奋读书。语文课从《论语》到《古文观止》、《左传》、《战国策》等都读过。记得我的小学语文作业，曾有一次老师批曰："资愚勤学，可造之材也"。这也许可以说恰当地反映了我在小学时期的学习情况。我的天资并不聪明，但知道努力。老师的批语对我幼小时代起了激励向上的作用。我小学三年级开始就学英语了。我的数学课是比较差的，只能及格以上，也算跟上。我在小学的课程学习，一般说只能算中等，名次总是从低到高的，到了中学也基本如此。[②]

◎ 1931年（民国二十年，辛未） 14岁

春，由瞿秋白起草、经周恩来批准，中国共产党制定了第一份有关文书与档案工作的重要指导性文件——《文件处置办法》。

7月，先生在上海西区小学念完"初中一"。[③]

9月，经祖母表弟龚元彪及夫人与上海南洋中学校长、著名教育家王培荪先生联系，先生免费入上海南洋中学学习。[④]

◎ 1932年（民国二十一年，壬申） 15岁

1月28日，"一·二八"事变爆发。先生回忆：

1932年上海的"一·二八"事变，军民英勇抗日，那时我正刚进南洋中学念书，在我思想上是引起民族观念的义愤，但尚未有很大的震动，对十九路军英勇抗日也为之兴奋和敬仰不已。在当时的形势下，对日寇侵华、国民政府的无能，在内心已埋藏着不满，开始引起思虑。[⑤]

◎ 1933年（民国二十二年，癸酉） 16岁

7月，先生从上海南洋中学初中毕业。[⑥]

---

① 吴宝康. 我的回忆［J］. 档案学通讯，1997（1）：72-80.
② 吴宝康. 我的回忆［J］. 档案学通讯，1997（1）：72-80.
③ 吴宝康. 我的回忆［J］. 档案学通讯，1997（1）：72-80.
④ 吴宝康. 我的回忆［J］. 档案学通讯，1997（1）：72-80.
⑤ 吴宝康. 我的回忆［J］. 档案学通讯，1997（1）：72-80.
⑥ 吴宝康. 我的回忆［J］. 档案学通讯，1997（1）：72-80.

9 月，先生入江苏松江电灯公司做练习生。[①]

◎ 1935 年（民国二十四年，乙亥） 18 岁

9 月，先生入上海英商汇丰银行做练习生。先生回忆：

一般说，我到上海汇丰银行工作后，生活上是有所提高的，捧着汇丰的“铁饭碗”，也是可以安稳度日、虚度一生的，但是恰恰在 1935 年 9 月到 1939 年 7 月的四年间，也是我一生思想上发生急剧变化和极大转变的时期，那时正是我从 18 岁跨到 22 岁的青年时代。在那年代里，我从一个安分守己、循规蹈矩的顺民转变为胸怀烈火、投身革命的旧社会的叛逆；从一个处在旧社会底层的外商银行里的地位卑贱的练习生转变为一个无产阶级先锋队——中国共产党的党员；从一个家境贫苦但又关系亲密融洽的家庭一员转变为弃家从军的勇士；从一个在上海可以安居乐业的良民百姓转变为一个参加抗日队伍的新四军战士。这些都不是偶然的，是可以从主观上和客观上历史地找到原因的。[②]

在汇丰银行工作期间，先生阅读了许多进步书籍和杂志。先生回忆：

从 1933 年到 1939 年的几年中，特别是 1935 年到汇丰银行后的四年中，我看了不少文艺小说、哲学、经济学、政治理论、国际形势、社会发展史以及青年自学丛书之类的书籍和杂志。至今仍能记起并印象较深、思想影响较大者有如下几种：巴金的《家》、谢冰莹的《一个女兵的自传》、艾思奇的《大众哲学》、河上肇的《政治经济学大纲》，还有一本苏联作者的《新政治经济学……》、斯诺的《西行漫记》、胡绳的《社会发展史论战》以及青年自学丛书中有关世界观、人生观等方面的书籍。

抗日战争爆发后，在国共合作的形势下，1938 年的上海是可以买到看到许多我们党的出版物的，如毛泽东的《论持久战》、《中国共产党在抗日民族战争中的地位》，以及洛甫的《中国共产党十七年》等，这些书在生活书店都是公开卖的。此外，当时我还看到过我们党出版的《解放》等刊物。[③]

◎ 1936 年（民国二十五年，丙子） 19 岁

12 月 12 日，西安事变爆发。先生回忆：

---

① 吴宝康．我的回忆［J］．档案学通讯，1997（1）：72-80.
② 吴宝康．我的回忆［J］．档案学通讯，1997（1）：72-80.
③ 吴宝康．我的回忆［J］．档案学通讯，1997（1）：72-80.

1935—1936 年，正处在抗日战争即将爆发、革命高潮行将到来之时，从 1935 年的“一二·九”学生运动到 1936 年 12 月 12 日的西安事变，对我思想上的震动很大，使我从一般的民族意识和抗日思想，跃进到了抗日救国的思想境地，而且知道了有一个中国共产党，它是主张抗日的，这时我的学习志趣，逐渐从爱好文艺转向探索政治理论了，感到仅仅爱好文艺不能解决当前的抗日救国问题，而必须从研究政治理论中去探索出一条前进的道路。①

◎ 1937 年（民国二十六年，丁丑） 20 岁

7 月 7 日，卢沟桥事变爆发，中国进入全面抗日战争时期。

8 月 13 日，“八·一三”事变之后，先生家乡南浔沦陷，先生祖母、母亲及姐弟等避难乡间。②

◎ 1938 年（民国二十七年，戊寅） 21 岁

2 月，“在强烈的求知欲的追求下”，先生加入中国共产党的外围组织“银钱业联谊会”，在《银钱界》报任记者，撰写文艺演出报道等。参加“银钱业联谊会”后，先生经常参加各种报告会、演讲会。先生回忆：

联谊会差不多每周都举办报告会、演讲会等。我接到通知和入场券，就每周都去听讲。现在还可以记得的有王任叔（即巴人）的国际形势报告，平心的青年思想修养等。经常听演讲报告，当时在提高思想认识，扩大知识领域等方面起了很大作用。

……到 1938 年，银钱业联谊会发来通知，称上海职业补习学校举办各科讲座，自由参加，我报名参加了举办的所有讲座：如周谷城讲的中国历史、周予同讲的世界历史、孙冶方讲的政治经济学、平心讲的哲学、林淡秋讲的文学理论等。可以说这是入党前的一次较系统的马克思主义理论的学习，实际上为入党作了思想理论准备。③

9 月，《江南》创刊于无锡县梅村，以无锡县各界抗日联合会宣传部名义出版。④

---

① 吴宝康．我的回忆［J］．档案学通讯，1997（1）：72-80.

② 吴宝康．我的回忆［J］．档案学通讯，1997（1）：72-80.

③ 吴宝康．我的回忆［J］．档案学通讯，1997（1）：72-80.

④ 萧和，子江．《江南》《大众报》及其抗日救国宣传［J］．苏州大学学报，1987（3）：145-149.

下半年，经赵扬介绍，先生结识中国企业银行的尹克长。①

年底，先生在《译报》刊登短文，向社会诉说汇丰银行高级职员对他的欺压。②

1938 年吴宝康在上海汇丰银行做练习生期间留影

1938 年的吴宝康

◎ 1939 年（民国二十八年，己卯） 22 岁

1 月，经尹克长介绍，由中国银行的杨扬（即杨同善）批准，先生加入中国共产党，成为上海洋商银行第一名中国共产党员。③

7 月 5 日，受党组织委托，先生下乡到江苏无锡梅村，由东路特委书记张英安排，与杨增一起参加《江南》半月刊（油印）的编辑工作。先生还动员小弟庆棠到无锡，由东路特委分配工作。④

8 月，先生任无锡各界抗日联合会战地服务团团长。⑤

---

① 吴宝康．我的回忆［J］．档案学通讯，1997（1）：72-80.

② 吴宝康．我的回忆［J］．档案学通讯，1997（1）：72-80.

③ 吴宝康．我的回忆［J］．档案学通讯，1997（1）：72-80.

④ 吴宝康．我的回忆（续完）［J］．档案学通讯，1997（2）：70-78.

⑤ 吴宝康．我的回忆（续完）［J］．档案学通讯，1997（2）：70-78.

10月，为躲避国民党忠义救国军胡肇汉部队的骚扰，先生根据党组织的布置，回上海隐蔽。①

11月，接党组织通知，先生再次离沪下乡，到常熟县董浜区任区委宣传委员。②

12月，先生因病住在江南抗战后方医院。听闻战友张芸石被日寇杀害，先生按歌曲《太行山上》写下诗歌《虞山脚下》，刊登于《大众报》以悼念战友。③

是年，张英帮先生改名"宝康"。④

◎ 1940年（民国二十九年，庚辰） 23岁

1月，先生任苏（州）常（熟）太（仓）地区董浜办事处主任，负责接待过往的地下党同志和交通联络工作。⑤

3月，先生任东路特委《大众报》报馆编辑主任兼《江南》半月刊编辑。⑥

5月9日，《江南》半月刊和《大众报》统一由江南社负责编辑、出版、发行，先生任编辑部主任。⑦

7月，先生以"孙心烈"为笔名在《江南》第二卷第七、八期合刊上发表《纪念"七七"三周年》。⑧

8月31日，先生以"孙心烈"为笔名在《江南》第二卷第十、十一期合刊上发表《开展东路文化工作》。⑨

11月，先生任东路特委江南社副社长兼编辑部主任。⑩

12月4日，先生在《大众报》第三、四版上，以"孙心烈"为笔名发表《关于锄奸工作》。⑪

是年，先生祖母病故。⑫

---

① 吴宝康．我的回忆（续完）[J]．档案学通讯，1997（2）：70-78.

② 吴宝康．我的回忆（续完）[J]．档案学通讯，1997（2）：70-78.

③ 吴宝康．我的回忆（续完）[J]．档案学通讯，1997（2）：70-78.

④ 吴宝康．我的回忆[J]．档案学通讯，1997（1）：72-80.

⑤ 吴宝康．我的回忆（续完）[J]．档案学通讯，1997（2）：70-78.

⑥ 吴宝康．我的回忆（续完）[J]．档案学通讯，1997（2）：70-78.

⑦ 吴宝康．我的回忆（续完）[J]．档案学通讯，1997（2）：70-78.

⑧ 中国人民大学档案馆馆藏吴宝康人物档案．

⑨ 中共苏州市委党史资料征集研究委员会办公室．苏州革命斗争史料专辑：抗战中的东路[Z]．苏州：内部发行，1985：354-362.

⑩ 吴宝康．我的回忆（续完）[J]．档案学通讯，1997（2）：70-78.

⑪ 中国人民大学档案馆馆藏吴宝康人物档案．

⑫ 吴宝康．我的回忆（续完）[J]．档案学通讯，1997（2）：70-78.

第二卷 第10、11期 【11】

開展東路文化工作

孫心烈

自從江抗民抗爲了驅逐我們的共同敵人日本帝國主義，堅持抗戰，爭取中華民族的自由解放，而在東路展開游擊戰爭，與民衆打成一片，極力改善人民生活，因而深得全體東路人民的熱烈擁護，而江抗民抗的聲勢亦日益宏大，氣燄更高漲，不但直接威脅敵人，而且已具有現在和將來取勝敵人，建設新中國的過程中有不可估量的重要作用與意義，它在整個抗戰中起着一種應有和必有的決定作用。正像任天石同志所說：「東戰場的得失，完全決定於東路。」這就可以看出東路在今天抗戰形勢中的重要地位。

正因爲東路抗戰在今天與將來都有重要的意義與決定的作用，而且它所處的環境正是敵人的政治，經濟，軍事，文化侵略的中心，又是汪精衛漢奸政權活動的中心，在這樣一個作爲敵人侵略中國的心臟部份的東路，在敵人方面說來，也是最重要的樞紐。東路的得失，是會牽連到它的整個「侵略事業」的成功與顛覆的。所以敵人是將會不惜一切來爲維持東路「秩序」，鞏固其傀儡政權，調兵「掃蕩」以消滅在東路堅持抗戰的游擊隊，而最大的目標就是我們江抗民抗，可以說敵人是無時無刻不在企圖消滅它心腹之患的江抗民抗。它一定會勾結一般土匪及倒甚頑固反共份子來進行它的「掃蕩」，這是可以斷言的，也是東路抗戰發展的必然規律。今天如胡肇漢的殘殺我們同志，勾結敵人，陰謀攻擊江抗民抗；王如來與敵連氣，謀害江抗民抗同志，高唱反共，狼狽爲奸，這些都是我們在堅持東路抗戰道路上的障礙物。

但是是不是因爲前途有很多障礙與困難而取消我們的抗戰呢？這我相信祇要頭腦還未失常的人們，即使是一個很落後的人民，他也會說要堅持抗戰打到底的。那末我們有沒有能够堅持東路抗戰取得勝利的有利條件呢？我們怎樣去爭取勝利呢？這可以說，我們前途的困難固然嚴重地存在，但是我們還是有足够的有利條件可以在東路堅持抗戰，完成他在抗戰中應盡的任務，担負起在新民主主義革命道上的艱重使命。

這些足以獲取勝利的有利條件是：（一）全體人民的積極堅持抗戰，除了少數人甘願爲虎作倀，認賊爲父外，絕大多數人包括各階級在內，都是主張抗戰到底的。（二）東路是一個中國最富庶的地方，是中國經濟的中心，雖然淪陷到今天，但仍未失去他的重要性，仍是一個很富足的地方。物資的生產，足以自給自足，這更適合於游擊隊的生長與成長，以給敵人致命的打擊。正如任天石同志所說：「東路人口衆多，物產豐富，眞所謂取之不竭，用之不盡。」的確，這是一個堅持東路抗戰中的很重要的條件、（三）有廣泛開展着的民衆運動與人民抗日自衛會的組織，所有各階級的人民都已組織起來，不論農民，工人，青年，婦女，兒童，商人都已有了團結的組織，這更是一個動員全體人民參加抗戰的有利條件。（四）是有全體民衆熱烈擁護的江抗民抗的武裝力量，這支力量在鬥爭中鍛鍊得日益堅強，在今天已是任何壓迫勞力所不能摧毀的力量了。（九）有多年鬥爭經驗及鐵的紀律，並與羣衆有廣泛聯系，足以作爲領導核心的中國共產黨在今天東路堅持抗戰。祇有在他的正確領導之下，人民的生活得

1940 年吴宝康以“孙心烈”为笔名发表于《江南》的《开展东路文化工作》

1940 年吴宝康以“孙心烈”为笔名发表于《江南》的《开展东路文化工作》（续）

◎ 1941 年（民国三十年，辛巳） 24 岁

2 月，先生以“孙心烈”为笔名在《江南》第三卷第九期上发表《怎样进行东路记者工作——为“二・八”大众报一周年纪念而作》。①

3 月 18 日，江南社奉命从苏常太地区移到澄（江阴）锡（无锡）虞（常熟）地区，先生任社长。②

7 月，敌伪清乡，江南社奉命撤退，先生渡江到苏北靖江。③

8 月，接新四军六师师长兼政治部主任谭震林电报，先生前往镇（江）丹（阳）地区前进报社工作，任社长。《前进报》为一张石印报纸。④

10 月，敌伪清乡，前进报社奉命撤退。先生再次渡江到苏北，被派到新四军六师政治部任宣传干事。⑤

---

① 中国人民大学档案馆馆藏吴宝康人物档案．

② 吴宝康．我的回忆（续完）[J]．档案学通讯，1997（2）：70-78.

③ 吴宝康．我的回忆（续完）[J]．档案学通讯，1997（2）：70-78.

④ 吴宝康．我的回忆（续完）[J]．档案学通讯，1997（2）：70-78.

⑤ 吴宝康．我的回忆（续完）[J]．档案学通讯，1997（2）：70-78.

11月8日，先生任新四军六师政治部调查研究室主任，随谭震林渡江南下前往茅山地区，在丹阳县延陵镇开展农村调查研究工作。①

◎ 1942年（民国三十一年，壬午） 25岁

3月，组织派程桂芬等人到新四军六师政治部调查研究室工作，先生初识后来的爱人程桂芬。②

5月，新四军六师政治部调查研究室改归地方领导，改为苏皖区党委调查研究室，先生仍任主任。③

8月13日，苏皖区党委调查研究室又改为茅山地委调查研究室，先生还任主任。④

11月，茅山地委调查研究室一分为二，恢复苏皖区党委调查研究室，先生任主任，前往溧水、溧阳地区开展调查研究工作。前往溧水前，在茅山地区，经苏皖区党委副书记兼组织部部长吴仲超、组织部副部长李坚真批准，先生与程桂芬结婚。⑤

◎ 1943年（民国三十二年，癸未） 26岁

5月，溧水地区环境因国民党部队进攻日趋紧张，苏皖区党委决定精简机关，先生被安排至溧阳县自醒中学隐蔽埋伏，由校长张炳元负责安全。先生任初中一年级语文教员作为掩护。⑥

7月，日寇扫荡，自醒中学停课，先生夫人程桂芬到自醒中学暂避，与先生隐蔽于张炳元家。11日，程桂芬被进村的朱琳镇伪军中的地方党叛徒指认被捕，并押解金坛。先生离开张炳元家，找到溧阳县政府设法营救程桂芬。⑦

7月，先生被任命为溧阳县政府文教科科长，在溧阳各区了解小学教育情况。⑧

9月24日，苏皖区党委调查研究室恢复工作，先生在溧阳县多地进行全面

---

① 吴宝康．我的回忆（续完）[J]．档案学通讯，1997（2）：70-78.
② 吴宝康．我的回忆（续完）[J]．档案学通讯，1997（2）：70-78.
③ 吴宝康．我的回忆（续完）[J]．档案学通讯，1997（2）：70-78.
④ 吴宝康．我的回忆（续完）[J]．档案学通讯，1997（2）：70-78.
⑤ 吴宝康．我的回忆（续完）[J]．档案学通讯，1997（2）：70-78.
⑥ 吴宝康．我的回忆（续完）[J]．档案学通讯，1997（2）：70-78.
⑦ 吴宝康．我的回忆（续完）[J]．档案学通讯，1997（2）：70-78.
⑧ 吴宝康．我的回忆（续完）[J]．档案学通讯，1997（2）：70-78.

的社会调查。①

年底，先生奉命从溧阳回到驻溧水的苏皖区党委机关工作，整理调查所获材料。先生回忆：

> 我对溧阳县作了全面的社会调查后，整理出几万字的《溧阳县社会调查》，写得很详细，包括政治、经济、地理环境、历史沿革等情况，现在可以说是县志。油印100余份，分发有关领导。当时苏南行政公署还印了几百份。②

◎ 1944年（民国三十三年，甲申） 27岁

1月30日，被囚禁中的先生夫人程桂芬托自醒中学教师于婉贞给先生带去一封信，诉说狱中生活及营救计划。此后，2月7日、3月5日、3月22日、3月24日、4月12日、4月14日，程桂芬在狱中又分别给先生写过多封书信。③

3月30日，先生在苏皖区党委机关参加整风学习，持续至1945年5月23日。④

◎ 1945年（民国三十四年，乙酉） 28岁

2月，新四军一师在粟裕率领下，渡江南下到溧水、溧阳，开辟根据地，成立苏浙区党委。先生任苏浙区党委调查研究室主任。⑤

4月，先生夫人程桂芬重新找到党组织。7月，程桂芬经组织审查恢复党籍，随后与先生恢复夫妇关系。⑥

初夏，先生在苏皖区党委整风大会上做典型报告，受到当时苏皖区党委机关整风领导小组成员、十六旅政治部主任魏天禄的大会书面表扬。⑦

8月15日，日本宣布无条件投降。

8月中下旬，日寇投降后，先生与夫人程桂芬前往宜兴丁蜀山镇开展陶瓷业的调查研究工作。先生深入到制陶工人中间，对陶工的生产、生活及收入情况做

---

① 吴宝康．我的回忆（续完）［J］．档案学通讯，1997（2）：70-78.
② 吴宝康，谢丽荣．吴宝康回忆当年在苏南的战斗生活［J］．档案与建设，2007（7）：40-42.
③ 程桂芬，程兰芬．新四军两姐妹：程桂芬、程兰芬自述［M］．北京：人民出版社，214-232.
④ 吴宝康．我的回忆（续完）［J］．档案学通讯，1997（2）：70-78.
⑤ 吴宝康．我的回忆（续完）［J］．档案学通讯，1997（2）：70-78.
⑥ 吴宝康．我的回忆（续完）［J］．档案学通讯，1997（2）：70-78.
⑦ 吴宝康．我的回忆（续完）［J］．档案学通讯，1997（2）：70-78.

调查。[①]

10月初，先生奉命渡江北上，于12月到达中共中央华东局机关所在地山东临沂。[②]

◎ 1946年（民国三十五年，丙戌） 29岁

1月，先生被分配到中共中央华东局组织部巡视团工作。[③]

4月，先生任中共中央华东局机关报《大众日报》编辑部地方版编辑。[④]

6月29日，先生在《大众日报》当日第二版上发表《关于目前老地区生产中的几个问题》。先生指出：

> 在某些干部与群众中尚存在如下的思想问题，即干部的盲目乐观和轻视生产思想，以及群众的均产思想。人民要求有丰衣足食的生活，我们就有责任去领导他们生产。[⑤]

11月，先生任大众日报社研究部研究员，主研军事与战争。先生回忆：

> 我主研军事与战争后，每天看阅并积累解放战争的战况材料，日积月累，作成统计。报道了从统计数字看敌我力量消长的变化，说明由我弱敌强到我强敌弱的转变。这一报道在《大众日报》上作为重要消息刊登出来，新华社山东分社还电发总社和各地，当时解放区很多报纸都发表了这一新闻。这是研究部第一次发布自己编撰出来的新闻稿。后来我还多次发布新闻稿，画地图，制锌版，在报上刊登出来，并总结了我们研究工作的经验，写成文章，刊登在大众日报社编的《新闻业务》期刊上。[⑥]

◎ 1947年（民国三十六年，丁亥） 30岁

1月28日，先生大女儿吴稼平（小名原叫小米，二女儿出生后改叫大米）出生于山东临沂。[⑦]

---

① 吴宝康．我的回忆（续完）[J]．档案学通讯，1997（2）：70-78.

② 吴宝康．我的回忆（续完）[J]．档案学通讯，1997（2）：70-78.

③ 吴宝康．我的回忆（续完）[J]．档案学通讯，1997（2）：70-78.

④ 吴宝康．我的回忆（续完）[J]．档案学通讯，1997（2）：70-78.

⑤ 湖州市南浔区档案局（馆）．高山仰止 纪念新中国档案学和档案教育事业开拓者吴宝康[Z]．湖州：内部发行，2017：3.

⑥ 吴宝康．我的回忆（续完）[J]．档案学通讯，1997（2）：70-78.

⑦ 程桂芬．人生不是梦[M]．中国妇女出版社，1998：488.

7 月，先生任大众日报社研究部副主任，后又任主任。[①]

◎ 1948 年（民国三十七年，戊子） 31 岁

7 月，先生从大众日报社调至中共中央华东局秘书处政策研究室工作，任资料室主任兼政策研究室秘书，从此开始接触档案工作。[②]

8 月 26 日，先生在中共中央华东局秘书处政策研究室资料室第一次全体会议上做《怎么做资料工作》报告。[③]

◎ 1949 年（民国三十八年，己丑） 32 岁

2 月 11 日，先生二女儿吴稼青（小名小米）出生于山东青州。

4 月，南京解放。先生从山东青州闵家庄南下扬州。[④]

5 月，上海解放。先生随中共中央华东局秘书长魏文伯进入上海。[⑤]

9 月 25 日，先生、吴健兄弟在家乡南浔与母亲及姐姐、姐夫全家合影。[⑥]

10 月 1 日，中华人民共和国成立。

◎ 1950 年（庚寅） 33 岁

5 月，中共中央华东局与中共上海市委分开办公，华东局机关资料室撤销，改设华东局办公厅秘书处档案科，先生任科长。[⑦]

8 月，先生调任中共中央华东局办公厅秘书处编辑研究科科长，主编华东局机关刊物《斗争》。[⑧]

◎ 1951 年（辛卯） 34 岁

4 月 15 日，中共中央编印的《材料工作通讯》出刊，为不定期刊物，内部发行。

---

① 吴宝康．我的回忆（续完）［J］．档案学通讯，1997（2）：70-78.

② 吴宝康．我的回忆（续完）［J］．档案学通讯，1997（2）：70-78.

③ 中国人民大学档案馆馆藏吴宝康人物档案．

④ 吴宝康．我的回忆（续完）［J］．档案学通讯，1997（2）：70-78.

⑤ 吴宝康．我的回忆（续完）［J］．档案学通讯，1997（2）：70-78.

⑥ 湖州市南浔区档案局（馆）．高山仰止纪念新中国档案学和档案教育事业开拓者吴宝康［Z］．湖州：内部发行，2017：5.

⑦ 吴宝康．我的回忆（续完）［J］．档案学通讯，1997（2）：70-78.

⑧ 吴宝康．我的回忆（续完）［J］．档案学通讯，1997（2）：70-78.

5 月，先生升任中共中央华东局办公厅秘书处副处长，分工主管档案工作。[①]

7 月，先生兼任中共中央华东局办公厅档案室主任。[②]

9 月，先生《华东局办公厅关于建立与健全党委机关档案工作的意见》一文发表于《材料工作通讯》1951 年第 2 期。[③]

11 月，华北地区召开档案工作会议，先生应邀出席，在会上介绍华东地区档案工作的经验，并参加关于档案与资料的区分问题的讨论。中共中央办公厅秘书处处长曾三特邀先生为秘书处材料科做报告。先生在报告中讲述了档案工作的收集、整理、保管、利用四个环节及其相互关系。[④]

12 月 25 日，先生在《材料工作通讯》1951 年第 4 期上发表《区分档案与资料问题的我见》。文章指出：有必要分清档案和资料，因为如果今后再不分清的话，就会影响到档案的整理与保存，影响档案工作的健全展开和提高。先生写道：

> 就全国全党而言，档案就是全国全党的工作历史的真实材料，就一个机关或一个部门而言，则是本机关本部门所办理的、足以说明本机关本部门的真实工作历史的一切文书材料。凡无需本机关或本部门办理，而由其他机关送来参考或备案备查的文件材料（包括刊物），则均为资料。档案的基本概念应该是本机关工作中形成的文件，是许多相互联系的办完的文件所组成的案卷，是许多相互联系的案卷所组成的分档，也就是能反映本机关工作历史的真实材料。
>
> …………
>
> 整卷与编纂是不同的，是两个工作，当然又是联系的，整卷是为了保存档案，为了保存和积累本机关的历史的真实材料，以便依靠这些原始材料来编纂史料，研究历史。整卷是为了编纂，编纂又须依靠整理好的史料。档案史料不妨可以多些，而编纂出来的书籍则自须精干，因此，认为整卷应该是很精练而又全面地反映某一工作的历史，是极易使在实际工作中把整卷与编纂混同起来，产生整卷代替编纂的现象，其结果必然是整卷也整不好，编纂也编不好。[⑤]

---

① 吴宝康．我的回忆（续完）[J]．档案学通讯，1997（2）：70-78.

② 吴宝康．我的回忆（续完）[J]．档案学通讯，1997（2）：70-78.

③ 刘国能．我国档案高等创建人吴宝康——写于吴宝康诞辰 100 周年［R］//吴宝康学术思想研讨会组委会．吴宝康先生百年诞辰纪念文集．2017：1-9.

④ 陈贤华．吴宝康与中国档案教育［J］．档案学通讯，1987（6）：4-9.

⑤ 吴宝康．区分档案与资料问题的我见［J］．材料工作通讯，1951（4）：19.

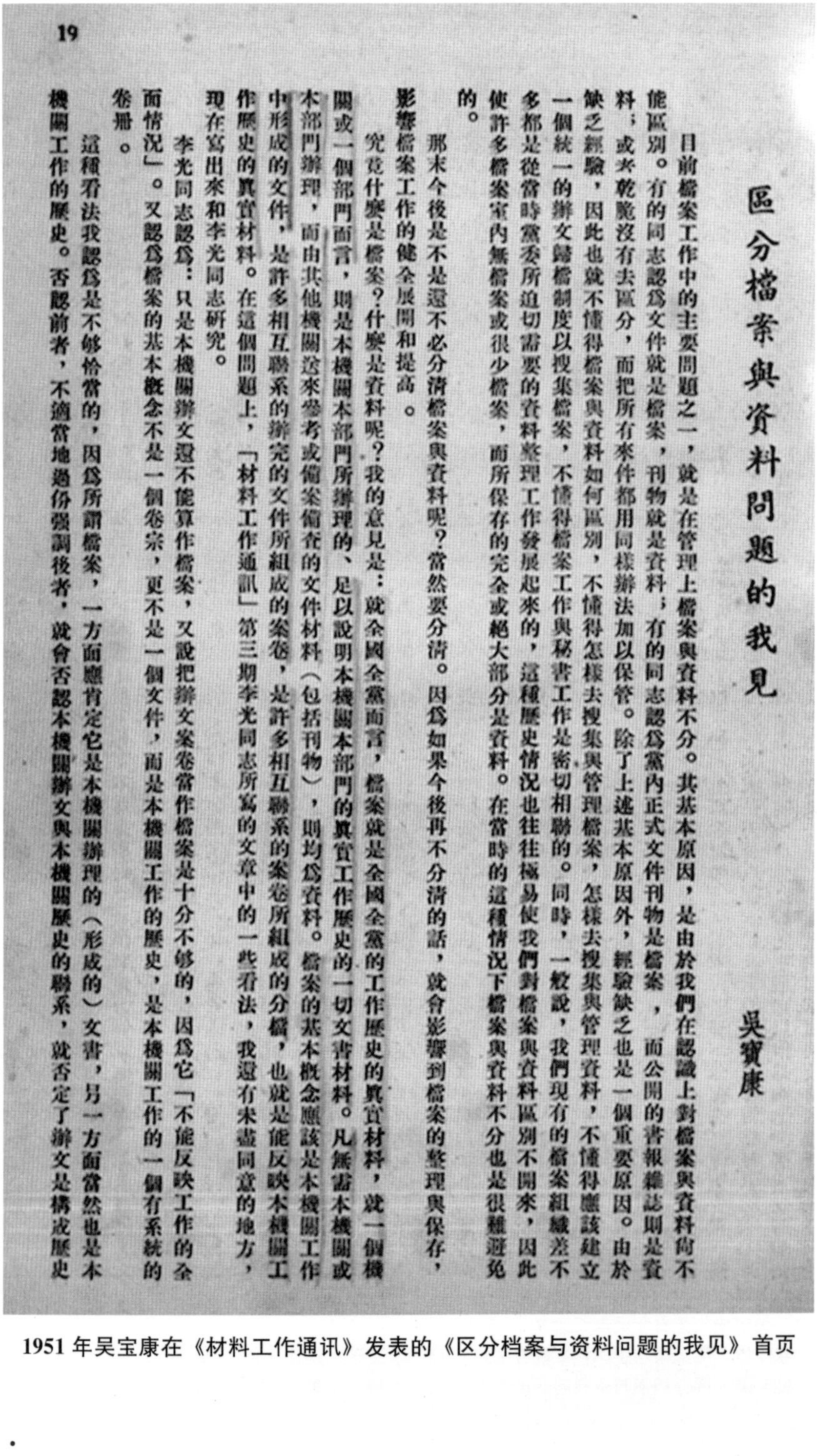
19

區分檔案與資料問題的我見

吳寶康

目前檔案工作中的主要問題之一，就是在管理上檔案與資料不分。其基本原因，是由於我們在認識上對檔案與資料尙不能區別。有的同志認爲文件就是檔案，刊物就是資料；有的同志認爲黨內正式文件刊物是檔案，而公開的書報雜誌則是資料；或者乾脆沒有去區分，而把所有來件都用同樣辦法加以保管。除了上述基本原因外，經驗缺乏也是一個重要原因。由於缺乏經驗，因此也就不懂得檔案與資料如何區別，不懂得怎樣去搜集與管理檔案，怎樣去搜集與管理資料，不懂得應該建立一個統一的辦文歸檔制度以搜集檔案，不懂得檔案工作與秘書工作是密切相聯的。同時，一般說，我們現有的檔案組織差不多都是從當時黨委所迫切需要的資料整理工作發展起來的，這種歷史情況也往往極易使我們對檔案與資料區別不開來，因此使許多檔案室內無檔案或很少檔案，而所保存的完全或絕大部分是資料。在當時的這種情況下檔案與資料不分也是很難避免的。

那末今後是不是還不必分清檔案與資料呢？當然要分清。因爲如果今後再不分清的話，就會影響到檔案的整理與保存，影響檔案工作的健全展開和提高。

究竟什麼是檔案？什麼是資料呢？我的意見是：就全國全黨而言，檔案就是全國全黨的工作歷史的眞實材料，就一個機關或一個部門而言，則是本機關本部門所辦理的、足以說明本機關本部門的眞實工作歷史的一切文書材料。凡無需本機關或本部門辦理，而由其他機關送來參考或備案備查的文件材料（包括刊物），則均爲資料。檔案的基本概念應該是本機關工作中形成的文件，是許多相互聯系的辦完的文件所組成的案卷，是許多相互聯系的案卷所組成的分檔，也就是能反映本機關工作歷史的眞實材料。在這個問題上，「材料工作通訊」第三期李光同志所寫的文章中的一些看法，我還有未盡同意的地方，現在寫出來和李光同志研究。

李光同志認爲：只是本機關辦文還不能算作檔案，又說把辦文案卷當作檔案是十分不够的，因爲它「不能反映工作的全面情況」。又認爲檔案的基本概念不是一個卷宗，更不是一個文件，而是本機關工作的歷史，是本機關工作的一個有系統的卷冊。

這種看法我認爲是不够恰當的，因爲所謂檔案，一方面應肯定它是本機關辦理的（形成的）文書，另一方面當然也是本機關工作的歷史。否認前者，不適當地過份強調後者，就會否認本機關辦文與本機關歷史的聯系，就否定了辦文是構成歷史

1951 年吴宝康在《材料工作通讯》发表的《区分档案与资料问题的我见》首页

第二卷

1952—1965 年（35～48 岁）

◎ 1952年（壬辰） 35岁

4月，中共中央决定委托中国人民大学开办档案专业，培养档案干部。4月24日，中共中央办公厅、组织部向全国发出《关于中国人民大学档案工作训练班招生的通知》。[①]

7月，先生兼任中共中央华东局办公厅档案室主任。[②]

10月25日，经中共中央办公厅、组织部和宣传部研究决定，先生奉调北京，先生夫人程桂芬同往。先生任中共中央办公厅秘书处副处长，并被派往中国人民大学创办档案高等教育。[③]

1952年吴宝康与夫人程桂芬

11月15日，中国人民大学专修科档案班举行开学典礼，中共中央办公厅秘书处处长曾三、苏联档案专家姆·斯·谢列兹聂夫参加。[④] 这是新中国创办档案高等教育的开始。

11月19日，中国人民大学成立档案教研室，先生任专修科档案班班主任兼档案教研室主任[⑤]，从此走上档案高等教育工作的岗位。

---

① 中国人民大学信息资源管理学院简史（1952—2012）[Z]．北京：内部发行，2012：56.
② 吴宝康．我的回忆（续完）[J]．档案学通讯，1997（2）：70-78.
③ 吴宝康．我的回忆（续完）[J]．档案学通讯，1997（2）：70-78.
④ 中国人民大学信息资源管理学院简史（1952-2012）[Z]．北京：内部发行，2012：56.
⑤ 吴宝康．我的回忆（续完）[J]．档案学通讯，1997（2）：70-78.

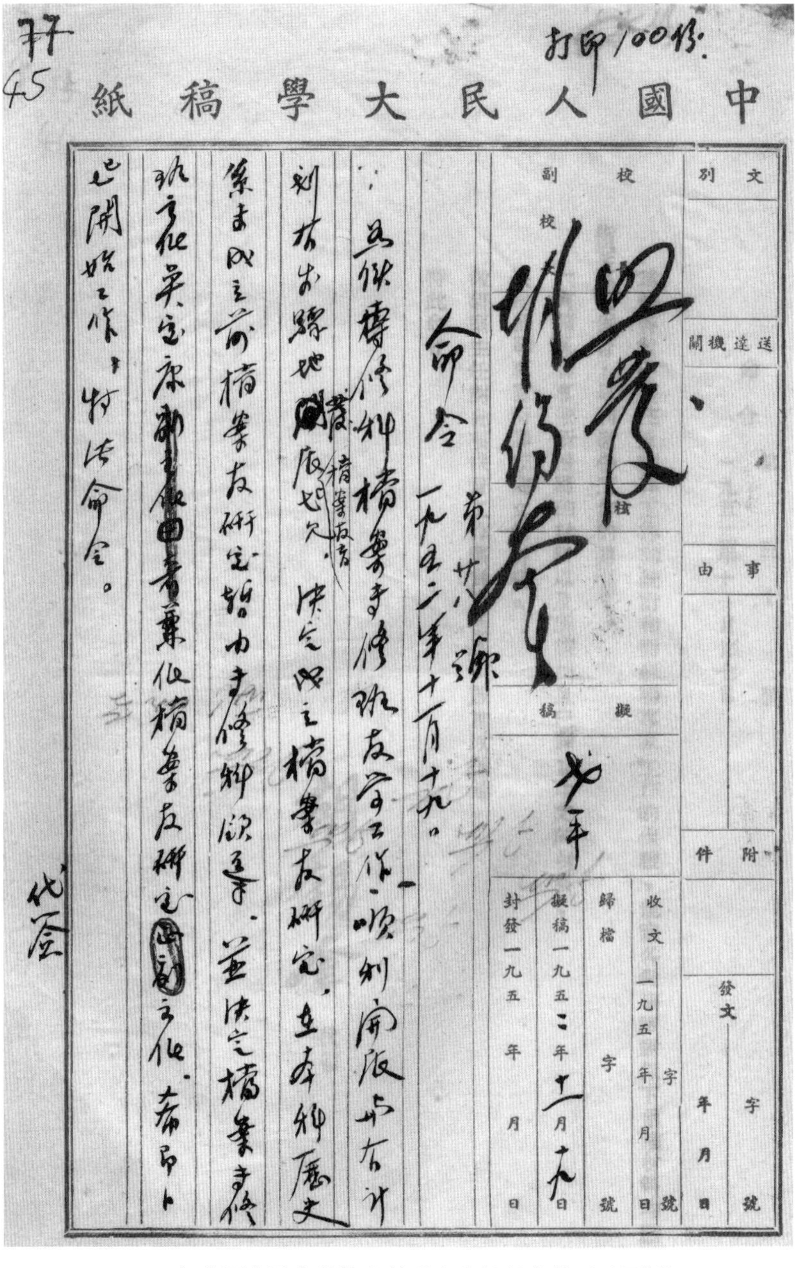

1952 年中国人民大学档案教研室主任任命书（手写版）

11 月，苏联档案专家姆·斯·谢列兹聂夫初次来华，考虑到语言不通所带来的授课困难现状，先生与专修科档案班其他领导研究决定：从 1952 年年底开始，由苏联专家主要负责系统地给学员面授专业课，中国教员田风起、李凤楼等负责上答疑课和实验课；从现有的学员中抽出 9 人组成研究生班进行深度培养，充实教师队伍。[①]

◎ 1953 年（癸巳） 36 岁

7 月 1 日，《材料工作通讯》改名为《档案工作》。

7 月 1 日，中国人民大学专修科档案班第一期毕业，共计 103 人，先生与同学们合影。[②]

1953 年中国人民大学专修科档案班第一期毕业合影

8 月 5 日，先生在《档案工作》1953 年第 2 期上发表《文书立卷实验工作的初步研究》。先生强调："在文书与档案工作中，立卷是极重要的工作之一"，"立卷就是把许多单个文件组合成卷，立卷也是分类的基础"。先生详细阐释了"卷"的含义以及具体的立卷做法。先生认为，立卷前的业务准备包括：

> （一）当我们收到大批大堆的零散文件后，为了要进行立卷，首先要把零散文件按芬特区分开来，因为将来保存在档案馆、室的时候是以芬特为基本的保存单位的。
>
> （二）区分芬特后，就要了解芬特的情况与芬特构成者的情况。
>
> （三）了解了芬特与芬特构成者的情况之后，就有可能去确定一个分类方案并拟就一个立卷计划。
>
> （四）每人对自己所需整理的零散文件浏览一次，初步熟悉，以达到大

---

① 韩玉梅．新中国档案高等教育的开山之师——忆 M. C. 谢列兹聂夫教授在华执教［M］//郭海缨，中国档案报社．光荣时刻：新中国档案事业发展亲历．北京：中国档案出版社，2009：26-29.

② 湖州市南浔区档案局（馆）．高山仰止 纪念新中国档案学和档案教育事业开拓者吴宝康［Z］．湖州：内部发行，2017：7.

体掌握自己所要立卷的是些什么文件材料，是什么内容什么种类的文件。

（五）我们知道，芬特就是一个机关、团体、企业、学校在其全部工作活动中所形成的一切文件材料的总合。这就是告诉我们，当我们要整理一个芬特的时候，必须力求整理一个完整无缺的芬特，因为缺少一部分文件材料的芬特是不容易整理得很好的。因此，当我们要把一个芬特的文件进行立卷之前，必须检查一下它的完整程度如何，如不全，还要尽一切可能去搜集完全。

先生进一步提出了立卷的方法：

当一切准备工作基本就绪后，就可进行立卷的实际工作，立卷可视芬特内文件情况分别按如下特征来进行：（一）名称特征；（二）问题—实物特征；（三）作者特征；（四）收发文机关特征；（五）地区特征（地理特征）；（六）时间特征（年代特征）。但为了正确地立卷，仅仅掌握上述诸特征还是不够的，做立卷工作的人必须深刻地认识所谓案卷就是与某一问题或实物有联系的全部文件的组合；必须随时记着，保持文件之间的联系的原则，乃是立卷工作的最重要的原则。立卷时不要以特征去生硬地机械套用在文件身上，而应掌握文件之间的联系的原则去进行立卷，特征要为我们所用，勿被特征所约束。上述六个立卷特征在实际上应体现在文件之间的联系中，六个特征应服从于保持文件间联系的原则。

根据我们的体会，零散文件立卷的方法、进程与步骤，一般如下：先粗后细，先分后编，先易后难，分分编编，编编分分。①

先生还认为，立卷的进行方式有两种：

一种是循着正常的轨道来立卷的，也就是说卷是在文书处理部门的秘书和文书工作者手里就按照预定的案卷类目立好案卷，每一年就将案卷移交给机关档案室保存，采取这种方式，则档案室收到的文件材料必然已是完全立好了的案卷，档案室收到各组织单位的案卷后，就研究确定一个分类方案，将案卷分类排列起来，并加以妥善的保管。这是最好的方式，是值得推荐的方式。一种则是档案室所收到的文件材料都是没有立好卷的零散文件，立卷任务还要档案室去进行，这种情况在我国目前的许多机关中是不少的，因为秘书文书工作者还没有学会做立卷工作。虽然这种进行方式并不是很好的，但这是现实的问题，我们应该加以研究和解决。②

---

① 吴宝康．中国人民大学档案专修班立卷实验工作的初步研究［J］．档案工作，1953（2）：11-18.

② 吴宝康．中国人民大学档案专修班立卷实验工作的初步研究［J］．档案工作，1953（2）：11-18.

8月，中国人民大学专修科档案班扩大为档案专修科，先生任主任。①

9月，先生陪同苏联档案专家谢列兹聂夫参观明清档案馆各库房及所保管的各类档案。②

是年，先生在《材料工作通讯》1953年第10期上发表《重新认识档案与资料的区分》。先生认为，在《区分档案与资料问题的我见》中，自己的认识是不正确的，产生错误认识的原因如下：

> 首先，片面强调了档案是历史。当然，档案在研究历史中的重要作用是无可怀疑的，但应该认识到档案不仅在研究历史中可起极大的作用，而且可以发挥其政治作用、科学作用和实际作用。
>
> 其次，由于过去我们所看到的档案室里往往很少甚至没有本机关所办理、形成与产生的文件和来往文书，一旦发现此问题，认识到本机关所办理、形成的一切文件的重要性，就片面地将“本机关办理与不办理”夸大为档案与资料区分的分界线。
>
> 第三，当时认为凡是这个机关或机构办的，就是这机关与机构的档案，不是这个机关或机构办的，就必然是另一机关或机构的档案，好像这样就可很自然地实现按组织机构分类的原则了，其实，按组织机构分类何须用“办与不办”来保证呢？
>
> 第四，之所以产生这种不正确的认识，没有经验也是主要原因之一。

至于档案与资料的区分，则不应仅从文件材料的内容与形式，更不应从用以办理或用以参考上去区分，而主要应从其目的上去看；也就是说，档案是一个机关、团体在其工作活动中所形成的一切文件，当使用完后，就保存起来，以备日后查考或利用，以服务于实际、科学、历史研究方面为目的，而资料（图书）则是以推广与广泛地传播知识为目的的。③

◎ 1954年（甲午） 37岁

2月，先生陪同苏联档案专家姆·斯·谢列兹聂夫到南京史料整理处考察和指导工作。谢列兹聂夫介绍了苏联档案科学的成就和整理档案的重要原则。

---

① 吴宝康．我的回忆（续完）［J］．档案学通讯，1997（2）：70-78.

② 见《张德泽回忆录》，存于中国人民大学信息资源管理学院（原档案学院）资料室，内部资料，未出版。

③ 吴宝康．重新认识档案与资料的区分［J］．材料工作通讯，1953（10）：11.

1954年迟华、吴宝康、苏联专家谢列兹聂夫、吴玉章、曾三、裴桐（自左至右）合影

3月2日，先生把苏联档案专家姆·斯·谢列兹聂夫提出的成立国家档案局的意见，分别向中共中央办公厅秘书处处长曾三，中共中央委员、中国人民大学校长吴玉章做了书面报告。在报告中，先生提出了四项建议：第一，请求中央尽快成立国家档案工作的领导机构；第二，着手筹建中央档案馆；第三，发布整顿全国档案管理的指令性文件；第四，建立永久性档案人才培养基地——历史档案系。[①] 先生在报告中说：

> 目前我们在档案建设上的最主要、最中心的问题，就是首先成立中央的档案领导机关。有了领导机关，一切就可以开始。我作为一个档案战线上的战士来说，万分希望中央秘书处给中央的报告中所建议的几项紧急措施，能早日实现。[②]

吴玉章看了先生的报告后，感到成立中央档案领导机构的迫切性，于3月12日给国务院副总理兼秘书长习仲勋、中共中央办公厅主任杨尚昆写了一封信，希望国家

① 中国档案学会档案老专家委员会．新中国档案事业发展历程——纪念国家档案局成立60周年文集［M］．北京：中国文史出版社，2015：58.

② 赖世鹤，范垂学．回忆国家档案局成立的经过［J］．档案学通讯，1986（4）：7-10.

能够加强档案工作。周恩来总理将此事提交中共中央政治局讨论。[①]

3月11日，中国人民大学校长吴玉章签署任命书，任命先生为中国人民大学档案馆馆长。[②] 此前，先生向学校建议成立校档案馆。1月23日，副校长胡锡奎、副校长邹鲁风批示同意成立校档案馆。2月20日，校长办公室秘书科长戈平请先生草拟成立中国人民大学档案馆的命令。[③]

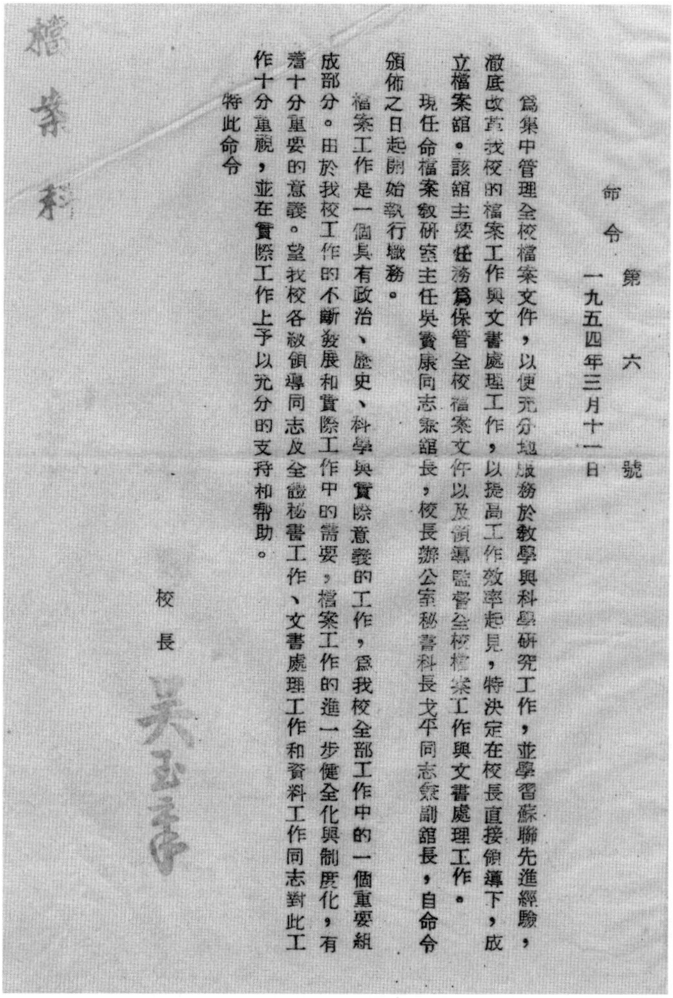

命令 第六號

一九五四年三月十一日

爲集中管理全校檔案文件，以便充分地服務於教學與科學研究工作，並學習蘇聯先進經驗，徹底改革我校的檔案工作與文書處理工作，以提高工作效率起見，特決定在校長直接領導下，成立檔案館。該館主要任務爲保管全校檔案文件以及領導監督全校檔案工作與文書處理工作。

現任命檔案教研室主任吳寶康同志兼館長，校長辦公室秘書科長戈平同志兼副館長，自命令頒佈之日起開始執行職務。

檔案工作是一個具有政治、歷史、科學與實際意義的工作，爲我校全部工作中的一個重要組成部分。由於我校工作的不斷發展和實際工作中的需要，檔案工作的進一步健全化與制度化，有着十分重要的意義。望我校各級領導同志及全體秘書工作、文書處理工作和資料工作同志對此工作十分重視，並在實際工作上予以充分的支持和幫助。

特此命令

校長 吳玉章

檔案科

1954年中国人民大学档案馆馆长聘书

① 赖世鹤，范垂学．回忆国家档案局成立的经过［J］．档案学通讯，1986（4）：7-10.

② 湖州市南浔区档案局（馆）．高山仰止 纪念新中国档案学和档案教育事业开拓者吴宝康［Z］．湖州：内部发行，2017：7.

③ 中国人民大学档案馆馆藏吴宝康人物档案．

4月8日，中国人民大学档案教研室举办第一次科学讨论会，出席讨论会的有中央、华北局、北京市机关的档案工作人员以及有关科研、出版机关的代表100余人。这次讨论会的中心议题是讨论陆晋蘧先生所著的《档案管理法》一书。与会者在发言中对作者钻研档案业务的刻苦精神以及该书对某些实际部门的指导作用予以肯定和赞扬，同时对该书存在的某些不足和问题进行了热烈的讨论和有益的探讨。[①] 这是我国档案工作有史以来的第一次科学讨论会。

5月5日，先生在《档案工作》1954年第10期上发表《论档案工作的意义及目前存在的问题》。先生指出：

> 档案工作不仅对于机关、团体、企业、部队、学校的日常工作是不可缺少的，而且能为国家储备文件材料，为整个国家的各项建设以及开展历史科学的研究而服务，因此它是我们党与国家工作的重要部分之一，是一个具有政治、历史、科学以及实际意义的工作。
>
> 什么是档案呢？档案是各个机关、团体、部队、企业、学校以及个人在其全部工作活动中形成并已处理完毕保存在档案馆（室、库）中的一切文件材料。……因此，档案是我们过去一切工作活动的真实历史记录。档案是我们党与国家的重要财富之一。
>
> 档案工作的基本内容有搜集、整理、鉴定（研究和确定文件材料的保存价值决定存毁问题）、保管、统计和利用等六个部分。
>
> 任何机关、团体、企业、部队、学校在其工作活动中都会产生文件，这些文件就应该加以科学地整理和保管，以为日后利用，同时又能防止失密现象的发生，所以档案工作是具有普遍性和机要性的工作。
>
> 目前整顿与改革我们的档案工作的第一个内容，就是建立档案工作的统一管理制度，健全机关的文书处理工作。
>
> 第二，在档案文件的整理方面，应积极学习与宣传苏联的档案学理论，以便正确地科学地整理档案文件，并充分利用它来为国家建设与科学服务。
>
> 第三，为了整顿与改革我们的档案工作，必须培训干部，组织业务学习。[②]

6月1日，先生在《档案工作》1954年第11期上发表《评陆晋蘧著〈档案管理法〉》。先生指出：

> 陆晋蘧先生所著的《档案管理法》，是受到某些机关某些人欢迎的。如有的

① 王德俊．中国人民大学档案系历次科学讨论会简介［J］．档案学通讯，1984（6）：48-50.

② 吴宝康．论档案工作的意义及目前存在的问题［J］．档案工作，1954（10）：25.

机关原来管档无方，乱七八糟，查找文件也查不到，自采用作者的管理法后，确有改善，这种事实说明作者的管理法在适应现实的条件下还能够算是一种方法的。

应该指出的是作者对档案工作与国家建设的关系的看法，把档案工作提到应有的重要程度，这是对的。对档案工作人员应具备的条件与要求，特别是提到档案工作人员应有高度的政治警惕性，这些看法也都是正确的。对旧中国所存在的缺点的分析也大多是对的。

最后应该指明，作者提到应向苏联先进经验学习以及必须大胆改革的方向也是正确的。

先生认为，作者对苏联的先进经验——档案集中管理的认识是错误的。先生指出：

档案集中管理决不是意味着一个机关的文件随时办完随时就集中到档案室中去立卷。档案集中管理的基本意义应该是：（一）全国档案工作由国家档案管理机关集中统一领导；（二）全国各机关、团体的档案文件按照国家统一制定的办法与制度向一定的国家与地方档案馆移交，集中保管（以上两点目前我们还没有）；（三）一个机关内各组织党委的文件材料自己保存一年，然后向机关档案室移交，机关档案室则保存十年后才向国家档案馆移交。

作者的这种误解以及贯穿该书中所叙述的具体做法是混淆了档案工作与文书工作的区别的。

正确地认识文书处理工作与档案工作的关系问题，应该是：一方面它们是各有其专门任务的不同工作，另一方面两者之间又有着密切的联系。我们既不能把两者相混淆，又不能完全抹煞它们间的联系。但必须懂得承认两者的联系决不等于可以容许混淆，那种认为档案工作是文书处理工作一部分的看法是完全错误的。

先生认为，作者对分类问题的全部叙述存在着不少错误与缺点。先生指出：

首先作者把分类与立卷互混淆起来。这正是把文书处理工作与档案工作相混淆的一种反映，也是套用图书分类法的结果。

必须认识：立卷是文书处理部门的工作，而分类才是档案部门的工作。立卷是现行的单个文件的立卷，而分类则是已立成的案卷的分类与排列。把图书分类法搬到档案工作中来，必然为科学地整理档案文件造成极大困难。我们必须认清：档案学、图书馆学以及文书处理三者的研究对象与任务是完全不同的，混淆了三者的区别，就不可能科学地解决工作中的问题。

作者在分类问题的阐述中又一错误，就是他完全否定了按组织机构分类的优越性。

先生认为，作者所叙述的档案分类、档案目录以及档号编制等，来源于图书馆工作，而“根据图书馆工作中所通用的方案来进行档案文件材料的系统化工作，是不正确的”。先生进一步指出：

作者在该书的最后（见第97页），曾总结性地概括了他所著《档案管理法》在实行或试行中所表现出来的优点：调卷迅速，分类明确，排列有序，手续简便，取得主动。这些优点或许都是事实，但据上述所述，就可知道它是没有科学基础的。首先作者把文书处理工作与档案工作混淆了起来，这是最基本的问题，由此也就产生了其他许多混淆不清的糊涂看法；其次破坏了档案整理的重要原则——保持文件之间的历史联系，而仅从技术上着眼，如果从局部与眼前的利益出发看来，也似乎有优点，但从全局与长远利益以及科学利益来看时，那么优点就不足道了。①

6月30日，先生在《教学与研究》1954年第6期上发表《国家过渡时期档案工作的任务及其改革》，对社会主义和资本主义档案学进行了比较式概述。先生指出：

社会主义与人民民主国家的档案工作是与资本主义国家的档案工作有着本质的区别的，社会主义与人民民主国家的档案工作是为劳动人民的利益服务的，而资本主义国家的档案工作则是剥削阶级用来巩固其反动统治并从精神上来奴役劳动人民以及从政治上来污蔑和平民主阵营的政治工具。社会主义国家苏联的档案工作是建筑在科学基础之上的，是根据列宁法令所规定的全国统一与集中的原则建设起来的，因而是先进的、科学的；资本主义国家的档案工作却是分散的、私有的，在那里，在私有制的条件下，没有也不可能有真正统一的管理档案工作的规则、制度与办法，也不可能真正去集中档案工作，因而不但不能充分地为科学与人民利益服务，不能促进科学的发展，而且由于档案工作的分散与私有，却还大大妨碍与限制了为科学服务，并使档案经常被任意销毁。②

9月，先生任中共中国人民大学委员会委员，至1966年6月止。③

10月，先生收到明清档案馆发来的《明清档案馆十年发展规划》（附工作方法概述），明清档案馆请求先生提出参考意见。④

---

① 吴宝康．评陆晋蘧著《档案管理法》[J]．档案工作，1954（11）：46.

② 吴宝康．国家过渡时期档案工作的任务及其改革[J]．教学与研究，1954（6）：23-24.

③ 吴宝康．我的回忆（续完）[J]．档案学通讯，1997（2）：70-78.

④ 见《张德泽回忆录》，存于中国人民大学信息资源管理学院（原档案学院）资料室，内部资料，未出版。

11 月 5 日，先生和中国人民大学中国历史教研室主任尚钺应印度政府聘请，由印度政府教育部正式任命为印度历史档案委员会通讯委员。印度历史档案委员会是印度政府指派的历史学家和档案学家组成的团体。①

11 月 8 日，第一届全国人民代表大会常务委员会第二次会议，根据周恩来总理的提议，批准在国务院设立国家档案局，掌管国家档案事务。11 月 10 日，国务院发出通知设立国家档案局。国务院任命曾三为国家档案局局长，张中、洛风、郝化村、邱兰标等为国家档案局副局长。②

11 月 14 日，先生给国家档案局局长曾三写信，提出国家档案局组织机构及其编制人数草案。12 月 20 日，国家档案局对《中华人民共和国国家档案局暂行组织条例（草案）》进行讨论修改，先生参加了会议，并于 12 月 22 日将草案正式送呈国务院副总理兼秘书长习仲勋审阅。③

12 月 1 日至 8 日，中共中央办公厅在北京召开党的第一次全国档案工作会议，先生出席。④ 这是我国历史上第一次全国规模的档案工作会议。

12 月，先生兼任中共中央办公厅秘书局三处（中央档案馆筹备处）副处长，至 1959 年 10 月止。⑤

先生的《论档案工作的意义及目前存在的问题》一文又在《山西政报》1954 年第 12 期及《陕西政报》1956 年第 7 期上发表，文章内容较之《档案工作》1954 年第 10 期上的原文更加充实。⑥

◎ 1955 年（乙未） 38 岁

4 月，高等教育部决定在中国人民大学档案专修科的基础上成立历史档案系，先生任历史档案系主任兼党总支书记。⑦

5 月 1 日，先生在《档案工作》1955 年第 1 期上发表《论文书处理工作的任务与组织》。此文后来又被刊登于《陕西政报》1956 年第 16 期。文章指出：

> 文书处理工作就是加强机关联系、贯彻政策法令、辅助领导处理日常工作活动中所形成的公务文件的工作。由此可知，文书处理工作在国家机关中

---

① 国家档案局，刘国能，黄子林．中国档案事业概述［M］．北京：档案出版社，1993：306.
② 赖世鹤，范垂学．回忆国家档案局成立的经过［J］．档案学通讯，1986（4）：7-10.
③ 赖世鹤，范垂学．回忆国家档案局成立的经过［J］．档案学通讯，1986（4）：7-10.
④ 中国人民大学档案馆馆藏吴宝康人物档案．
⑤ 吴宝康．我的回忆（续完）［J］．档案学通讯，1997（2）：70-78.
⑥ 吴宝康．论档案工作的意义及目前存在的问题［J］．山西政报，1954（12）：87-89.
⑦ 中国人民大学信息资源管理学院简史（1952—2012）．内部编印，2012：57-58.

起着纽带作用和助手作用，是贯彻领导意图的一种重要手段。国家机关工作的精确化是很重要的，但要做到国家机关工作精确，在很大程度上是要取决于文书处理工作的正确建立 。

文书处理工作的具体任务是：(1) 文件的收发、登记和运转；(2) 文书的催办和拟办；(3) 为领导人准备参考材料；(4) 会议、汇报的记录；(5) 处理人民来信；(6) 文书的缮印和校对；(7) 已办理完毕的文件材料的立卷；(8) 文书材料的保管和提供调阅；(9) 文书材料的归档及其准备工作；(10) 领导人交办的其他文书工作事项。

先生继而论述了混淆文书处理工作和档案工作、由档案室对现行文件进行立卷的缺点，并指出：

由此可知，只有由文书处理工作来进行立卷工作，才能提高案卷的质量，为档案室的工作奠定良好的基础，而档案室也就可把自己的工作提高一步，以便保证国家档案馆所保存的档案材料的质量。从而能更好地为国家建设和科学研究工作服务。

先生还阐述了机关文书处理工作的“集中、分散或混合”的三个原则。①

6 月，先生任中共中国人民大学委员会常务委员，至 1963 年 10 月止。②

6 月，苏联档案专家姆·斯·谢列兹聂夫回国。③

9 月 1 日，中国人民大学历史档案系正式开学，开始招收第一届本科生。第一届共招收本科学生 60 人，学制四年，开设基础课和专业课共 23 门。④

11 月 19 日，国务院常务会议批准《国家档案局组织简则》，标志着国家档案局正式成立。

是年，先生晋升为副教授。⑤

◎ 1956 年（丙申） 39 岁

1 月 14 日，中共中央召开关于知识分子问题的会议，周恩来总理在《关于知识分子问题》的报告中指出：

---

① 吴宝康．论文书处理工作的任务与组织［J］．档案工作，1955（1）：5-9.

② 吴宝康．我的回忆（续完）［J］．档案学通讯，1997（2）：70-78.

③ 中国人民大学信息资源管理学院简史（1952—2012）［Z］．北京：内部发行，2012：58.

④ 中国人民大学信息资源管理学院简史（1952—2012）［Z］．北京：内部发行，2012：58.

⑤ 吴宝康．我的回忆（续完）［J］．档案学通讯，1997（2）：70-78.

为了实现向科学进军的计划，我们必须为发展科学研究准备一切必要的条件。在这里，具有首要意义的是要使科学家得到必要的图书、档案资料、技术资料和其他工作条件，必须……加强图书馆、档案馆、博物馆的工作。①

3 月 20 日，先生致函傅振伦，希望将傅振伦所集文章付印，供内部参考。

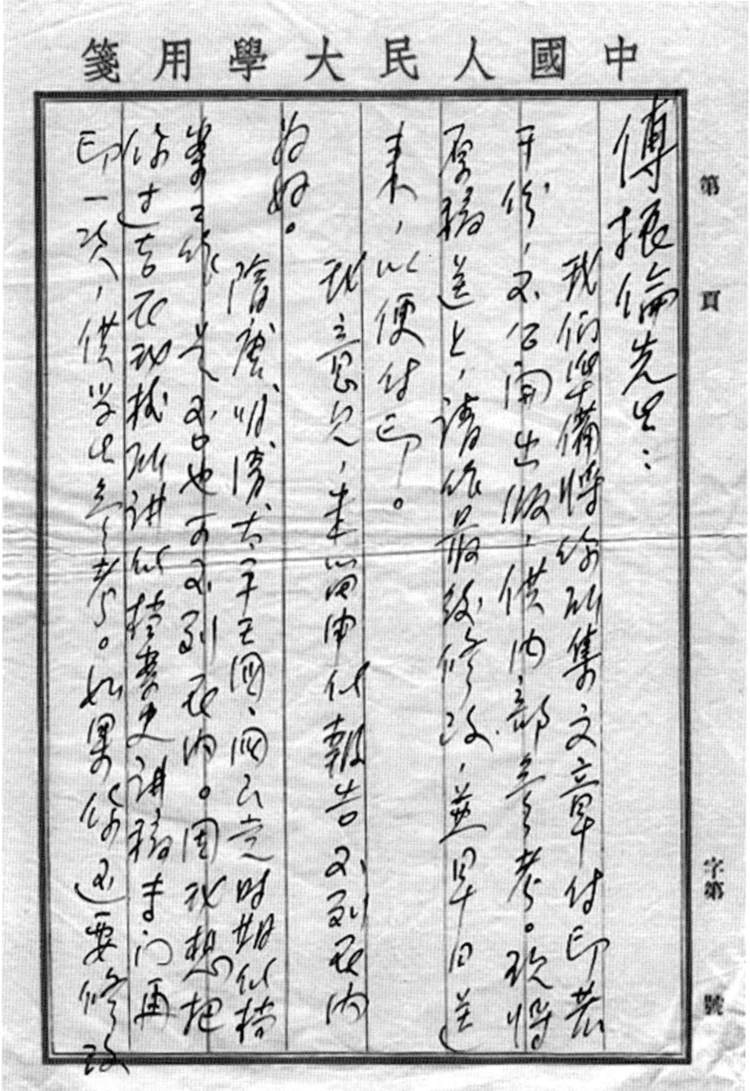
中國人民大學用箋

傅振伦先生：

我们准备将你所集文章付印若干份，不公开出版，供内部参考。我将原稿送上，请你最后修改，并早日送来，以便付印。

我意见，[illegible]的报告不到[illegible]为好。

[illegible]以后，太平天国、[illegible]时期的档案工作也可以列在内。关于[illegible]你讲过[illegible]讲稿[illegible]印一次，供学生参考。如果你还要修改

1956 年吴宝康致信傅振伦

① 周雪恒．中国档案事业史［M］．北京，中国人民大学出版社，1994：522-523.

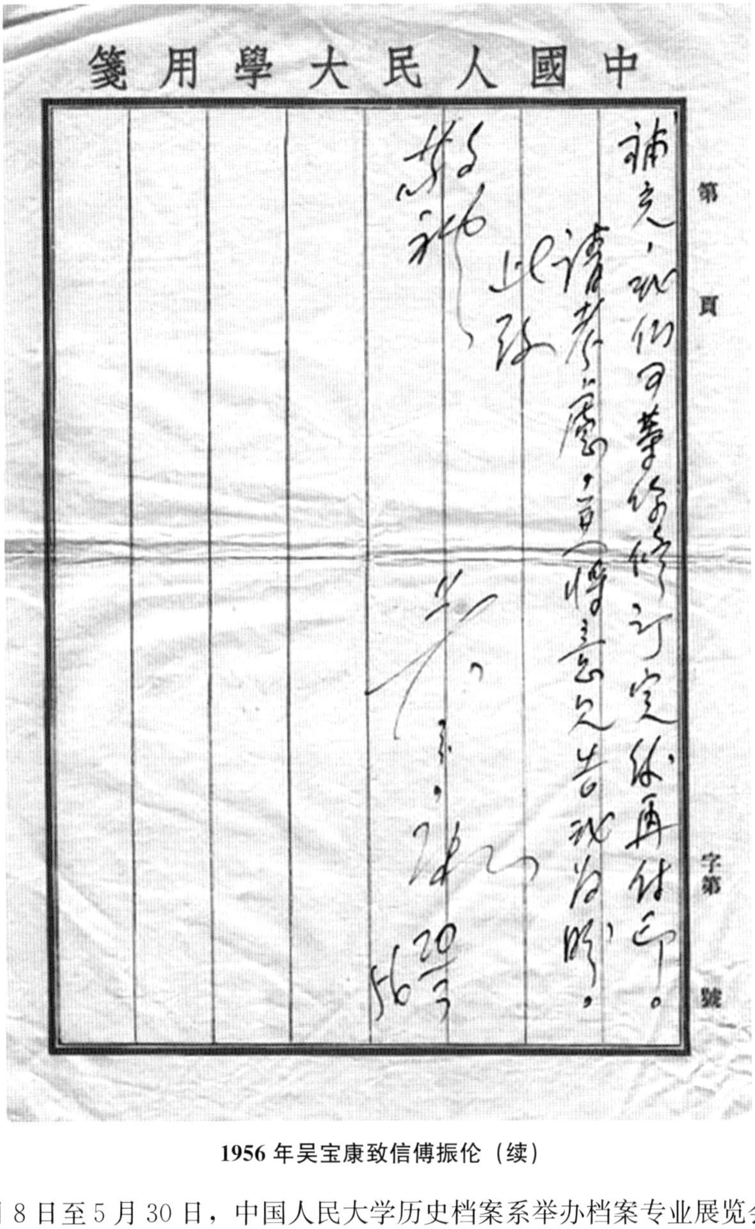
中國人民大學用箋

補充，我們可等修訂定稿再付印。

請考慮，並將意見告我為盼。

此致

敬禮

吳寶康

56 3.20

1956 年吴宝康致信傅振伦（续）

4 月 8 日至 5 月 30 日，中国人民大学历史档案系举办档案专业展览会。中宣部副部长徐特立来校参观展览会。[①]

4 月 16 日，国务院印发《关于加强国家档案工作的决定》。决定要求：

① 中国人民大学信息资源管理学院简史（1952—2012）[Z]．北京：内部发行，2012：58.

加紧培养干部、提高档案工作的业务水平和科学水平。今后国家的档案工作干部，除由中国人民大学历史档案系进行培养外，特别应该注意分层负责地开办短期训练班加强在职干部的业务学习，结合实际工作，提高其业务水平。国家档案局和中国人民大学历史档案系对档案学及其他辅助科目，应该加强研究工作，以提高科学水平。①

5 月 27 日，中国人民大学历史档案系举行第二次科学讨论会（当时称为中国人民大学第六次科学讨论会历史档案分组会），先生主持讨论会并做题为“论文书学的创建及其对象与任务”的学术报告，主要内容是：

第一，文书处理工作的地位、内容和存在的问题；

第二，文书学研究的渊源以及文书学课程创建的条件；

第三，文书学是一门独立的历史科学辅助科目；

第四，文书学研究的对象和任务。②

6 月 14 日，毛泽东、周恩来、朱德、陈云、林伯渠、邓小平等中共中央领导接见参加拟制全国长期科学规划工作的全体人员并合影留念，先生和国家档案局副局长张中、国家秘书局副局长裴桐参加。③

6 月 29 日，先生在《档案工作》1956 年第 6 期上发表《文书、档案工作人员向科学进军时应该学习些什么》。针对“文书、档案工作人员向科学进军时应该学些什么和怎样学?”这一问题，先生指出：

首先，要从档案学包括的内容谈起。档案学是一个总的名称。学习它就必须学习档案学中包括的各门科学科目：文书学、档案工作理论与实践、中国档案史、外国档案史、技术档案管理与组织、文件材料保管技术学、文献公布学。

在向科学进军时，除了必须根据书本有计划地学习外，还应该十分注意在实际工作中学习。④

6 月 30 日，先生在《教学与研究》1956 年第 2 期上发表《论文书处理学的

---

① 国务院．关于加强国家档案工作的决定［EB/OL］．(1956-04-16)［2017-10-01］．http://www.gzwuchuan.gov.cn/bm/xdaj/flfg/sjfggz/201610/t20161028_1420936.html.

② 王德俊．中国人民大学档案系历次科学讨论会简介［J］．档案学通讯，1984 (6)：48-50.

③ 吴宝康．我的回忆（续完）［J］．档案学通讯，1997 (2)：70-78.

④ 吴宝康．文书、档案工作人员向科学进军时应该学习些什么［J］．档案工作，1956 (6)：5-6.

创建及其对象与任务》。先生指出：

实际工作已经提出了迫切的要求，需要研究过去和现在的文书处理工作，需要制定文书处理工作的理论原则与方法，也就是说需要建立一门专门的科学科目——文书处理学，去指导实际工作。

文书处理学是一门独立的历史辅助科目，它是一门从历史发展中研究一般与专门文书处理工作的科学科目。它研究过去和现在国家政权机关和管理机关形成的一般和专门文件以及文书处理工作的全部体系。文书处理学是由两个部分组成的，一部分是研究过去和现在国家机关的文件以及文书处理工作的发展历史，另一部分是研究过去和现在国家机关的文件处理工作的原则和方法。这两部分就构成了文书处理学这门科学科目的研究对象与实质。为了研究一般和专门文件以及文书处理工作的历史和方法，就需要具体研究如下一系列的问题：文件的种类和用途、文件的格式、文件的书写、文件的收发登记、文件的运转、行文制度、文件的拟办、对承办文件的监督、文件的立卷、文件的保管、文件向机关档案室的移交准备等问题。

研究文书处理学所包括的问题，对于档案学家、档案工作者以及历史科学研究工作者也具有重大意义。档案学家、档案工作者必须解决如文件材料系统化、鉴定文件价值、文件材料编目等问题。要解决这些问题，就必须要求档案学家、档案工作者了解各个历史时期的文件种类及其用途。而这方面的知识对于历史科学研究工作者来说，也是同样需要的。……档案学家、档案工作者不仅需要了解文件种类、用途及其情况，同时，还必须了解机关文书处理工作的原则与方法，因为档案学家、档案工作者的责任不只是研究档案馆（室）内部的工作，而且还应肩负起在方法上指导与帮助现行机关正确进行文书处理工作的任务。……为了提高档案工作的效率与质量，就必须抓紧并研究现行机关的文书处理工作。文书处理工作的质量是决定档案工作好坏的先决条件。由此可知，研究文书处理学的任务，还应该是为了不断改进机关的文书处理工作，保证档案馆工作的质量，以便更好地为发展历史科学服务。

文书处理学在历史辅助科目中占有极为重要的地位。从某种意义上来说，研究文书处理学，并且不断地在实践中改进机关的文书处理工作，也就是不断地改善史料的源泉。文书处理学是历史辅助科目中不可缺少的一门独立的科学科目。但文书处理学的创建和顺利地发展，需要利用其他科学科目的成果，文书处理学与其他有关科目都有着密切的联系。……文书处理学与档案学、史料学、语言学等科学科目也有着许多联系，特别是与档案学，更是两门姊妹似关系的科学科目。①

6月，先生参加国务院科学规划委员会的《1956—1967年哲学、社会科学规划纲要（草案）》编制工作。草案将档案学列为独立学科之一，并确定了档案学的研究项目和任务。②

是年，先生在《档案专业学习手册》一书中发表《介绍我国新设的历史档案专业》，对历史档案专业的课程设置、教学计划、未来发展等情况进行了介绍。③

◎ 1957年（丁酉） 40岁

2月20日，先生与夫人程桂芬在《档案工作》1957年第1期上发表《关于档案学问题》。文章指出：

档案学是研究档案文件和档案工作的发展历史以及全部档案工作实践活动的理论体系。档案学是由若干科学课目共同组成的，因此档案学实际上就是这些科学课目的总称。这些科学课目是：中国档案史、世界档案史、文书学、档案工作理论与实践（其中包括技术档案管理与组织、影片照片录音档案管理、档案文件保管技术学）、档案文件公布学。上述科学课目虽然都是档案学的一个组成部分，但是它们都各有一定的研究对象，因此它们又都是独立的科学课目。

档案学是一门独立的科学，它根本不可能与图书馆学、博物馆学合而为一，但是它和历史科学的关系是十分密切的，因此又可以说是一门历史科学的辅助课目。

档案学是一门新的科学，它以自身的产生、发展以及具有独特的研究任务与对象，证明是属于社会科学范畴的一门独立科学。它应该与其他任何科学一样，在科学领域里有它一定的地位，随着社会的发展、文化科学的发展得到不断的丰富和发展。这决不是谁的主观愿望决定的，而是符合科学发展

---

① 吴宝康．论文书处理学的创建及其对象与任务［J］．教学与研究，1956（2）：20-24.

② 王景高．当代中国档案事业实录［M］．北京：档案出版社，1993：196.

③ 中国人民大学档案系．档案专业学习手册［M］．北京：中国人民大学内部资料，1956：94-97.

的客观规律的。①

4 月 20 日，先生在《档案工作》1957 年第 2 期上发表《努力发展档案学》。先生指出，国务院颁布《关于加强国家档案工作的决定》之后，国家档案事业建设迅速发展，“在这样的形势下，更迫切地提出需要相应发展档案学研究工作的问题”。为此，先生建议：

（一）应该积极培养与组织科学队伍，逐步建立一个科学基地。

（二）必须加强新老档案工作者的团结与合作，展开群众性的业务研究工作。

（三）加强调查研究工作，积累大量实际材料，以便为档案科学的研究工作创造条件。

（四）向苏联学习是应该肯定的，因为要根据集中统一的原则来系统地建设我国的档案事业，就应该向苏联学习。

（五）研究档案学，必须反对教条主义，贯彻百家争鸣的方针，这是决定档案学研究的成功关键之一。②

6 月 13 日至 15 日，国务院科学规划委员会召开第四次扩大会议，讨论通过《关于改进档案、资料工作的方案》。国务院第 57 次全体会议批准施行。

7 月，科学规划委员会组成资料组，国家档案局局长曾三任组长，草拟了《国家机关、企业、事业技术档案资料工作暂行通则（草案）》。

8 月 14 日，先生受聘为国务院科学规划委员会资料组组员。国务院副总理聂荣臻颁发聘书，聘书号为“科聘字 0436 号”。③

◎ 1958 年（戊戌） 41 岁

2 月 1 日，全国人民代表大会代表、国家档案局局长曾三在第一届全国人民代表大会第五次会议上做题为“大力开展档案资料的整理和利用，为社会主义全面大跃进服务”的发言。历史学家翦伯赞、范文澜、周谷城等 17 名代表提出了建设中央和省、市、自治区国家档案馆，开展档案资料利用工作，为工农业生产

① 程桂芬．关于档案学问题［J］．档案工作，1957（1）：26-29. 此文被收录于先生的文集《论档案学与档案事业》。1997 年陈兆祦在先生的文集《论新时期档案学与档案事业》中的“编者的话”中说明此文为先生与程桂芬合写。

② 吴宝康．努力发展档案学［J］．档案工作，1957（2）：16-19.

③ 吴宝康．我的回忆（续完）［J］．档案学通讯，1997（2）：70-78.

和科学研究服务的建议。①

2 月 27 日和 9 月 27 日，印度驻华大使馆两次发来照会续聘先生为下届印度历史委员会通讯委员，任期至 1962 年 3 月 31 日止。②

4 月 7 日至 16 日，中共中央办公厅和国家档案局在北京召开全国各省、市、自治区档案工作会议（简称“四月会议”）。会议制定了全国档案工作的方针（即“以利用为纲”的方针）：

> 档案工作应该以多快好省地开展对档案资料的利用工作为纲，充分发挥档案资料在社会主义建设中的积极作用来为本单位的各项工作和生产服务，为经济战线、政治战线和思想战线上的社会主义革命服务，为工农业生产大跃进服务，为技术革命和文化革命服务，为科学研究服务。

会议还提出了“全党办档案，各级办档案”的口号。③

5 月 8 日至 14 日，先生应邀出席中共河北省委办公厅与河北省人民委员会办公厅联合召开的河北省档案工作会议，从理论上阐述了“以利用为纲”的方针及其意义。④

上半年，先生第一次为中国人民大学历史档案系本科生讲授“档案学理论与历史”课程。⑤

9 月 8 日，应捷克斯洛伐克内务部档案局局长沃保达的邀请，先生和国家档案局局长曾三等组成的中国档案工作代表团，赴布拉格参加捷克斯洛伐克全国档案工作者代表会议，参观捷克斯洛伐克全国历史档案展览会，访问捷克斯洛伐克中央国家档案馆、布拉格市档案馆、布拉迪斯拉瓦州档案馆、脱莱包尼州档案馆、布尔诺州档案馆和达包尔县档案馆。先生个人还参观了布拉格大学哲学历史系档案专修科。⑥

9 月 17 日，中国档案工作者代表团又应苏联内务部档案管理总局局长别洛夫的邀请，从布拉格前往莫斯科、列宁格勒访问和参观。先生访问了苏联内务部档案管理总局，参观了古代文件中央国家档案馆、列宁格勒中央国家历史档案馆、十月革命与社会主义建设中央国家档案馆、苏军中央国家档案馆、列宁格勒

① 邹家炜，董俭，周雪恒．中国档案事业简史［M］．北京，中国人民大学出版社，1985：258.

② 刘国能，黄子林．中国档案事业概述［M］．北京：档案出版社，1993：306.

③ 周雪恒．中国档案事业史［M］．北京，中国人民大学出版社，1994：526.

④ 各地传达贯彻全国档案工作会议精神的简况［J］．档案工作，1958（6）：18-20.

⑤ 吴宝康．档案学理论与历史初探［M］．成都：四川科学技术出版社，1986：1

⑥ 我国档案工作者代表团访问了捷克斯洛伐克和苏联　曾局长还访问了德意志民主共和国［J］．档案工作，1958（11）：1-2.

海军中央国家档案馆、影片照片录音中央国家档案馆、苏共中央档案馆、列宁格勒州档案处、列宁格勒州历史档案馆、莫斯科孔卓夫区档案馆、苏联财政部档案室、苏联国立冶金工厂设计院技术档案室、莫斯科镰刀与锤子炼钢厂档案室等，还参观了国立莫斯科历史档案学院，访问了《历史档案》杂志编辑部。10 月 4 日，中国档案工作者代表团离开莫斯科回国，12 日抵达北京。①

1958 年吴宝康（左三）在苏共中央档案馆和外国专家在一起讨论

9 月，中国人民大学历史档案系开办第一届技术档案专修科，学制为二年。②

是年，先生撰写中国人民大学教材《档案学专题讲授大纲》。先生说：

《档案学专题讲授大纲》是根据我所编写的讲稿内容缩编而成的。印发的目的是为了使同志们能尽速知道并审查我所讲的专题讲授的内容，以便贯彻教学改革。

档案学专题讲授尚未定名，也想叫“档案学概论”，也想叫“档案学史”。也可以考虑把这部分专题讲授的材料合并到其他有关课程中去。究竟如何，尚待研究。③

《档案学专题讲授大纲》主要包括以下内容：

（1）档案学的对象与任务。

① 吴宝康．访问苏联和捷克斯洛伐克的报告［J］．档案工作，1959（2）：3-5.
② 中国人民大学信息资源管理学院简史（1952—2012）．内部编印，2012：60.
③ 吴宝康．论档案学与档案事业［M］．南京：南京大学出版社，1988：92-93.

(2) 档案学的范围及其内容。

(3) 档案学与其他学科的关系。

(4) 档案学的党性问题。

(5) 对档案学中的各种错误言论的批判。

(6) 档案学的发展历史。

(a) 档案学的各种概念、定义、思想、原则、观点、意见等在各个时期的变化和发展。

(b) 档案学的不同派别的产生、形成及其思想观点的研究。

(c) 档案学者的人物历史和背景及其著作的研究。

(7) 批判地总结旧档案学的历史遗产。

(8) 档案学的发展及其前途①。

◎ 1959年(己亥) 42岁

1月7日，中共中央印发《关于统一管理党、政档案工作的通知》。

2月18日，先生在《档案工作》1959年第2期上发表《访问苏联和捷克斯洛伐克的报告》。文章指出：

> 此次访问，一方面，使我们更热爱祖国的档案事业，另一方面，也使我们感到我们工作还做得很不够，要向兄弟国家的档案工作者学习的地方还很多，我们还应当不懈地学习苏联和社会主义国家的先进经验，并总结自己的经验，把祖国的档案事业推向更高的阶段。②

5月11日至13日，中国人民大学历史档案系举行第三次科学讨论会（当时称为中国人民大学第七次科学讨论会历史档案分组会）。历史档案系第一副主任赵德芳主持讨论会，国家档案局局长曾三、副局长裴桐参加。会议主要对先生的学术论文《论当前档案工作方针的正确性》进行讨论，17位同志发言。③ 先生在文中着重对1958年4月全国档案工作会议所提出的“以利用为纲”方针的正确性进行了论述。先生认为：

> 我们认为这个方针之所以正确有力，并能够在它的引导下，取得这样巨

① 吴宝康．论档案学与档案事业［M］．南京：南京大学出版社，1988：92-93.

② 吴宝康．访问苏联和捷克斯洛伐克的报告［J］．档案工作，1959（2）：3-5.

③ 王德俊．中国人民大学档案系历次科学讨论会简介［J］．档案学通讯，1984（6）：48-50.

大的成绩，乃是由于这个方针是根据党的总路线的精神制定的，它所包含的全部内容都是从客观的实际得来的，它不是人们随心所欲地主观地制定的，而是依据档案工作及其事业建设本身的客观规律性制定的，它是反映和符合档案工作的发展规律，并且正确地运用了这些规律而制定这样的方针的。①

当前档案工作方针的基本思想之一，就是多快好省，当我们能够正确地贯彻执行党的总路线的多快好省的精神时，我们档案工作就能获得飞跃的发展。

当前档案工作的方针的又一基本思想就是服务思想。说得具体些也就是为社会主义建设和社会主义革命服务的思想，为实现党的总路线服务的思想。

当前档案工作的方针的又一基本思想就是以利用为纲。档案工作的内容包括六个环节，即档案的收集、整理、鉴定、统计、保管和利用。所谓以利用为纲实际上就是抓住档案工作的主要环节来带动其他各项工作。以利用为纲是档案业务工作的基本经验总结，它也体现了档案业务工作本身的客观规律性，并且正确地反映了档案工作诸环节的固有关系。

档案工作中的矛盾当然是很多的，但主要矛盾是什么呢？我认为主要矛盾是大量档案文件的产生、形成、保存和社会的利用需要与利用工作之间的矛盾，具体地说，也就是档案收集、整理、保管和利用之间的矛盾是档案工作中的主要矛盾。

档案工作中所存在的主要矛盾的两个方面，其中社会的利用需要和利用工作这一方面乃是起主导作用的，是矛盾的主要方面。没有利用工作，没有社会对档案资料所提出的利用需要，那么档案工作根本也就不可能产生、存在和发展，所以利用的需要和利用工作是最根本的和主导的。

无论收集、整理、鉴定、统计和保管等，它的最后目的都是为了利用。

我们抓住了以利用为纲，也就是抓住了档案工作的主要环节，抓住了档案工作矛盾的主要方面。②

6月1日至10日，第一次全国档案资料工作先进经验交流会在北京召开。先生出席会议，并代表中国人民大学校长吴玉章宣读讲话。周恩来总理接见了全体参会代表。③

---

① 吴宝康．论档案学与档案事业［M］．南京：南京大学出版社，1988：136-137.

② 吴宝康．论档案学与档案事业［M］．南京：南京大学出版社，1988：136-137.

③ 中国人民大学信息资源管理学院简史（1952—2012）［Z］．北京：内部发行，2012：61.

1959年全国档案资料工作先进经验交流会合影（前排左九为吴宝康，前排中为周恩来）

6月18日，先生在《档案工作》1959年第6期上发表《档案干部的培养训练和档案理论工作》。先生回顾了过去几年来档案教育工作的经验后指出：

> 为了使档案干部的培养工作能尽可能适应实际工作发展的需要，必须采取两条腿走路的办法，也就是长期培养与短期训练相结合，离职学习与业余学习相结合，学校教育与实际工作中的培养相结合，普及与提高相结合。

先生对档案教育和干部培养工作提出了建议，并介绍了中国人民大学历史档案系的工作状况，然后指出：

> 为了办好档案教育，提高教学质量，最根本的问题还是在于教材建设和教师的培养与提高。目前我们主要也就是抓这两件基本建设的工作。

随后，先生强调档案理论研究工作的重要性，并指出：

> 为了搞好档案理论研究工作，必须两条腿走路。也就是既要有专门的研究机构和人员来进行科学研究，又要在广大档案工作人员中开展群众性的业务研究，并把两者结合起来。①

7月2日，经国务院批准，国家档案局成立档案学研究室，研究室设在中国人民大学历史档案系内，与历史档案系一起办公，经费由国家档案局供给，工资、办杂费托中国人民大学代管。先生兼任档案学研究室主任。②

① 吴宝康．档案干部的培养训练和档案理论工作［J］．档案工作，1959（6）：25-27，36.

② 中国档案学会档案老专家委员会编．新中国档案事业发展历程——纪念国家档案局成立60周年文集［M］．北京：中国文史出版社，2015：245-246.

8月18日，先生在《档案工作》1959年第8期上发表《建国十年来我国档案事业的发展简况》。文章指出：

> 全国解放后，在党的关怀和领导下，随着国民经济的恢复以及政治斗争和经济建设的胜利前进，档案工作也获得了蓬勃的发展。十年来档案事业的发展历史，乃是一部从小到大、从分散到集中统一的发展史。现在经过十年来的建设，我国档案事业的基础已经奠定和形成。①

先生将十年来档案工作的发展历史划分为三个阶段：

> （一）新中国档案事业的初建阶段（1949—1954年）
>
> （二）国家档案局的成立和加强组织建设阶段（1954—1957年）
>
> （三）档案事业的大跃进和全面发展阶段（1958年开始）

7月，中国人民大学历史档案系第一届本科生毕业。②

9月，先生脱产进修，赵德芳代中国人民大学历史档案系主任兼党总支书记。③

10月8日，中央档案馆正式开馆。

10月26日至27日，中国人民大学历史档案系举行第四次科学讨论会，讨论专业课程的体系与设置问题。④

10月，为庆祝中华人民共和国成立十周年，先生与国家档案局局长曾三、副局长裴桐等应苏联《历史档案》杂志的邀约，撰文介绍我国档案工作和档案教育的情况。

12月1日至9日，国家档案局在大连市召开华北、东北协作区技术档案工作现场会议，着重讨论了《技术档案室工作暂行通则》。

◎ 1960年（庚子） 43岁

1月7日，国务院任命曾三为中央档案馆馆长，裴桐、邱兰标为副馆长。

2月，先生与陆晋蘧等出席在人民大会堂举行的北京市文教系统群英大会。⑤

2月，中国人民大学历史档案系代主任赵德芳、副主任刘正业参加国家档案

---

① 吴宝康．建国十年来我国档案事业的发展简况［J］．档案工作，1959（8）：10-15.

② 中国人民大学信息资源管理学院简史（1952-2012）［Z］．北京：内部发行，2012：61.

③ 中国人民大学信息资源管理学院简史（1952-2012）［Z］．北京：内部发行，2012：61.

④ 中国人民大学信息资源管理学院简史（1952-2012）［Z］．北京：内部发行，2012：61.

⑤ 吴宝康．我的回忆（续完）［J］．档案学通讯，1997（2）：70-78.

局召开的“研究成立档案学院”会议。会议决定：一致同意成立档案学院的建议，具体问题由国家档案局局长曾三和中国人民大学副校长聂真交换意见；先生与曾三、聂真、张中、王仲珊、马纪孔、赵德芳、刘正业等组成筹委会。周恩来总理同意在北京创办档案学院，后因国民经济遇到困难，周恩来总理要中共中央办公厅主任杨尚昆同志转告国家档案局，档案学院暂时停办。[①]

4 月 30 日，《档案学基础（初稿）》作为中国人民大学历史档案系内部资料编辑出版，供审阅讨论用。先生与杜襟南合写了其中的“绪论”[②]，先生自己撰写了第十编“我国档案学的产生与发展”。

“绪论”论述了档案的概念、词源、范围、分类、价值，档案工作的环节、特点、原则、经验，档案学的内涵、研究对象、研究任务、与其他科学的关系、属性。

第十编“我国档案学的产生与发展”的内容包括我国旧档案学的产生与形成、旧档案学的发展、全国解放后新档案学的创建与发展等章节。[③]

6 月 1 日至 11 日，全国教育和文化、卫生、体育、新闻方面社会主义建设先进单位和先进工作者大会在北京召开。在 6 月 10 日档案工作系统内举行的专业会议上，先生就档案教育和理论研究问题发表了演讲。[④]

年初，国家档案局向周恩来总理提出了办档案学院的请示，获得周恩来总理同意，并得到国务院副总理习仲勋和中共中央办公厅主任杨尚昆批准。先生带领师生收集中外资料，采购图书，选定校址，搞基本设计，同时决定将 1960 年历史档案系毕业生留下一大批，作为办档案学院的师资和干部力量。但后来由于国民经济困难，建院计划下马，留校生又重新分配，只留下少部分充实师资。[⑤]

◎ 1961 年（辛丑） 44 岁

5 月 30 日，先生率师生赴辽宁省档案馆实习。

7 月 19 日，中共中央批准试行《关于自然科学研究机构当前工作的十四条意见（草案）》，规定要“建立专题技术档案”。

---

① 中国人民大学信息资源管理学院简史（1952-2012）[Z]．北京：内部发行，2012：61.

② 该书《编辑说明》写“绪论由杜襟南同志编写”，但是此文被录入先生文集《论档案学与档案事业》。1997 年陈兆祦在先生的文集《论新时期档案学与档案事业》中“编者的话”里说明了此文为先生与杜襟南合写。

③ 中国人民大学历史档案系．档案学基础（初稿）[M]．内部发行（供审阅讨论用），1960.

④ 王景高，冯伯群，李向罡．当代中国档案事业实录 [M]．北京：档案出版社，1993：17-18.

⑤ 赵学林．情系兰台办教育 勤奋耕耘创科学——记中国档案教育事业的开创者吴宝康 [J]．兰台世界，1996 (1)：26-29.

9月，中国人民大学历史档案系举行第四次科学讨论会①，共收到档案学术论文13篇。先生以“关于档案工作矛盾问题的探讨——学习毛泽东同志《矛盾论》的笔记”为题做学术报告。② 报告后来发表在《档案学研究》1962年第5期上。先生指出：

> 档案工作的基本矛盾是档案文件的收藏（收集、保藏）和档案文件的供用之间的矛盾。也就是说档案文件的收集、整理、保管和利用之间的矛盾是档案工作的基本矛盾。档案工作发展的根本原因也就是它内部所始终固有的这一基本矛盾的两个对立面又统一又斗争，由此推动档案工作不断向前发展。③

10月18日，先生在《档案工作》1961年第5期上发表《总结经验，加强理论研究工作》。文章指出：

> 当此庆祝我国建国十二周年之际，我国档案事业的建设也已进入一个新的阶段。我们必须加倍努力学习，深入实际，调查研究，总结经验，加强档案工作的理论建设，用以指导档案工作的实践，把我国档案事业建设得更加完善和昌盛，更好地为我国的社会主义建设服务。④

10月，中国人民大学历史档案系收到苏联档案专家姆·斯·谢列兹聂夫发来的国庆贺词。11月，先生代表中国人民大学历史档案系全系师生致电谢列兹聂夫，祝贺伟大的十月革命节。

◎ 1962年（壬寅） 45岁

6月5日至6日，中国人民大学历史档案系举行第五次科学讨论会（当时称为中国人民大学第九次科学讨论会历史档案分组会）。国家档案局局长曾三、副局长郝化村到会并讲话。这次讨论会的主要议题是讨论潘嘉的学术论文《文书学的对象、任务及其与档案事业的关系》。⑤

---

① 按照王德俊《中国人民大学档案系历次科学讨论会简介》一文为第四次科学讨论会，按照《中国人民大学信息资源管理学院简史》为第五次科学讨论会，后文统一采用王德俊《中国人民大学档案系历次科学讨论会简介》的会议次号。

② 王德俊．中国人民大学档案系历次科学讨论会简介［J］．档案学通讯，1984（6）：48-50.

③ 吴宝康．关于档案工作矛盾问题的探讨——学习毛泽东同志《矛盾论》的笔记［J］．档案学研究，1962（5）：215.

④ 吴宝康．总结经验，加强理论研究工作［J］．档案工作，1961（5）：1-3.

⑤ 王德俊．中国人民大学档案系历次科学讨论会简介［J］．档案学通讯，1984（6）：48-50.

11 月 8 日、15 日、22 日，为庆祝建立档案专业教育十周年，中国人民大学历史档案系举行第六次科学讨论会，中心议题围绕有关同志的三份学术报告《新中国的档案教育事业》《机关档案室工作是国家档案工作的基础》《新中国档案科学研究发展概况》进行讨论。①

◎ 1963 年（癸卯） 46 岁

7 月 1 日，先生与中国人民大学历史档案系本科五届一班毕业生合影。

1963 年吴宝康（一排右二）与毕业生合影

◎ 1964 年（甲辰） 47 岁

10 月至次年 5 月，中国人民大学历史档案系全体师生员工（除部分值班和特殊情况外）在湖南湘潭参加农村社会主义教育运动（“四清”运动）。②

① 王德俊．中国人民大学档案系历次科学讨论会简介［J］．档案学通讯，1984（6）：48-50.
② 中国人民大学信息资源管理学院简史（1952—2012）［Z］．北京：内部发行，2012：63.

第三卷

1966—1976 年（49～59 岁）

◎ 1966年（丙午） 49岁

5月，“文化大革命”开始。林彪、江青反党集团在档案战线批判杨尚昆、曾三等，诬蔑国家档案局、中央档案馆、中国人民大学历史档案系为“三家村黑店”。先生被批斗为“反动学术权威”“推行修正主义教育路线的黑干将”。① 先生自述：“1966年6月，‘文化大革命’开始，备受迫害与折磨。1969年8月1日才宣布解放。”②

6月13日，中共中央办公厅发出《关于揭发档案工作中的反党反社会主义黑线的通知》，全国档案系统遭到严重冲击，工作几乎全部停止。中国人民大学历史档案系停止招生，实际上处于停办状态。③

◎ 1969年（己酉） 52岁

上半年，国家档案局被撤销。

8月1日，先生受“文化大革命”三年迫害与折磨后“宣布解放”。④

11月，先生被恢复党组织生活，并在北京市郊区农村和工厂劳动锻炼。⑤

◎ 1970年（庚戌） 53岁

3月27日，先生下江西余江县中国人民大学“五七”学校劳动。先生母亲同往。先生夫人程桂芬在江西进贤县中共中央办公厅“五七”学校劳动。大女儿吴稼平、小女儿吴稼青在山西忻县插队。先生自述：

> 我去江西时，仍将《马克思恩格斯全集》、《斯大林全集》、《毛泽东选集》、《鲁迅全集》以及档案专业的一套铅印出版的各科教材和译著作品，还有《辞源》、《辞海》等工具书，全部带到余江。我坚信马克思主义、毛泽东思想以及档案事业必将复兴。⑥

10月，北京市革命委员会通知中国人民大学停办。

---

① 赵学林．情系兰台办教育 勤奋耕耘创科学——记中国档案教育事业的开创者吴宝康［J］．兰台世界，1996（1）：26-29.

② 吴宝康．我的回忆（续完）［J］．档案学通讯，1997（2）：70-78.

③ 中国人民大学信息资源管理学院简史（1952—2012）［Z］．北京：内部发行，2012：64.

④ 吴宝康．我的回忆（续完）［J］．档案学通讯，1997（2）：70-78.

⑤ 吴宝康．我的回忆（续完）［J］．档案学通讯，1997（2）：70-78.

⑥ 吴宝康．我的回忆（续完）［J］．档案学通讯，1997（2）：70-78.

“文化大革命”期间吴宝康（右一）在江西省余江县留影

◎ 1972 年（壬子） 55 岁

7 月 30 日，先生从“五七”学校返回原中国人民大学“铁一号”，母亲同回北京。先生两位女儿也从山西忻县回到北京。①

◎ 1973 年（癸丑） 56 岁

6 月，中国人民大学正式停办。一些系带建制划归北京大学、北京师范大学或北京师范学院等。唯独历史档案系没有学校愿意收留，决定解散。先生以一个党员的名义和原历史档案系主任的身份，写了一封人民来信，分送周恩来总理、中央办公厅、中共北京市委，说明停办容易恢复难，建议暂缓撤销。最后历史档案系被保留，交由北京师范大学按原建制代管。先生随历史档案系一起到北京师范大学。②

◎ 1974 年（甲寅） 57 岁

6 月，北京市革命委员会科教组和国务院科教组以及中央有关部门商量后决

① 吴宝康．我的回忆（续完）[J]．档案学通讯，1997（2）：70-78.
② 吴宝康．我的回忆（续完）[J]．档案学通讯，1997（2）：70-78.

定停办历史档案系，先生“恼怒、愤惋、沮丧”①。历史档案系教师或重新分配工作，或改行留任北京师范大学，或调往其他单位。资料大多送造纸厂，图书转送中央档案馆明清部，实验设备由有关中学领取。② 先生留在北京师范大学。

◎ 1975 年（乙卯） 58 岁

3 月 31 日，先生夫人程桂芬从江西进贤县中共中央办公厅“五七”学校返京。③

5 月 7 日，北京师范大学成立顾问室，校长高沂宣布先生任顾问。④

◎ 1976 年（丙辰） 59 岁

10 月，“四人帮”被打倒，“文化大革命”结束。原中国人民大学教师干部掀起复校活动，先生也积极主张复校复系。⑤

① 陈贤华．吴宝康与中国档案教育［J］．档案学通讯，1987（6）：4-9.
② 吴宝康．我的回忆（续完）［J］．档案学通讯，1997（2）：70-78.
③ 吴宝康．我的回忆（续完）［J］．档案学通讯，1997（2）：70-78.
④ 吴宝康．我的回忆（续完）［J］．档案学通讯，1997（2）：70-78.
⑤ 吴宝康．我的回忆（续完）［J］．档案学通讯，1997（2）：70-78.

第四卷

1977—1987 年（60～70 岁）

◎ 1977年（丁巳） 60岁

9月，邓小平提出："人民大学是要办的，主要培养财贸、经济管理干部和马列主义理论工作者。"①

◎ 1978年（戊午） 61岁

3月13日，在中国社会科学院科学规划办公室主任陈道、副主任李正文的主持下，召开了在京档案界部分同志参加的档案科学规划座谈会。先生以原中国人民大学历史档案系主任身份与原国家档案局局长曾三、副局长张中参加了会议。对于制定档案学研究规划，先生建议：

> 规划内容应包括研究档案学的重要性与必要性；"四人帮"对我国档案科学事业的破坏；我国档案学研究的目前状况与国外档案学发展水平的比较；需要研究的主要项目；采取的措施、要求和建议。要想得宽一些。②

会上成立了档案学规划小组，负责起草《档案学八年（1978—1985）规划的初步设想（草稿）》。这次座谈会和后来拟定的规划，是国家档案局恢复前，在推动和恢复我国档案事业建设方面做的一项具有积极意义的工作。③

3月22日，先生以"原中国人民大学历史档案系主任"的名义给胡乔木、于光远、邓力群写了一封信——《关于尽早恢复国家档案局，同时恢复中国人民大学历史档案系以及社会科学院增设档案学研究所的建议》。先生在信中指出：

> 档案和档案工作是发展科学技术、开展科学研究的一项重要工作。正如周总理1956年1月14日在中共中央召开的关于知识分子改造的会议上所作的报告中指出："为了实现向科学进军的计划，我们必须为发展科学研究准备一切必要的条件，在这里，具有首要意义的是要使科学家得到必要的图书、档案资料、技术资料和其他工作条件。"……为此，我们建议中央考虑早日恢复国家档案局，统一领导全国档案工作。原中国人民大学复校时，同时恢复历史档案系，并在社会科学院增设档案学研究所。④

---

① 中国人民大学历史沿革［EB/OL］.［2017-08-14］. http：//www. ruc. edu. cn/history.

② 按照总任务的要求，绘制档案科学研究宏图——档案科学规划座谈会讨论辑要. 档案通讯，1978（1）.

③ 刘国能. 档案管理实用大全［M］. 北京：同心出版社，1996：492.

④ 中国人民大学档案馆馆藏吴宝康人物档案.

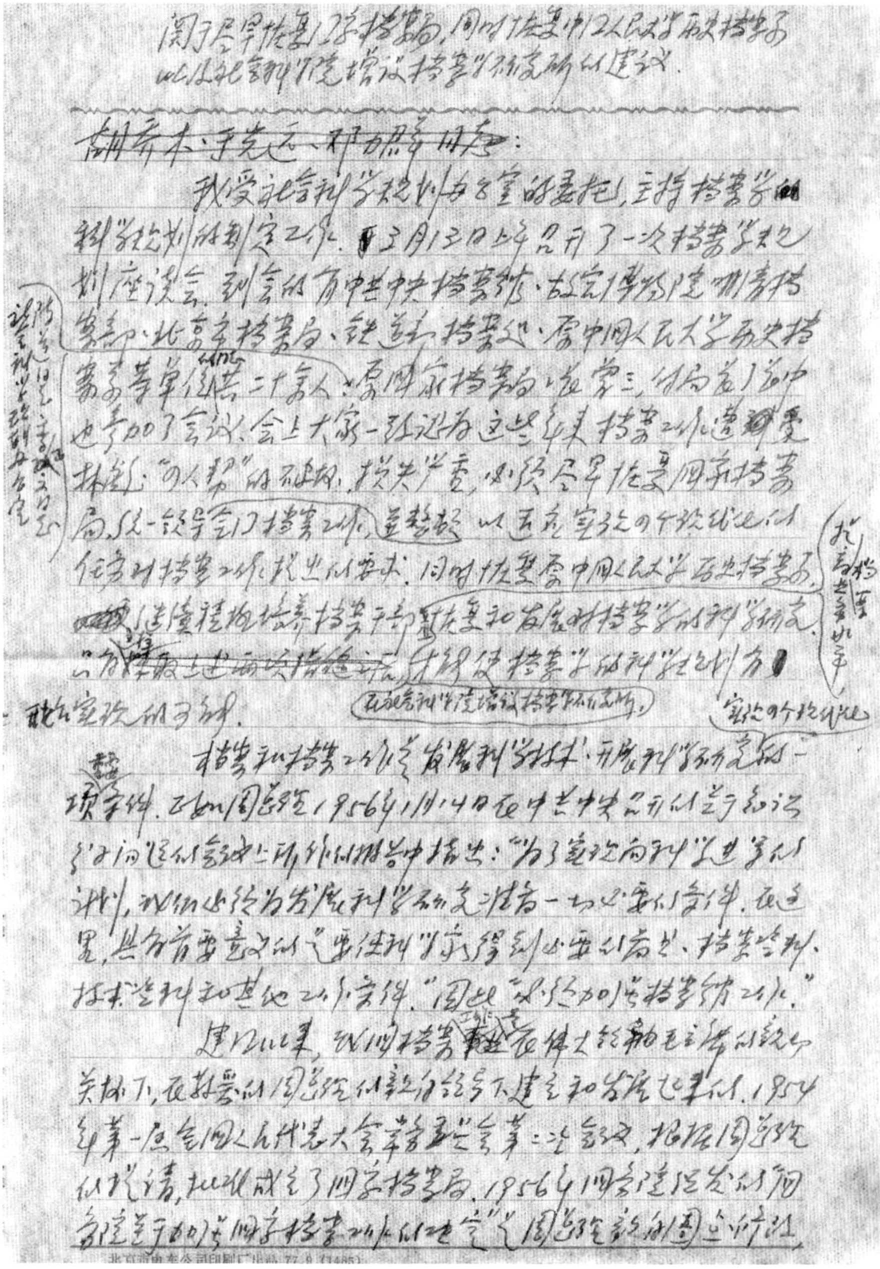

1978 年吴宝康关于恢复国家档案局等建议的手稿

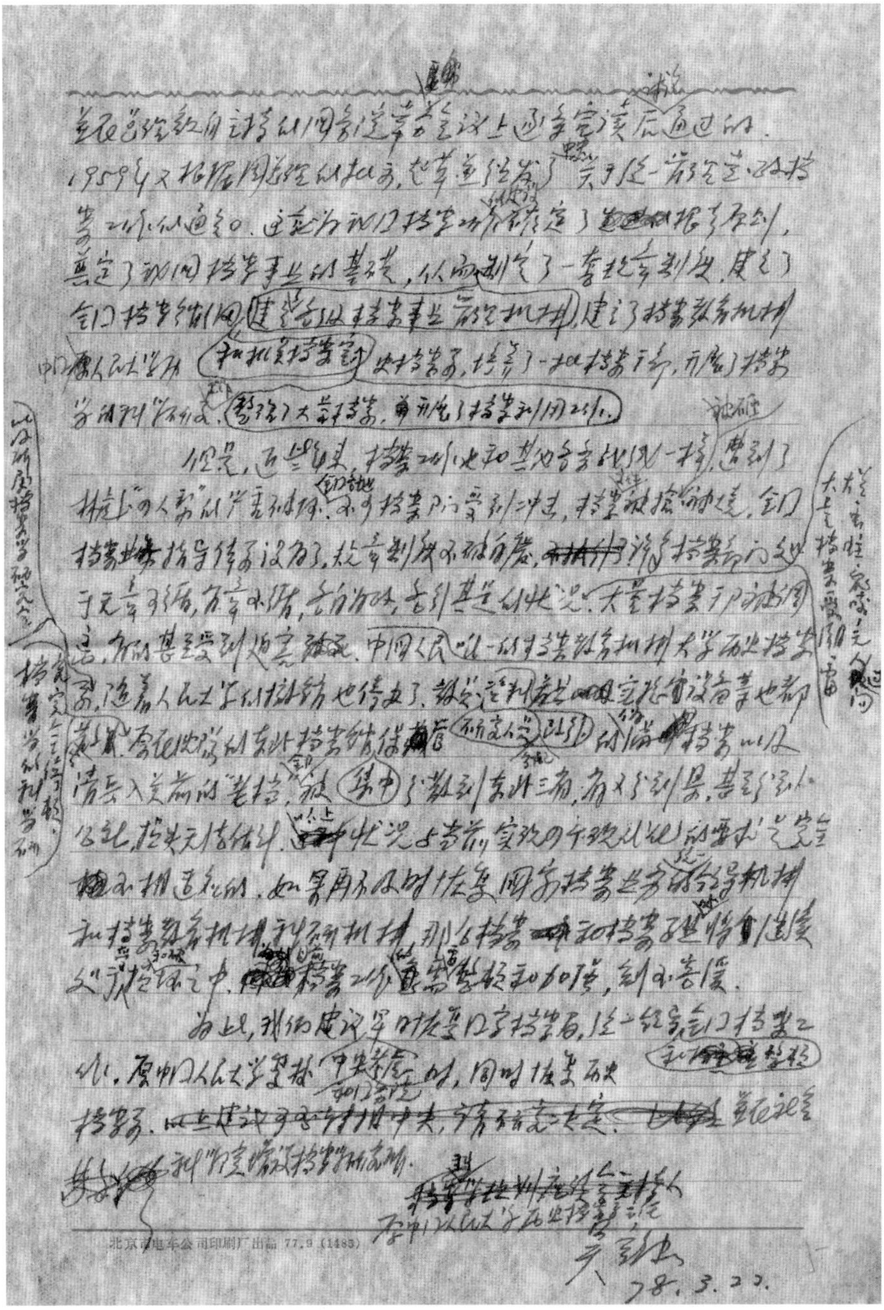

1978 年吴宝康关于恢复国家档案局等建议的手稿（续）

4月26日，先生母亲去世，享年84岁。①

5月，中国人民大学档案系创办《档案通讯》（不定期出版），先生任主编。

春夏，为了复办中国人民大学历史档案系，先生"或亲自登门，或发电函，把'文革'期间被分散到各行各业和各个地方的原历史档案系的教职员工请回来"②。

7月11日，中共中央正式批准恢复中国人民大学。历史档案系同时恢复，并改为档案系。先生任档案系主任、党总支书记。③

7月，先生任中国人民大学社会科学部领导小组成员，至1980年6月止。④

7月，先生主持起草了《全国档案学八年（1978—1985）规划（草稿）》。⑤

9月，中国人民大学档案系开始招收复校后第一届档案学专业本科生。⑥

9月，先生任中国科技情报学会常务理事。⑦

10月，先生任中国档案学会筹备委员会副主任委员。⑧

11月30日和12月7日，中国人民大学档案系举行第八次科学讨论会（当时称为"档案工作座谈会"）。先生与13名教师和干部在会上发言，决心坚持实践是检验真理的唯一标准，解放思想，尽快恢复整顿档案工作，加速培养档案人才。⑨

是年，先生在《情况和建议》（中国社会科学院规划办公室编）第44期上发表《关于档案工作和档案学研究的现状和建议》。先生认为：

> 我国档案工作和档案科学的现状是与实现四个现代化的要求完全不相适应的。如果不及时恢复国家档案业务的统一领导机构和开展档案科学的研究，任其继续被破坏，时间愈长，损失将会愈大。为此，建议中央和国务院早日恢复国家档案局，统一领导和整顿全国档案工作，原中国人民大学复校时，同时恢复历史档案系，并在中国社会科学院增设档案研究所。⑩

是年，先生在《档案通讯》1979年第1期上发表《档案工作的路线是非必须澄清》。先生认为：

---

① 先生二女吴稼青提供信息。

② 韩玉梅．深切缅怀档案学界一代宗师吴宝康教授［J］．档案学通讯，2008（4）：5-6.

③ 中国人民大学信息资源管理学院简史（1952—2012）［Z］．北京：内部发行，2012：65.

④ 吴宝康．我的回忆（续完）［J］．档案学通讯，1997（2）：70-78.

⑤ 吴宝康．我的回忆（续完）［J］．档案学通讯，1997（2）：70-78.

⑥ 中国人民大学信息资源管理学院简史（1952—2012）［Z］．北京：内部发行，2012：65.

⑦ 吴宝康．我的回忆（续完）［J］．档案学通讯，1997（2）：70-78.

⑧ 吴宝康．我的回忆（续完）［J］．档案学通讯，1997（2）：70-78.

⑨ 解放思想　冲破禁区　拨乱反正 档案系召开档案工作座谈会［J］．档案通讯，1979（1）：1-2.

⑩ 吴宝康．论档案学与档案事业［M］．南京：南京大学出版社，1988：251.

“文化大革命”前十七年档案工作的成绩可以概括为如下几点：(1) 在集中统一的原则下，建立了全国各地和中央各部门的各级档案业务指导机构和体制，确立了党对档案工作的绝对领导。(2) 建立了全国档案馆网，从中央到省、市、自治区、地、县都建立了档案馆，机关、部队、工厂、学校、农村人民公社以至一切企业事业单位都建立了机关档案室或联合档案室。(3) 建立了比较完整的档案工作规章制度。(4) 收集整理了大量积存的历史档案（包括敌伪档案），加强了档案馆（室）的基础工作，开展了档案利用工作，为巩固无产阶级专政、加强社会主义建设、开展科学研究等方面奠定了基础。(5) 建立和开展了技术档案的管理和利用工作。(6) 建立了档案教育机构——中国人民大学档案系。举办了各种训练班、学习班、讲座等，培养了一大批档案专门人才，初步建设了一支档案干部队伍。(7) 建立了档案科学研究机构——国家档案局档案科学技术研究所和人大档案系档案学研究室（所），开展了档案学的科学研究工作，为创建我国自己的社会主义档案学，初步建立了理论体系及其基础。出版了一批教材，基本完成了 1956 年的十二年哲学社会科学规划所定档案学部分的研究任务。(8) 出版了档案业务指导刊物——《档案工作》，内部出版了《档案学研究》和《技术档案资料研究》等业务刊物，加强了对档案工作的宣传，初步建立了与国际档案界的联系。[①]

先生在痛陈“文化大革命”期间林彪、“四人帮”对档案工作的大肆破坏之后指出：

我们的目标是在党中央领导下，重振旗鼓，战胜破坏，整顿恢复，克服落后，努力追赶，跟上新时期的步伐，为实现档案工作现代化，为加速实现我国四个现代化作出贡献。当我们党和国家的工作重点即将转移到社会主义现代化建设上来的时候，恢复和整顿档案工作的步伐就更应加快了。[②]

◎ 1979 年（己未） 62 岁

2 月，中共中央和国务院正式批准恢复国家档案局。

2 月，先生在《档案通讯》1979 年第 2 期上发表《“以利用为纲”的方针不容歪曲》。文章分析了“以利用为纲”方针提出时的背景和主观客观情况。并指

① 吴宝康．档案工作的路线是非必须澄清［J］．档案通讯，1979 (1)：3-7.
② 吴宝康．档案工作的路线是非必须澄清［J］．档案通讯，1979 (1)：3-7.

出其内容是两个方面："一就是以积极开展档案资料的利用工作为纲，二就是为社会主义革命和建设以及科学研究服务。"先生进一步说：

一九五八年的方针是在马列主义、毛泽东思想指导下，总结了我国档案工作的基本经验和基本认识的产物。大家知道，档案工作，无论古今中外，它的内容概括说来是由若干工作环节组成的，如收集、整理、保管、鉴定、统计、利用等，不管这些环节叫什么，也不管是四个、六个、八个，也不管是一个档案室、一个档案馆或一个国家的档案工作，总之，都是由若干个工作环节组成的，这些工作环节之间的关系，在长期的工作中得出这样的认识，即它们是互相密切联系的，缺一不可的。又认识到收集、整理、保管等工作环节都是为了利用的，而要利用必须做好收集、整理、保管等工作环节，也就是说在这些工作环节中，收集、整理等是基础性的工作，而一般说来利用则是起主导作用的。也可以说，没有利用就没有档案工作，甚至可以说，没有利用，连档案这一事物也不会产生和存在。文件所以会转化为档案，就是因为文件在处理完后还需要利用，由于要利用，就产生一系列收集、整理等工作，这样就形成了档案和档案工作。这个道理其实是很简单的，是众所周知的。这样的认识来自实践经验。这样的认识已经是一种由感性认识提高为理性的认识，也是一种客观规律性的认识，因此这种认识就具有理论的意义。一九五八年的方针之所以正确无误，就是由于它是根据于这样的理性认识，即规律性认识的，是根据于符合实践经验的档案学理论的。这个方针是运用档案学的理论，抓住起主导作用的环节，提出"以利用为纲""以利用工作为纲"的思想，用以指导档案工作的实际，发展档案事业，为社会主义服务，这样的方针有什么不对呢？

以利用为纲为社会主义服务作为一个思想或理性认识来说，不仅过去正确、现在正确，而且将来也是正确的，因为它是对档案工作的规律性认识，是档案工作的一条发展规律，它是为实践所检验了的。按照这条规律办事，档案工作就兴旺发达，反之，就衰退萎缩。①

4月，接中共北京市委教育部〔79〕京教182号函批复，先生被正式任命为中国人民大学档案系主任。②

① 吴宝康．"以利用为纲"的方针不容歪曲［J］．档案通讯，1979（2）：1-4.

② 中国人民大学信息资源管理学院简史（1952—2012）［Z］．北京：内部发行，2012：65.

5 月 16 日至 19 日，中国人民大学档案系举行第八次科学讨论会，庆祝五四运动六十周年。中共中央办公厅副主任、中央档案馆馆长曾三，国家档案局局长张中到会并讲话。党中央、国务院、中央军委所属局、委、院档案处和部分省市档案部门的负责人和档案工作者 200 余人参加会议。这次会议着重讨论了对“文化大革命”前十七年档案工作的估计、“以利用为纲”的档案工作方针、档案利用和保密之间的关系、利用工作和基础工作之间的关系、档案馆的利用，以及档案工作重点转移等问题。① 会上，先生致开幕词《拨乱反正 解放思想 积极开展档案学研究》。8 月 29 日，开幕词发表在《档案学通讯》1979 年第 4 期上。先生指出：

> 这次科学讨论会，将是一次贯彻双百方针的大会。毛泽东同志提出的“百花齐放，百家争鸣”的方针，是促进科学进步和艺术发展的方针。科学的进步是通过不同学派的自由讨论来实现的，自由讨论对于科学的发展是必不可少的。没有自由讨论，思想就会僵化，唯心论和形而上学就会猖獗起来。我国档案学是建国后发展起来的一门新学科，需要我们创造性研究和阐明的问题很多，这就要求我们深入实际，调查研究，独立思考，认真探索，大胆地提出自己的见解。开展讨论，各抒己见，据理争辩，通过自由讨论和实践来解决科学上的是非问题。②

5 月，中共中央办公厅发出《关于为“档案工作中反党反社会主义黑线”等错案彻底平反的通知》，全国档案战线展开拨乱反正，档案工作开始恢复整顿。

7 月，《档案通讯》改名为《档案学通讯》（季刊），先生任总编辑至 1984 年 12 月止。③

10 月 25 日，先生在《档案工作》1979 年第 1 期上发表《发展档案教育和科学研究 提高档案工作的科学水平》。先生认为，发展档案教育和科学研究要从以下几个方面着手：

> （一）普及和提高相结合，采取多种形式加紧培训档案干部。
>
> （二）解放思想，面向四个现代化，研究解决档案工作中的新问题。
>
> （三）研究制定规划，加强组织领导和干部队伍建设。④

---

① 王德俊．中国人民大学档案系历次科学讨论会简介［J］．档案学通讯，1984（6）：48-50.

② 拨乱反正 解放思想 积极开展档案学研究——吴宝康同志在中国人民大学档案系科学讨论会上的开幕词［J］．档案学通讯，1979（4）：27-28.

③ 吴宝康．我的回忆（续完）［J］．档案学通讯，1997（2）：70-78.

④ 吴宝康．发展档案教育和科学研究 提高档案工作的科学水平［J］．档案工作，1979（1）：34-37.

10 月，先生任中国档案学会筹备委员会副主任委员。①

11 月 12 日，中国档案学会筹备委员会召开第一次会议。②

11 月 19 日至 20 日，中国人民大学档案系举行第九次科学讨论会。这次讨论会既是国家档案局主办的国际档案周庆祝活动的重要内容之一，又是中国人民大学庆祝国庆三十周年科学讨论会的一个组成部分。中共中央办公厅副主任曾三、国家档案局局长张中到会讲话。国家档案局、中央档案馆、故宫博物院明清档案部以及中央直属机关、部分省市档案部门的负责人、档案工作者和档案系师生 700 余人参加会议。这次讨论会的中心议题是：档案工作与四个现代化建设的关系以及如何为四个现代化建设服务。③

12 月，先生赴昆明出席中国科技情报学会常务理事会以及学术讨论会期间，忽咯血不止，在医院抢救。中共中央办公厅副主任曾三、国家档案局局长张中请中共中央办公厅主任姚依林从卫生部派医疗组飞往昆明抢救。经 40 天的抢救，先生转危为安。④

◎ 1980 年（庚申） 63 岁

1 月，先生经成都返回北京，在通县结核病研究所病房中撰写《档案学理论与历史初探》。⑤

1980 年吴宝康在病房中写作

① 吴宝康．我的回忆（续完）[J]．档案学通讯，1997（2）：70-78.

② 王德俊．中国档案学会成立：标志着档案学研究的初步繁荣 [J]．北京档案，2001（6）：21-21.

③ 王德俊．中国人民大学档案系历次科学讨论会简介 [J]．档案学通讯，1984（6）：48-50.

④ 吴宝康．我的回忆（续完）[J]．档案学通讯，1997（2）：70-78.

⑤ 吴宝康．我的回忆（续完）[J]．档案学通讯，1997（2）：70-78.

5月，中共中央书记处做出开放历史档案的决定。

10月30日，中国人民大学档案系举行第十次科学讨论会，这也是中国人民大学校庆三十周年科学讨论会的组成部分。国家档案局局长张中、副局长田风起到会并讲话。国家档案局、中央档案馆、中国第一历史档案馆、中国第二历史档案馆、北京市档案局和中央直属机关档案部门的负责人、档案工作者及档案系师生700余人参加会议。先生《三十年来我国档案学的研究及其今后发展》一文受到热烈讨论。① 1981年3月30日、6月20日，该文在《档案学通讯》1981年第2、3期上发表。文章主要内容包括：

（一）具有中国特点的社会主义档案学的创建和发展

三十年来，我们已经日益明确地认识到把档案学建设成为一门独立学科的客观必要性，我们是在这个指导思想下建立和发展档案学的。现在可以说：我们已经基本上建立了我国档案学的完整的科学体系和结构。我们已经冲破了不敢把档案学视为一门科学的独立学科的思想束缚，也抛弃了把档案学仅仅看作是一门历史学的辅助科目的狭隘观点。这种观点已经不能完全反映我国社会主义档案事业发展的实际。我们也已经突破了档案学是一门纯粹的社会科学的认识，档案学虽然基本上属于社会科学，但实际的发展已经日益说明，档案学应属于一门介于社会科学和自然科学之间的边缘学科。档案学作为一门科学的独立学科来说，由于它自身的发展，已经是由若干个科学科目所构成的组合或总体的名称。档案学已经包括有如下一些科学科目：（1）档案学理论与历史（亦称档案学史），（2）档案管理学，（3）文书学，（4）档案文献编纂学，（5）技术档案管理学，（6）影片、照片、录音档案管理，（7）档案保护技术学，（8）中国档案事业史，（9）外国档案事业史。所有这些科学科目，构成了完整的档案学的科学体系和结构。现在，我国档案学，无论从各科目的内容和科目范围的广度和深度的研究，都还在随着国家档案工作的不断发展而发展，档案学的科学科目有可能还会不断增加，这是学科发展的需要，是时代的需要。因此档案学是一门正在发展中的科学。

（二）对档案学研究和发展中若干问题的认识

第一，新中国档案学的产生和发展的客观性。

第二，档案和档案工作的重要性。

---

① 王德俊．中国人民大学档案系历次科学讨论会简介［J］．档案学通讯，1984（6）：48-50.

第三，怎样看待档案学的科学水平。

第四，我国新时期档案学应为档案工作着重点转移而研究。①

（三）我国档案学及其各科学科目的今后发展

党和国家的工作着重点转移到社会主义现代化建设上来，档案工作的着重点也随之转移之后，我国档案学研究工作的着重点也需要作相应的转移。也就是说，我们对档案学的理论与实践问题及其各科学科目的研究，都要转移到服务于整个社会主义现代化建设这个总目标上来，服务于全国档案工作为四化服务以及档案工作自身实现其现代化的要求上来。我们对此应该有明确的认识和足够的注意。这是档案学研究和发展的方向问题。

从上述观点出发，就我国社会主义档案学总体来说，我们仍应继续加强档案学的理论建设。除了我们应继续研究过去所已经初步研究和探讨的一些问题，如档案学的对象和任务，档案的产生和范围、定义，档案工作的性质、矛盾、规律，以及档案工作的内部或外部之间的各种相互关系等等以外，我们现在应该着重从理论上研究和探讨档案和档案工作与实现社会主义现代化建设的关系、作用和地位，紧密结合我国三十年来以及今后档案事业建设发展的实际，总结出一些真正规律性的认识和经验，用以指导实际，检验其真理性，还要进一步从理论和实践上来探讨和研究如何建设和发展具有中国特点的社会主义档案学的道路和内容，以及中国式的档案工作现代化的道路和内容等问题。所有这些问题，我们档案学的所有各科学科目都要认真加以研究。我们一定要努力争取在本世纪末，把我国档案学及其各科学科目的水平，无论是理论和技术等方面，都要赶上并超过世界的先进水平。

档案学的理论与历史（即档案学史），在完成上述任务中具有重要地位。它更应从我国档案学的发展历史的角度，来研究我国社会主义档案学史的发展，同时从实际出发，研究和探讨新问题、新经验、新认识，以丰富和发展我国档案学的理论。档案学史作为一门科学科目，也还应该研究和批判地继承我国源远流长的档案学思想的历史遗产，从司马迁到章学诚，都要加以研究，以丰富档案学史的内容。

档案管理学，确切地说是文书档案管理学或历史档案管理学。它不包括技术档案管理的内容，是一门研究文书档案或历史档案的收集、整理、鉴

① 吴宝康．三十年来我国档案学的研究及其今后发展［J］．档案学通讯，1981（2）：3-18.

定、统计、保管和利用等诸环节的相互关系、工作原则、方式方法和科学管理全过程的科学科目。……因此，这门科学科目必须在原有的、较好的基础上，继续深入一步研究和总结收集、整理、鉴定、统计、保管等工作环节的新经验和新问题，特别要把重点放在积极开展档案利用工作，开放历史档案，为四化服务中的新问题、新经验上来。……随着实现四个现代化的发展进程，档案管理工作本身也要实现现代化，这已经不是一个要不要实现档案管理现代化的问题，而是如何尽快地实现的问题。实现档案管理的现代化，这是解决当前国内外各方面对利用档案的大量的迫切需要和我国档案管理技术方法基本上还处于手工业式的十分落后状态之间的主要矛盾的唯一办法。按照目前世界先进技术的发展现状来看，档案管理现代化的主要内容，就是运用电子计算机储存和检索档案，以及现代通讯技术和缩微照像技术等。因此，摆在档案管理学面前需要研究的新的重大课题，就是如何根据我国的实际情况，有计划、有步骤地探索出一条具有中国特点的档案管理现代化的道路，并研究在采用新技术管理后，在档案的收集、整理、鉴定、统计、保管，特别是利用等诸工作环节中，以及与平战相结合的工作中所引起的一系列的新变化，也就是说要研究采用先进技术管理档案以适应解决客观利用需要的矛盾时，与档案工作中的基础工作的关系上的新问题。……为此，档案管理学以及其他有关的科学科目，都应该认清当前形势的需要，组织力量，研究电子计算机技术以及其他先进技术在档案工作诸环节中的应用，必要时建立并发展这门在档案学中的新的科学科目。

随着我国档案工作的发展，当收集、整理等基础工作相对地说已经逐步基本完成，在档案利用工作的开展中，我们档案工作的范围，必然要向着熟悉档案内容、研究档案内容的方向发展和扩展。这不仅是可以预见的将来档案学的发展内容，而且有的地方已经初步开始这样做了。档案管理学所研究的内容，除了通常所说的六项工作环节之外，将来还要增加熟悉档案内容、研究档案内容的研究工作环节。作为一个档案管理学的研究工作者，或者说作为一个档案学家，应该成为一个熟悉档案内容，研究档案内容，熟知什么地方有什么档案，什么档案在什么地方的专门人才。即使运用现代化的电子计算机技术或现代化通讯技术，也总得有人去组织这种工作，把档案内容向需用者报道。这种工作内容，不同于编制各种从低级到高级的参考工具，而是更及时地、准确地、经常地向需用者编写报道和介绍某一专业或专题的档案内容，就像以研究档案内容为源泉来主动编写报道有关专业或专题的档案情报。这种研究工作甚至可以把它发展为一门新的档案科学科目，即档案情报学。它是研究利用档案来创造性地采取从简易到复杂、低级到高级、单份原件到综合报道等各种形式，提供档案情报的。

档案的鉴定也将随着档案工作的发展，会逐渐提到工作日程上来。鉴定工作不仅是为了鉴别档案文件的使用价值，以确定永久保存还是销毁的问题，而且还应看到新发展出来的内容，即要注意鉴别档案文件的真假问题。……要发展对档案鉴定工作的内容，要总结实际工作的经验，将来必要时可以发展一门新的科学科目——档案鉴定和鉴辨学。

档案文献编纂学是档案学的重要科学科目之一。……学术界迫切要求开放历史档案，扩大利用范围，大量编纂和出版档案史料汇编。现在中央已经决定开放历史档案，编纂档案史料汇编，以满足学术界、史学界的要求。档案文献编纂学正是专门研究以档案文件为主的文献编纂工作的一系列理论、历史、原则和方法的一门科学科目，是专门研究提供档案，为经济建设、科学研究服务的具有独特作用的主要利用形式的科学科目。因此，它不仅是一门需要恢复和重建的科目，而且是一门很有发展前途的科学科目。特别在开放历史档案之后，档案文献编纂学，就具有更为重要的意义和作用。如果从高等教育的角度来看，它将很有可能成为档案教育中的又一个需要新设的专业。这门科学科目，是以研究编纂和公布档案史料为主要内容的，是档案学中与历史科学的关系最为密切的科目之一。

文书学，亦称文书处理学。文书学究竟是档案学的一个分支或一门科学科目，还是它应属于一门独立学科，可以另行继续研究探讨。但是，文书学与档案学是有着极为密切的关系的，说得更具体些，文书学与档案管理学的关系，其密切程度，犹如姊妹学科。

技术档案管理学，或称科学技术档案管理学。它是我国档案学中与现代化经济建设和科技发展关系最密切、最直接的一门重要科学科目。从某种意义上来说，在新的历史时期，如果技术档案管理是当前全国档案工作中的重点之一，那么，技术档案管理学在档案学的研究中，也同样是重点之一。

影片、照片、录音档案管理是一门必须坚持搞好的科学科目。由于影片、照片、录音等档案的制作材料的不同，必须研究其具有特殊性的管理原则与方法。

档案保护技术学，亦称档案保管技术学。这是一门实现档案管理中关于保管和保护技术现代化的重要科目。

中国档案史，或称中国档案事业发展史。这是一门档案工作的专业史，是档案学研究中一门不可缺少的重要科学科目。它的意义不仅在于使我们了解我国自古至今的档案工作的发展历史和经验，而且具有宣传档案工作重要性，教育档案工作者树立事业观念和巩固专业思想的作用和意义。

世界档案史，也称外国档案事业史。它是研究世界各国的档案事业发展历史和国际间档案工作活动发展历史的一门科学科目。在当前的国际国内的新形势下，研究这门科目有着重要的新的意义。

《国务院关于加强国家档案工作的决定》，不仅要求我们研究档案学，而且还要求我们加强对其他辅助科目的研究，以提高科学水平。

（四）档案学科学研究干部队伍的建设

为适应四个现代化建设以及实现档案工作现代化的需要，建设一支具有一定规模的又红又专的适合现代需要的档案科学研究队伍，是一件刻不容缓、应该提到议事日程上来加以重视的大事了。

为了建设一支档案科学研究的队伍，发展档案学的研究，提高档案学的水平，较好的组织形式，是建立一个全面系统的研究档案学及其各科目的档案学研究所。……再一种形式，是通过发展档案教育，建立和扩大教师队伍。……第三种形式，是既有全面研究档案学及其各科目的档案学研究所，也有发展和扩大档案教育的基地，同时开展档案学的全面研究工作。它既是教育的中心，也是科研的中心。第四种形式，是专业的科研队伍和业余的科研队伍相结合的方式。①

12月1日至5日，国家档案局召开中国档案学会筹备委员会第三次会议，先生出席。会议决定，从1981年起，《档案学通讯》由中国档案学会筹备委员会和中国人民大学档案系共同编辑出版，内部发行，先生担任总编辑。②

◎ 1981年（辛酉） 64岁

1月30日，国务院批准《图书、档案、资料专业干部业务职称暂行规定》。

6月5日，先生在《档案工作》1981年第3期上发表《它将鼓励我们为四化服务》。“它”是指《图书、档案、资料专业干部业务职称暂行规定》经国务院批准颁布执行。文章指出：

① 吴宝康．三十年来我国档案学的研究及其今后发展（续）［J］．档案学通讯，1981（3）：2-21.

② 中国档案学会筹备委员会第三次会议纪要［J］．档案学通讯，1981（1）：1-2.

国务院批准的《图书、档案、资料专业干部业务职称暂行规定》颁布执行了。这是我们档案界的一件大喜事。它不仅充分证明了党和国家对档案工作的一贯关心和重视，而且表明了党和国家又一次肯定了我国档案事业和档案学的发展水平，档案工作已经与其他许多专业一样，建设为一个专业，从而提高了它的社会地位。[①]

6 月 23 日，在江西省档案学会成立大会上，先生做《为发展档案学理论研究建设社会主义档案事业奋斗》报告。10 月 5 日、12 月 5 日，此报告发表在《档案工作》1981 年第 5、6 期上[②]，并以“论档案理论研究与档案工作实践的关系”为题收入先生 1988 年出版的文集《论档案学与档案事业》[③]。文章首先指出：

档案学在我国可以说是一门既古老而又新兴的学科。档案学是研究档案的产生、形成、发展和档案工作的原则、方法以及档案工作历史的发展规律的科学。它基本上属于社会科学，同时又日益发展为介于社会科学和自然科学之间的边缘科学。档案学是实践性很强的一门科学。

接着，先生在分析档案学理论与档案工作实践的关系、强调档案学理论的重要性的基础上指出：

如何运用理论来推动档案工作实践的发展呢？为此，就要我们善于在马列主义、毛泽东思想的原理指导下，运用马列主义的立场、观点和方法，去深刻地、科学地分析我们档案工作中的现实的和历史的各种问题，找出它们之间的内在联系，找出它的发展规律，然后依照这些规律或规律性的认识，自觉地按照档案工作的规律办事，从而推动档案工作的发展。

随后，先生着重分析了档案工作几个环节的相互关系及档案工作的发展规律：

从总的方面来说，收集、整理、保管等都是为了利用，而为了利用，就必须做好收集、整理、保管等工作。因此利用是目的，是中心，是起主导作用的方面，而收集、整理、保管以及利用前一切准备工作都是基础，这就是档案工作过程中诸环节间的关系。以收集、整理、保管等管理工作为基础，

① 吴宝康．它将鼓励我们为四化服务［J］．档案工作，1981（3）：6.

② 吴宝康．为发展档案学理论研究建设社会主义档案事业奋斗——在江西省档案学会成立大会上的报告［J］．档案工作，1981（5，6）：10-13，34-36.

③ 吴宝康．论档案学与档案事业［M］．南京：南京大学出版社，1988：281-294.

以利用为目的、为中心、为主导，这就是档案工作过程中诸工作环节之间的必然联系或必然趋势，也就是档案业务工作过程中本身所固有的客观存在的工作规律。我们要以开展档案的利用工作来带动各项基础工作，为社会主义建设服务，为实现四化服务。

正确地研究、认识、处理和解决档案工作这一诸工作环节的关系问题或矛盾问题，乃是档案工作中的根本性问题。也可以说全部档案工作的经验，归根到底，基本上也就是正确解决它们之间的关系和矛盾的经验。①

6月24日，先生在江西省委礼堂为江西省、南昌市各级机关、企业、事业单位主管办公室的领导及文秘人员做专场档案学术报告。②

8月25日至27日，中国档案学会筹备委员会第四次会议在国家档案局召开，先生出席。③

10月6日，先生在河南省档案学术报告会上做题为“学习六中全会精神 努力建设档案事业”的报告。先生指出：

一、坚持毛泽东思想、重新学习《〈农村调查〉的序和跋》、《改造我们的学习》

二、学习《决议》和《讲话》精神，努力完成党赋予我们档案工作者的任务

三、清理“左”的思想影响是当前档案工作和档案学理论研究中的主要问题

四、清理“左”的思想影响必须正确进行

在报告中，先生还论述了集中统一管理档案工作的问题，认为“坚持集中统一管理原则是坚持党的四项基本原则在档案工作和档案学理论研究中的具体体现和集中表现”④。

11月23日，中国档案学会成立大会暨第一次档案学术讨论会在北京举行。大会通过安庆泮为中国档案学会理事长、先生等九人为中国档案学会副理事长。⑤

是年，先生任北京市档案学会副理事长。⑥

---

① 吴宝康．为发展档案学理论研究建设社会主义档案事业奋斗——在江西省档案学会成立大会上的报告［J］．档案工作，1981（5，6）：10-13，34-36.

② 江西省档案志编纂委员会．江西省志 江西省档案志［M］．黄山：黄山书社，1998：193.

③ 中国档案学会筹备委员会第四次会议纪要（节录）［J］．档案学通讯，1981（5）：4-5.

④ 吴宝康．论档案学与档案事业［M］．南京：南京大学出版社，1988：295-315.

⑤ 津生．祝愿满园香花开——记中国档案学会成立大会暨第一次档案学术讨论会［J］．档案工作，1982（1）：14-15.

⑥ 吴宝康．我的回忆（续完）［J］．档案学通讯，1997（2）：70-78.

◎ 1982年（壬戌） 65岁

2月23日，中国档案学会召开第三次（在京）常务理事会，先生兼任中国档案学会学术部主任。①

4月18日，美国档案工作者协会访华旅游团来京参观访问，先生与团员合影。②

5月，先生任北京市高校提升高级职称档案学专业评审组组长。③

6月30日，先生在《档案学通讯》1982年第2、3期（合刊）上发表《从一个侧面看我国档案学研究的现状和动向——全国第一次档案学术讨论会论文专题评述》。先生综览了全国第一次档案学术讨论会的全部论文，从论题、内容及其研究情况进行分析，认为这些论文具有以下明显的特点：

> 首先，就是这批论文所述的题目和内容，无论从它的广度和深度上说，都大大发展了。其次，论文的题目和内容，大多数是从实际工作和科学研究的实际中提出来的有研究价值的课题。第三，档案学的研究已经从少数专业教学和研究人员从事研究的范围中突破出来，变成广大档案工作者（包括有经验的专业领导者和业务骨干）和专业教学、研究工作者及其他工作者（如史学工作者、图书馆工作者、工程师、电子计算机专家等）相结合汇流在一起的新局面。第四，许多论文反映着作者初步掌握了理论联系实际、实事求是、一切从实际出发的科学研究原则。第五，论文的写作表明作者们都能在坚持党的四项基本原则的条件下，根据百花齐放、百家争鸣的方针的精神，畅所欲言，无所顾忌，充分阐述自己的观点和认识，甚至对某些问题大胆提出不同的看法和批评性的意见，互相争论，共同探讨。

先生将这些论文分以下十二个专题研究方向进行了评述：

（一）关于档案学的某些基本问题

（二）关于档案的若干概念和定义问题

（三）关于文书学与文书处理、立卷归档问题

（四）关于档案馆的性质和一般建设问题

（五）关于开放历史档案与利用档案问题

（六）关于档案馆的编研工作和编史修志问题

---

① 中国档案学会召开第三次（在京）常务理事会［J］．档案学通讯，1982（Z1）：38.

② 美国档案工作者协会访华旅游团在北京参观访问［J］．档案学通讯，1982（Z1）：2.

③ 吴宝康．我的回忆（续完）［J］．档案学通讯，1997（2）：70-78.

（七）关于档案馆（室）的收集、整理、鉴定和其他

（八）关于专业档案、少数民族档案、农村社队档案、照片档案问题

（九）关于科学技术档案管理问题

（十）关于档案保护技术问题

（十一）关于档案工作的现代化问题

（十二）关于档案教育与干部培养问题①

9月10日，先生参加中国档案学会与四川省档案学会联合召开的县档案馆专题学术讨论会，并发表讲话。讲话稿后来发表在《浙江档案工作》1982年第11期和《湖南档案》1982年第2期上（根据录音整理，未经本人审阅）。先生讲话的主要内容包括：

一、档案工作要为两个文明建设积极发挥作用

二、我国档案学研究的发展及其特点

三、我国档案学的学科体系和档案学研究的发展趋势

档案学研究的发展趋势是什么呢？正像全国第一次学术讨论会上大家认为的一样，“是向着深度和广度的方向发展”。这一趋势主要表现在以下几个方面：

1. 从研究档案室、档案馆向着研究全国档案事业的方向发展。

2. 从研究档案的管理技术、方法向着研究档案理论的方向发展。

3. 从研究档案管理工作向着研究档案内容、档案史料的方向发展。

4. 正在从基本属于手工业方法的研究向着应用现代化技术手段进行研究的方向发展。

5. 以研究本国为主向研究外国档案学的方向发展，特别是现在学术活动开展以后，和国外的联系越来越多，开始更好地注意对外国档案情况的研究，吸取他们的研究成果。

6. 从少数专业人员和在实际工作中对档案学研究有兴趣的少数人的研究向着开展群众性的研究发展。

四、关于档案学研究方面的几点意见

1. 坚持以马列主义、毛泽东思想为指导，坚持用辩证唯物主义和历史唯物主义的观点来分析和研究档案工作方面的一切问题。

2. 坚持党的四项基本原则。

---

① 吴宝康．从一个侧面看我国档案学研究的现状和动向——全国第一次档案学术讨论会论文专题评述［J］．档案学通讯，1982（Z1）：10-38.

3. 继续解放思想，清理“左”的影响，实事求是地进行学术研究。

4. 坚持理论和实践相结合的问题。

5. 还要鼓励大家来搞科学研究，提倡写文章。①

10 月，先生专著《档案学理论与历史初探》由中国人民大学出版社作为校内用书出版，发行 7 100 册。该书于 1986 年 9 月由四川科学技术出版社正式出版。

1982 年吴宝康《档案学理论与历史初探》封面

① 中国档案学会副理事长、中国人民大学档案系主任吴宝康同志在县档案馆专题学术讨论会上的讲话［J］. 湖南档案，1982（2）：7-17.

12月12日，中国人民大学档案系举行建系三十周年座谈会暨第十一次科学讨论会，先生在会上做《中国人民大学档案系三十年》报告。① 该报告由先生与邹家炜合作，1983年2月28日以“中国人民大学档案系”的名义发表于《档案学通讯》1983年第1期。先生认为，回顾三十年来，中国人民大学档案系大体经历了四个阶段：

> 第一阶段，从1952年11月15日，中国人民大学受中共中央办公厅、组织部、宣传部的委托，创办档案专修班起，到1953年改为专修科，1955年5月成立历史档案系。在这近三年的时间里，我们主要是学习和借鉴苏联经验，学习列宁关于档案建设的思想和理论，创建我国社会主义档案教育。
>
> 第二阶段，从历史档案系成立到“文化大革命”前夕，这是档案系巩固发展的十一年。这个阶段，我们主要是全面贯彻党的教育方针，建设社会主义档案教育事业。
>
> 第三阶段，“文化大革命”的十年，档案系这棵正在成长的幼苗，遭到了严重挫折和摧残。
>
> 第四阶段，从1976年粉碎“四人帮”起，是档案系恢复、发展和提高的时期。

先生总结了中国人民大学档案系三十年来建设专业的基本经验，主要包括以下几点：

> 第一，要办好档案专业，不断提高教学质量和科研水平，必须提高教师的政治素质和业务素质，建设一支又红又专的教师队伍。
>
> 第二，要办好系，既能出人才又能出成果，必须坚持以教学为主，把系办成既是档案专业的教学中心，又是档案科学的研究中心。
>
> 第三，要办好系，培养国家档案部门需要的人才，必须实事求是地确定培养目标，妥善地制定教学计划和安排教学环节。
>
> 第四，要办好系，培养德智体全面发展、又红又专的档案专门人才，必须全面贯彻教育方针，加强学生的政治思想工作。
>
> 为了开创档案系工作的新局面，为我国社会科学档案事业建设培养更多的专门人才，今后我们办系的方向和指导思想，应该是“以提高为主，在提

---

① 蔡国柱．中国人民大学档案系举行建系三十周年座谈会暨科学讨论会［J］．档案学通讯，1983(1)：14-15.

高中巩固发展”，办出自己的特点，具有自己的特色。这就是要把档案系办成一个专业齐全、有中国人民大学办学传统、以提高为主和具有较高水平的档案教学中心和科研中心。①

是年，先生担任中国人民大学档案系硕士研究生导师。②

◎ 1983年（癸亥） 66岁

2月28日，先生在《档案学通讯》1983年第1期上发表《学习十二大文件，开创档案学研究的新局面》。文章主要内容源自先生于1982年9月10日参加中国档案学会与四川省档案学会联合召开的县档案馆专题学术讨论会时的讲话。③

2月，经文化部批准，《档案学通讯》向国内外公开发行。先生任总编辑。④

3月1日，先生被中国科学技术情报学会聘为学会常务理事。⑤

3月10日，国家档案局、中国档案学会联合举行纪念马克思逝世一百周年档案学术报告会，先生应邀做学术报告《马克思与档案》。⑥ 6月30日，该报告刊登于《档案学通讯》1983年第2、3期（合刊）。在报告中，先生介绍了马克思关于档案和档案工作的许多精辟论述，阐述了马克思如何重视档案和档案工作，以及档案资料在马克思进行科学研究、创立科学共产主义理论中的重要作用。先生指出：

> 让我们在纪念伟大的无产阶级革命导师马克思逝世一百周年的时候，从他一生的伟大革命实践中，吸取有关档案和档案工作方面的丰富营养，扩展我们的知识领域，提高对档案工作的认识，增强建设我国社会主义档案事业的自觉性，为开创我国档案工作和档案学研究的新局面而努力。⑦

5月25日，先生在《河南档案》1983年第1期上为《河南档案》题词：

> 坚持以马克思列宁主义、毛泽东思想为指导，密切结合我国档案工作的历史和实际，努力建设和发展具有我国特点的社会主义档案学，为两个文明

---

① 中国人民大学档案系．中国人民大学档案系三十年［J］．档案学通讯，1983（1）：16-25.

② 吴宝康．我的回忆（续完）［J］．档案学通讯，1997（2）：70-78.

③ 吴宝康．学习十二大文件，开创档案学研究的新局面［J］．档案学通讯，1983（1）：5-13.

④ 中国人民大学信息资源管理学院简史（1952—2012）［Z］．北京：内部发行，2012：69.

⑤ 中国人民大学档案馆馆藏吴宝康人物档案．

⑥ 郭树银，程力平．首都举行纪念马克思逝世一百周年档案学术报告会［J］．档案工作，1983（2）：7.

⑦ 吴宝康．马克思与档案［J］．档案学通讯，1983（Z1）：2-14.

建设服务，为四个现代化建设服务。[①]

7月，先生退居二线，由陈兆祦接任中国人民大学档案系主任。先生任名誉系主任，仍参加档案系主任办公会议。[②]

7月，先生与邹家炜、董俭、周雪恒等编写的《中华人民共和国档案工作纪实：1949—1981》，由青海人民出版社出版。该书是为了中国档案事业史的教学和科学研究需要而编写的。选材以中央党、政、军一级档案管理机关、档案馆和档案教育、科学研究部门的活动为主。该书基本反映了1949—1981年中国档案事业发展的概貌，按时间先后顺序编排，分为四个部分：第一部分，基本完成社会主义改造时期的档案工作（1949年10月—1956年12月）；第二部分，开始全面建设社会主义时期的档案工作（1957年1月—1966年4月）；第三部分，“文化大革命”时期的档案工作（1966年5月—1976年10月）；第四部分，社会主义建设新时期开始阶段的档案工作（1976年10月—1981年12月）。主题索引附于书末，分为总类、机关档案室、档案馆、科技档案、革命历史档案、旧政权档案、档案教育、档案科学研究、档案编辑出版、档案业务指导、国际档案活动和外事往来、历史档案发现和出土、林彪及江青反革命集团的破坏和其他等十四个主题。[③]

8月2日至7日，中国档案学会在沈阳召开科技档案学术讨论会，先生主持会议。会议主要讨论两个问题：一是如何发挥科技档案的经济效益，二是基层科技档案工作的内容、任务和范围。先生在会议结束时发表个人看法。1984年3月1日，先生的发言内容以“中国档案学会副理事长吴宝康在科技档案学术讨论会上的讲话”为题，在《档案学通讯》1984年第1期上刊登。[④] 在文中，先生对这次学术讨论会进行评价之后，论述了自己关于科技档案的经济效益问题的认识。先生认为科技档案是有经济效益的，并指出：

> 特别是我们现在做实际工作的同志也提出要建立这样一门学科，来专门研究科技档案的经济效益，或者就叫科技档案经济学，我想是可以搞起来的，它不是主观的幻想，而是有实践基础的。但是，我想我们终究是搞档案工作的，怎样把经济学理论应用到我们档案工作中来，这确实是个新问题。

---

① 曾三、张中、安庆洙、吴宝康、裴桐同志给《河南档案》题词［J］. 河南档案，1983（1）：3-4.

② 吴宝康. 我的回忆（续完）［J］. 档案学通讯，1997（2）：70-78.

③ 李丹. 吴宝康档案编研与利用思想演变研究［D］. 辽宁：辽宁大学，2012：12.

④ 此文被收入先生文集《论档案学与档案事业》时，题目改为《关于科技档案工作的任务、范围与内容问题的我见》。

我们也不妨今后把我们探讨经济效益的文章拿去求教一下经济学家，征求他们的意见，我看是有必要的。

随后，先生论述了科技档案工作的任务、范围和内容问题。先生指出：

要解决这个问题，必须把它摆到更大一点的领域和范围中去研究，也就是说把科技档案任务、内容、范围这个问题放到整个档案工作的领域中去研究，究竟什么是档案，什么是档案工作，档案同图书、文物又有什么区别和联系，它的界限在哪里。如果是这样，而不是仅仅就科技档案来论科技档案，那么就有可能会使我们的研究更好地进一步深入，逐步提高认识。

先生赞同中国档案学会名誉理事长于光远的观点，认为："文件、手稿、记录、技术图纸等在未形成档案之前决不是为公众看的或用的，而是为了当时处理事务的需要"；"档案是有意识保存下来，不是无意识地保存的"。对于档案工作环节，先生指出：

至于工作环节到底是六个，还是七个、八个、十个，我觉得也不是死板的、固定不变的……可以随着发展需要而增加，根据实际工作情况的发展而增加。

但是我认为无论如何，收集总是我们档案工作的首要的一个工作环节，它是从文件归档转化为档案的这样一个重要的工作环节。

那么，如何看待归档以前的一系列工作？那就是我们为了要做好收集工作，必须做好归档以前的一系列工作。因为这些工作是收集的重要准备工作和基础工作，实际上也是收集工作的一部分。

先生进一步提出：

可以考虑专门写一本企业科技档案工作的书，把基层企业单位的科技档案工作的经验和认识总结一下，充分研究和阐述它的特点。一方面我们要遵循档案学的基本理论和原则，另一方面又要充分阐述企业部门科技档案工作的特点。

第一编写科技文件材料的形成、积累与归档，第二编写收集、整理、保管及特点，第三编写科技档案的利用等（当然都要把特点写出来）。

我认为写书或编教材，大家可以多样化一些，不一定固定按六个环节来编教材和写专著，我们也不主张一定要一开口就是六个环节，可以灵活多样些。①

① 中国档案学会副理事长吴宝康在科技档案学术讨论会上的讲话［J］．档案学通讯，1984（1）：2-9，36.

8月11日，先生应邀参加在黑龙江省密山县召开的东北三省首次档案工作协作会议并发表讲话。[①]

8月，先生受黑龙江省档案学会邀请，为省直属机关及中直在哈单位的档案干部200余人做学术报告《关于档案学研究》。[②]

8月，方继树在《档案学通讯》1983年第4期上发表《当前我国档案学理论研究应该解决的几个问题》一文，评价先生："吴宝康教授关于建立、发展我国理论档案学和应用档案学的意见和他正在进行的研究工作是一种创新。"[③]

9月1日，先生任中国人民大学档案系名誉主任。[④]

9月10日，中国人民大学档案系举办高校档案专业教师脱产进修班开学典礼，先生发表讲话。[⑤]

9月21日，先生出席纪念《档案工作》杂志创刊三十周年茶话会。先生在讲话中指出，《档案工作》在新中国档案事业的建设中所立下的历史功勋是有目共睹、人所共知的，并祝愿《档案工作》杂志办得好上加好。[⑥]

10月25日，先生在《档案工作》1983年第5期上发表对《档案工作》创刊三十周年的贺词——《我的祝贺》。主要内容是：

> 《档案工作》创刊三十年来的历史，是我国社会主义档案事业开创和发展的历史缩影，同时也是具有我国特点的社会主义档案学建设和发展的历史见证。[⑦]

10月，先生任中国人民大学档案系学术委员会主任。[⑧]

12月10日至13日，第一次华北地区档案工作协作会议在河北省石家庄市召开，先生参加会议。[⑨]

---

① 王振远．东北三省档案工作协作会议在密山召开［J］．档案工作，1983（5）：62.

② 黑龙江省地方编纂委员会．黑龙江省志·档案志［M］．哈尔滨：黑龙江人民出版社，1996：408.

③ 方继树．当前我国档案学理论研究应该解决的几个问题［J］．档案学通讯，1983（4）：4-8.

④ 中国人民大学档案馆馆藏吴宝康人物档案．

⑤ 海滨．全国高等院校档案专业教师进修班开学［J］．档案工作，1983（5）：47.

⑥ 国家档案局举行茶话会纪念《档案工作》创刊三十周年［J］．档案工作，1983（5）：3.

⑦ 吴宝康．我的祝贺．档案工作，1983（5）：7

⑧ 中国人民大学信息资源管理学院简史（1952—2012）［Z］．北京：内部发行，2012：69-70.

⑨ 天津市地方志编修委员会办公室．天津通志 档案志［M］．天津：天津社会科学院出版社，1999：372.

12月22日，先生出席首都档案工作者纪念毛泽东同志诞辰九十周年集会。[①]

是年，先生被评为教授。[②]

◎ 1984年（甲子） 67岁

年初，国务院学位委员会下达通知，中国人民大学获得档案学专业硕士学位授予权。[③] 先生担任首批档案学专业硕士研究生导师。[④]

1月，先生在《档案学参考》1984年第5期上发表《关于开展档案学术研究活动的几点意见》。该文为先生参加中国档案学会学术部第一次全体会议（成立大会）时的讲话。先生对于中国档案学会学术部如何组织和领导会员开展档案的学术研究活动，谈了几点意见：

（一）明确学术部的任务和目标；

（二）加强研究队伍的团结，大力组织协作研究；

（三）坚持实事求是的学风；

（四）坚持贯彻执行“百花齐放，百家争鸣”的方针；

（五）广泛组织群众，积极地有计划地举办多样化的学术活动。[⑤]

2月25日，先生在《档案工作》1984年第1期上发表《谈谈档案的编研与利用工作》。文章指出：

只有积极开展编研工作，才能充分发挥档案的作用，把“死”档案变成“活”档案，为四化建设服务，从而提高档案工作的社会地位。

发挥档案的作用，概括起来无非是两个方面：一方面是发挥档案史料价值的作用，另一方面要发挥它的现实价值的作用。

随着揭示档案内容的方式与深度的发展，编研工作也由低到高、由简到繁、由小到大、由易到难地发展着，这也就是以档案为情报源，把档案的内容揭示出来，向领导提供情报。这一方面说明编研工作很重要，也说明档案情报学的建设是有理论与实践基础的。[⑥]

---

① 郭树银．首都档案工作者隆重集会纪念毛泽东同志诞辰九十周年［J］．档案学通讯，1984（1）：3.

② 吴宝康．我的回忆（续完）［J］．档案学通讯，1997（2）：70-78.

③ 中国人民大学信息资源管理学院简史（1952—2012）［Z］．北京：内部发行，2012：70.

④ 赵国俊．中国人民大学获得档案学专业硕士学位授予权［J］．档案学通讯，1984（2）：28.

⑤ 吴宝康．关于开展档案学术研究活动的几点意见［J］．档案学参考，1984（5）：463-465.

⑥ 吴宝康．谈谈档案的编研与利用工作［J］．档案工作，1984（1）：32-34.

2月，先生在《历史档案》1984年第1期上发表《马克思重视档案及其作用》。先生指出：

大量事实表明：马克思历来十分重视以档案为锐利武器，无情地揭露和打击敌人，战胜敌人，充分显示了档案所起到的真凭实据的巨大作用。

马克思不但善于利用档案进行对敌斗争，而且以深邃的眼光将是否重视和充分利用档案看作革命斗争成功与否的重要条件之一。

马克思在进行科学研究，创建革命理论的活动中，同样非常注意发挥档案材料的凭证和参考作用。

马克思不仅重视利用档案进行政治斗争和科学研究，而且还亲自参加过档案工作的实践，对档案工作业务问题曾有过一系列精辟的见解和论述。

不仅如此，马克思还在档案收集问题上提出了“归档”这一概念。

还须提及的是，马克思提出过对档案必须进行整理的思想。[①]

4月25日，先生在《档案工作》1984年第2期上发表《档案学研究在中国》。先生指出，建国后中国档案学的建设与发展历史明显地表现出如下特点：

（一）明确地以马列主义、毛泽东思想为指导，并依据马列主义、毛泽东思想与中国档案工作的实践相结合的原则，建设和发展中国档案学，从而使档案学成为具有真正科学意义的一门学科。它不仅研究档案工作的具体经验和技术方法，而且还研究档案学的基本理论和基本原则以及档案工作的发展历史。（二）是在总结中国档案工作的实际经验，批判地继承中国档案工作的历史遗产，以及学习借鉴外国档案工作的有益经验，不断防止克服种种片面性的过程中建设和发展起来的。（三）中国档案学是明确地把档案学作为一门具有自己独特研究对象的独立学科来建设和发展的。在我们国家制定的历次哲学、社会科学发展规划中，都把档案学列为一门独立学科。（四）是与国家档案业务的指导和高等档案教育的建设相密切联系的。

先生进一步指出，经过30多年的努力，“中国档案学已经初步建立起自己的相对完整的科学体系”，已包含如下多个方面的分支学科：

（1）档案理论。如档案学概论、档案学理论与历史等。（2）档案管理。如档案管理学、科技档案管理学、国家档案事业管理等。（3）档案内容研

① 吴宝康．马克思重视档案及其作用［J］．历史档案，1984（1）：79-83.

究。如研究档案内容的史料价值和作用的档案史料学、研究档案史料编纂工作的档案文献编纂学、研究档案内容的现实价值和作用的档案情报学等。(4) 档案历史。包括中国档案事业史、外国档案事业史等。(5) 档案保管和技术。包括档案保护技术学、档案缩微复制技术、档案修复技术、电子计算机技术应用等。(6) 档案法规。包括中国档案法规研究、中外档案法比较研究等。

先生认为，当前中国档案学研究正健康地发展，并显示了新的发展趋势和特点：

(一) 从研究机关档案室和档案馆工作向着以全国档案馆事业为对象的方向发展。(二) 从技术方法的研究向着从事基本理论研究的方向发展。(三) 从档案管理工作的研究向着深入到档案内容的研究的方向发展。(四) 从传统的手工业式的整理和管理工作方法的研究向着应用现代化的电子计算机和缩微技术的研究方向发展。(五) 从偏重研究文书档案的管理向着兼同研究文书档案和科技档案管理的方向发展。(六) 从对中国档案工作的现状和历史的研究向着注意研究外国档案工作的历史、理论和技术等方面的研究方向发展。①

4月29日，中国第一历史档案馆举行茶话会，祝贺单士魁从事档案工作六十年暨光荣退休，先生到场祝贺。②

5、6月间，先生为指导研究生撰写硕士论文，与助手和两名研究生一行四人在江苏做调查研究。先生对南京、镇江、常州、无锡和苏州等地的档案工作情况做了调研。在南京，先生调查了中国第二历史档案馆、江苏省档案馆、南京市档案馆和南京市城建档案馆。5月24日，应江苏省档案学会和江苏省档案局邀请，先生做了专题学术报告《进一步树立档案科学观点和档案政策观点，开创档案工作新局面》，江苏省的部分档案工作者700余人参加了报告会。5月26日，在江苏省档案局局长瞿光枢的陪同下，先生一行前往镇江、常州、无锡和苏州等地参观调查，并应邀做学术报告。在镇江，先生参观了茅山革命史料陈列馆。在苏州，先生答应苏州大学受聘为兼职教授。③

---

① 吴宝康．档案学研究在中国［J］．档案工作，1984（2）：31-32.

② 阳光．六十星霜　光荣解甲——中国第一历史档案馆举行茶话会祝贺单士魁同志从事档案工作六十年暨光荣退休［J］．档案工作，1984（3）：6-7.

③ 吴宝康教授在江苏作调查研究［J］．档案学通讯，1984（5）：68.

6月16日，先生在浙江省档案局、浙江省档案学会举办的学术报告会上做《档案事业的建设与档案学》报告，7月30日，此报告发表在《浙江档案工作》1984年第7期上。先生指出：

我们国家的档案事业已经建立起来，概括地说，正如最近国家档案局的同志所说，我们国家的档案事业是以各种机关档案室为基础，以各级档案馆为主体，以档案教育、档案科学、档案宣传出版，以及档案的国际活动为助手和条件，以各级档案管理机关为管理和组织全国工作的领导核心的具有国家规模的社会主义档案事业。我们的档案事业中，有各级档案局（处、科）、各级档案馆、档案室，以及教育、科学等机构。档案室包括机关档案室和企业部门的科技档案室，它们都是我们事业的基础。档案事业的主体，是各级档案馆。

我们建设国家档案事业的根本目的，不仅仅是为了保管好档案，更重要的是为了用好这些档案。档案正是因为它有用，才把它保管起来，保管是为了利用，不是为了保管而保管。而且只有通过利用，才能把档案事业同社会主义建设的各个方面紧密地结合起来，并为它们服务。我认为这是我们档案工作中和档案学理论中的一个最根本问题。

档案学也应该研究在“新的技术革命”和“信息革命”到来的形势下所面临的新情况和新问题。

我认为我们对档案的认识，一方面当然还是要看到它是工作实践活动的记录，同时，另一方面，是不是还应该把它看作经验、知识、信息、科学技术的一种载体。如果这样的认识能够成立的话，那么，我们保存的档案馆是科学文化事业性质的机构，当然是更清楚明白的了。现在我们还是不是应该进一步看到：档案部门是不是可以把它看成是一个知识部门，是个智力部门。正因为档案部门所保存的档案是经验、知识、信息、科技的某种载体，所以它应该是一个知识部门，当然也可以说是一个科学文化部门。

我感到，现在有这样一个新的趋势，就是将来档案、图书、情报、资料、文献等等会越来越一体化。……档案与图书、情报、资料相比较，具有本源性的特点，在未来实现一体化的过程中，档案必将具有自己独特的地位与作用。①

6月16日，先生与在浙江省档案馆实习的中国人民大学档案系1981级学生合影。

① 吴宝康．档案事业的建设与档案学——一九八四年六月十六日在浙江省档案局、浙江省档案学会举办的学术报告会上的讲话［J］．浙江档案工作，1984（7）：4-15.

1984 年吴宝康（一排左三）在浙江省档案馆与中国人民大学档案系 1981 级实习生合影

6 月 18 日，先生在《档案学通讯》1984 年第 3 期上发表《科技档案与经济效益——复姜树滨等四同志信》。对于“科技档案为什么通过利用才会产生经济效益呢?”这一问题，先生认为：

> 因为科技档案是一种科学与生产技术的记录，是科技和生活知识、信息的载体，是人们生产劳动成果的存在形式。科技和生产知识、信息是科技档案这个物质载体本身内在的客观内容，而科技和生产知识、信息是能够满足生产的某种需要的，所以，从这个意义上说，科技知识、信息的有用性就决定了科技档案的有用性，也就决定了科技档案本身具有使用价值。我们知道，使用价值是在消费中实现的，那么科技档案的使用价值则是结合生产活动过程，在利用中实现的。正因为它有使用价值，所以我们说科技档案在生产活动过程中，通过一定形式的利用，就能产生经济效益。

先生进一步指出：

> 所以，要研究档案、科技档案产生经济效益的问题，首先要对“经济效益”这个概念以及这个问题所涉及的各个方面有一个科学的、全面的理解。当我们认识到社会各部门是处于普遍相互联系之中的，才有可能来具体考察我们档案部门关于提高经济效益的问题。[①]

① 吴宝康．科技档案与经济效益——复姜树滨等四同志信［J］．档案学通讯，1984（3）：4-8.

6月29日，先生与中国人民大学函授学院北京分院1982级档案学专业函授生120位毕业生合影留念。①

6月，先生在上海访问原中共中央华东局秘书长、中央顾问委员会委员魏文伯时，魏文伯书写了“活的档案，现在的制度太严”的字句给先生。②

9月12日，国家档案局和中国人民大学签订《关于建立档案学院的协议书》。双方协商决定：国家档案局在1984年内向中国人民大学投资400万元，1987年以前在中国人民大学建立档案学院，开设历史档案管理、科技档案管理和档案保护技术三个专业，1989年在校生达到500人。③

9月12日至18日，第二次华北地区档案工作协作会议在山西省太原市举行，先生出席并向山西省千余名档案工作者做了学术报告《档案事业的发展与档案学研究》。④

9月25日，先生在《档案与建设》1984年第1期上发表《明确树立档案科学观点和档案政策观点 开创档案工作新局面》。先生指出：

> 在我们的档案工作中，长期以来存在着这样一种现象，即对档案工作仅仅作为单纯业务性的工作来看待，而未能自觉地把它作为一门科学来认识，来研究。不少同志在许多场合往往习惯就工作论工作，就业务论业务，而没有把它提高到科学的高度上，去加以科学的论证与探讨。这样，显然不仅影响了档案学研究的深入发展，也影响了档案工作水平的提高。
>
> 关于档案政策的观点，就是说要把档案工作提高到党和国家政策的高度去认识。
>
> 我们提出树立的档案科学观点，与档案政策观点是两个不同内容的观点，但两者又有它的一致性。我们的档案科学要为制定我国自己的全面的档案工作政策去做深入的研究，去科学地阐明我国的各项档案政策；而正确的科学的档案政策，又是我国档案事业和档案科学蓬勃发展的重要保证。⑤

9月，先生受聘为苏州大学兼职教授。⑥

---

① 马瑗．档案学专业首届函授生专科毕业［J］．档案学通讯，1985（5）：33.

② 徐尚炯．从“档案贵在活，为人所用”谈起［J］．上海档案．1985（1）：3-4.

③ 中国人民大学信息资源管理学院简史（1952—2012）［Z］．北京：内部发行，2012：70.

④ 天津市地方志编修委员会办公室．天津通志·档案志［M］．天津：天津社会科学院出版社，1999：372.

⑤ 吴宝康．明确树立档案科学观点和档案政策观点 开创档案工作新局面［J］．档案与建设，1984（1）：5-7.

⑥ 吴宝康．我的回忆（续完）［J］．档案学通讯，1997（2）：70-78.

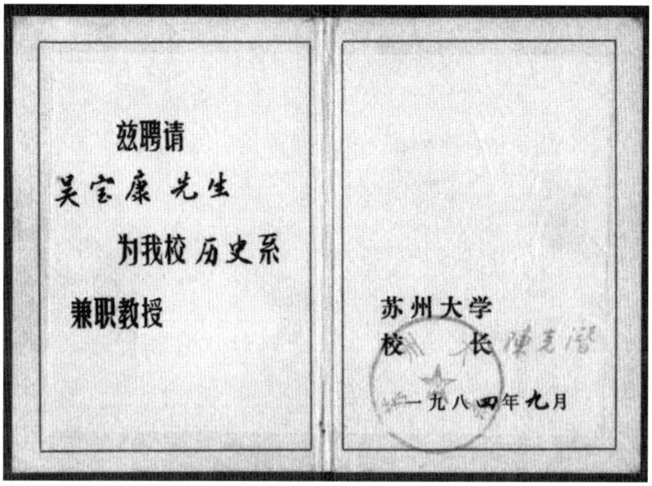

1984年苏州大学向吴宝康颁发兼职教授聘书

9月至10月，先生对山西省委、省政府10个直属单位档案室和11个县市档案馆，以及3个地市、3个公社、7个生产大队的档案工作深入考察，撰写了《关于当前档案工作开展情况的考察报告》。[①]

10月27日至31日，首届全国高等院校秘书学教学经验交流会在上海举行，先生到会讲话。[②]

12月4日至8日，中国档案学会第二次会员代表大会暨全国第二次档案学术讨论会在南京召开，先生当选第二届理事会副理事长，并致闭幕词。[③] 1985年3月2日，闭幕词发表在《档案学通讯》1985年第1期上。先生指出：

> 中国档案学会和各地学会担负着把档案学的研究提高到一个新水平的责任。在这个任务面前，我们需要更好地遵循党中央关于科学研究要执行百花齐放、百家争鸣的方针，进一步解放思想，放手地开展学术研究，鼓励不同意见之间的同志式争论，求同存异，让实践来检验学术上的正确和错误。这是促进学术研究繁荣的一条正确方针，也是中国档案学会应当坚持的方针。[④]

12月21日，中国人民大学档案系举行第十二次科学讨论会。讨论会由档案

① 山西省地方志编纂委员会．山西通志第40卷文化艺术志［M］．北京：中华书局，1996：406.

② 张海靖．首届全国高等院校秘书学教学经验交流会在上海召开［J］．上海档案，1985（1）：20.

③ 中国档案学会第二次会员代表大会暨全国第二次档案学术讨论会在南京举行［J］．山西档案，1985（1）：5-6.

④ 吴宝康．闭幕词［J］．档案学通讯，1985（1）：16-17.

系主任陈兆祦主持，国家档案局局长韩毓虎、中国档案学会理事长裴桐、中央档案馆馆长王明哲及校内外专家60余人出席。会议主要讨论先生所著《档案学理论与历史初探》一书。大家对先生多年来在档案学科园地里辛勤耕耘、潜心研究、不断探索、勇于创新的精神给予了高度评价：

> 梅岱说："吴宝康同志是档案学战线上不疲倦的开拓者。"裴桐说："吴宝康同志的书是在斗争中产生的。有人认为档案学不是科学，吴宝康同志为了说明它是一门科学而不懈地努力，这种精神值得钦佩。"王明哲认为，吴宝康同志不仅"花费很多心血收集许多材料，治学精神值得钦佩"，而且他还"欢迎各方面提出批评意见，这种精神值得称赞"。韩毓虎也说："我对吴宝康同志的治学精神表示钦佩。"朱金甫还强调指出，难能可贵的是，"吴宝康同志的学术观点从未停止过，而且不断发展，随着实践的发展不断补充自己的观点"。①

不少同志在发言中对《档案学理论与历史初探》一书所取得的科研成果予以充分的肯定，做了高度的评价：

> 韩毓虎说："吴宝康同志在长期繁忙的教学活动中孜孜不倦地进行档案学研究，《初探》一书就是他几十年来档案学研究的成果之一。我相信这本书理所当然地会受到档案界的重视和欢迎"，"对他所取得的研究成果表示祝贺"。韦庆远说："我认为吴宝康同志的书很好"。鞠德源指出："《初探》一书对建立和发展档案学理论具有重要意义"，"它是自成理论体系的"，"这样的学术专著，应当公开出版同国外交流"。还说："我认为，我们应当珍惜这一成就，应当研究和发展这一成就"。王传宇表示："看了《初探》后，感到它是我国档案学研究的重要成果。……《初探》一书是吴宝康同志几十年辛勤研究的结晶，体现了许多深刻的思想"。朱金甫则强调指出："《初探》这本著作是我国第一部用马列主义理论作指导对档案工作实践进行研究的专著。这部专著相当于档案学基础的基础。"曹喜琛对《初探》作了这样的评价："作为一本专著，它论述的范围是很广的。此书是目前我国档案学领域内容比较新颖的专著。"和宝荣在发言中不仅肯定"本书的内容是开发性地、全面性地展开论述"，而且还着重强调指出："此书的一个特点是里面的许多

① 王德俊，冯惠玲．中国人民大学档案系举行第十二次科学讨论会［J］．档案学通讯，1985（3）：62-64.

观点都是作者经过多年探索而提出的首创性思想”。梅岱在发言中一方面强调指出“本书材料丰富，它既可作为档案学的基础理论，又是培养学生专业思想的生动教材”，另一方面又对该书所具有的“理论和实践统一”、“鲜明性”、“全面性和深刻性”三个特点作了简要的论述。①

发言者除了对先生本人及其《档案学理论与历史初探》一书给予充分肯定和较高评价外，还主要围绕该书的内容、思想和观点进行了比较全面、深入、系统的评述，并就有关档案学理论问题提出了各自的见解。

12 月，北京市高等教育局授予先生从事教育工作 30 周年证章。②

12 月，先生在淮安题字：“档案工作贵在做活。”③

是年，国家档案局成立档案学规划小组，由先生任组长，提出《“七·五”档案学发展规划（初稿）》。④

◎ 1985 年（乙丑） 68 岁

1 月 9 日，先生为中国人民大学档案系 1981 级毕业生题词：“你们是新中国档案事业的继承者，新时期档案工作的开拓者和改革者。”⑤

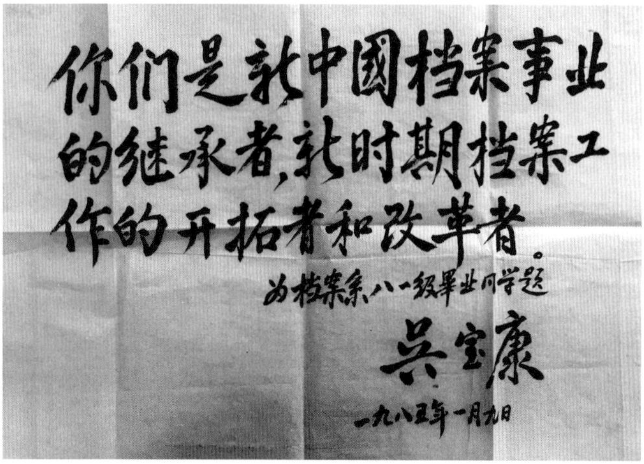

1985 年吴宝康给中国人民大学档案系 1981 级毕业生题词

① 王德俊，冯惠玲．中国人民大学档案系举行第十二次科学讨论会［J］．档案学通讯，1985（3）：62-64.

② 中国人民大学档案馆馆藏吴宝康人物档案．

③ 吴宝康．谈谈档案工作的改革［J］．档案与建设，1986（1）：10-12，25.

④ 冯子直．提高学术研究水平发展具有中国特色的档案学体系［J］．北京档案，1985（0）：4-6.

⑤ 中国人民大学档案馆馆藏吴宝康人物档案．

1月，先生为《甘肃档案》1985年第1期题词："一定要把档案工作做活"。①

2月，先生受聘为上海大学兼职教授。②

3月2日，先生在《上海档案》1985年第1期上发表《加强档案科学技术工作》。文章指出：

> 我觉得关键要抓好两个问题：一个是要有掌握技术的人，新技术新设备引进了，没有懂得和掌握这些技术的人，就无法应用。再一个就是我们的基础工作，或者是基础的技术工作，水平还要提高。这两个问题需要及早注意，及早抓。否则将会被动的。另外，我们对传统的经验也不能忽视，更不能把它丢掉。我们有几千年的历史，过去历史上的宝贵遗产，其中有一些技术上的传统经验，可以应用到我们档案工作上来。③

3月20日，中国第一历史档案馆成立六十周年庆典筹委会召开首次会议。先生担任筹委会委员。④

4月16、17日，北京市档案学会召开第二次会员代表大会，先生出席会议并发表讲话。⑤讲话内容以"充分发挥档案作用 大力开发档案资源"为题发表在《中国档案学会会员通讯》1985年第2期上；《北京档案》1985年试刊号也以"贯彻'双百方针' 繁荣学术研究"（题目为编辑所加）为题予以转载。先生指出：

> 在当前的新形势下，我们要进一步明确认识档案是一种知识宝库，一种信息资源，档案部门实际上也就是一种知识部门，只看成保管库的认识，显然是已经过时了。
>
> 为了实现大力开发档案信息资源，为社会主义现代化建设服务的要求，档案的利用工作必须在更高水平上，彻底地、全面地但又是逐步地、有计划地从封闭转变为开放，从为机关服务转变为面向社会，从被动转变为主动，从单一转变为多样，从零散转变为系统，从低效转变为高效，从单独一馆的档案利用转变为网络式的馆际综合利用。这当然就要求档案工作，也包括档案利用工作在内，采用现代化手段，实现现代化。⑥

---

① 吴宝康．中国人民大学档案系名誉主任吴宝康教授为本刊题词［J］．甘肃档案，1985（1）：22.

② 吴宝康．我的回忆（续完）［J］．档案学通讯，1997（2）：70-78.

③ 吴宝康．加强档案科学技术工作［J］．上海档案，1985（1）：6.

④ 犁境．庆祝中国第一历史档案馆成立六十周年筹委会举行首次会议［J］．档案工作，1985（4）：9.

⑤ 张莉莉．北京市档案学会召开第二次会员代表大会和第二次学术讨论会［J］．北京档案，1985（0）：31.

⑥ 吴宝康．贯彻"双百方针"繁荣学术研究［J］．北京档案，1985（0）：7-9.

5月7日至21日，应山东省档案局、山东省档案学会的邀请，先生赴济南、青岛、烟台、临沂等地考察档案工作，并为山东省直机关及济南、青岛、临沂等地的档案工作者做了题为“档案工作贵在做活”的学术报告。[①] 先生指出：

我今天讲的档案工作做活具体是什么意思呢？实际上就是要积极开展档案的利用工作，要把死档案变成活档案，要把做活作为我们的着眼点和出发点，要把档案作为我们党和国家的宝贵财富，像对待矿产资源一样，充分开发它，利用它，发挥它的作用，来造福于全国人民。也就是使档案工作适应新时期的新形势，适应当前改革建设的需要，高质高效地提供档案，充分发挥档案的作用。

我们现在的利用工作有什么特点呢？主要是已经从过去为政治斗争服务转变到为经济建设、历史研究等方面服务上来，已经从过去零碎地提供利用转变到系统地、成批地提供利用上来。

怎样才能把档案工作做活呢？先生提出几点意见：

（一）提高我们对档案工作贵在做活的认识

1. 档案工作贵在做活，是我们档案工作经验的总结。

2. 档案工作贵在做活的思想是符合档案学基本理论的。

3. 贵在做活是档案工作本身的性质和特点决定的。

4. 从认识论的角度来看，做活是人类认识客观世界的需要。

5. 贵在做活是我们时代的要求，改革的需要。

6. 贵在做活是适应档案利用工作本身发展的客观需要。

（二）为把档案工作做活，要解放思想，改变我们的思维方式

（三）贵在做活，要明确使档案工作为我们党的总目标、总任务服务

（四）为了做活，档案利用工作还要实现几个基本要求和方向性的转变

要使档案馆事业和整个档案事业真正实现从封闭式转变为开放式，就必须面向现代化，面向全国，面向世界，面向未来。

（五）关于档案工作做活的几个具体问题

1. 要解决利用和保密的问题。

2. 要建设馆藏资源。

3. 要大量地编制成龙配套的检索工具。

4. 要大力加强编研工作。

5. 要抓利用动态的研究。

---

① 山东省档案馆．山东档案工作纪事（1949—1996）[M]．北京：中国档案出版社，1997：192.

6. 要重视对档案馆科学管理的研究，加强人、财、物的合理使用。

7. 加强档案学理论的研究，用档案学的理论指导实际，活跃档案的学术研究，要继续贯彻“双百”方针，提倡学术自由、民主。

8. 重视档案专业人才的培养，建设一支具有现代化水平的档案干部队伍。①

6月15日至22日，先生出席全国档案学教育改革座谈会，并发表讲话。②

6月18日，先生在《档案学通讯》1985年第3期上发表《建设秘书学的一些设想和意见》。先生指出：

依我看，秘书学应该是一门研究辅助领导的学科，它的研究对象应当是辅助领导处理政务和事务实践中的规律性知识，它不应该仅仅从一些技术方法上去研究。秘书学是属于政治学、行政学或行政管理学的。

先生设想中的“秘书学概论”的内容，“除研究秘书学的对象与任务，秘书和秘书工作的性质、任务、特点以及与相关学科的关系外”，还可设置以下几篇：

（一）“沟通篇”，即沟通上下关系，协助领导使上情下达、下情上达，这是秘书工作的重要任务，可以把调研工作的基本精神结合在一起加以阐述，不能把调研工作的理论和内容原封不动地全部包进来。……从信息论的观点来看，秘书工作实际上有很多就是信息工作，因此搞一个“沟通信息篇”或“信息篇”也是可以的。

（二）“政策篇”。

（三）“群众篇”。

（四）“写作篇”。既不是讲一般文学作品的写作知识，也不是研究各种各样文件和公文的具体写作技术与方法，而是突出地研究写公文的一般经验和规律性的知识，要从秘书工作的角度去研究，不是具体讲述各种文件的写作技术与方法，这样就与文书学区别开来了。

（五）“会议篇”。“会议篇”不要单纯阐述会议的组织及其方法，而要着重研究解决“文山会海”的“会海”问题，以及研究会议的重要作用、组织和任务等一般知识。

（六）“管理篇”。包括文书处理、档案管理、生活管理、机关事务管理、财务管理等方面的内容。……秘书学的研究领域要比文书学宽广得多，秘书学不应把文书学中的文书处理内容都搬过来，而要以辅助领导为出发点，着

① 吴宝康．论档案学与档案事业［M］．南京：南京大学出版社，1988：498-509.

② 张克复．全国档案学教育改革座谈会闭幕［J］．档案，1985（4）：18.

重把监督和检查文书处理工作的内容突出出来即可。

（七）“素养篇”。

（八）“效率篇”。特别要研究解决“文山会海”中的“文山”问题。还要研究引进新技术、新设备，实现办公自动化的一系列问题。[①]

6月28日，先生作为硕士研究生导师，参加中国人民大学档案系首次硕士学位论文答辩会，攻读档案学理论与历史专业的研究生冯惠玲、丁志民通过答辩。这是我国第一次授予档案学专业硕士学位。[②] 29日，先生与硕士毕业生合影留念。

1985年吴宝康与首届档案学研究生冯惠玲、丁志民

1985年吴宝康（一排左六）与首届档案学专业硕士毕业生合影

① 吴宝康．建设秘书学的一些设想和意见［J］．档案学通讯，1985（3）：2-6.

② 以文．我国第一次授予两位档案学专业研究生硕士学位［J］．档案工作，1985（8）：11.

7月5日，国家教育委员会向中国人民大学发文《同意你校设立档案学院》[（85）教计字084号]，批准中国人民大学成立档案学院，并同意档案学院现设历史档案管理、科技档案管理和档案保护三个专业。①

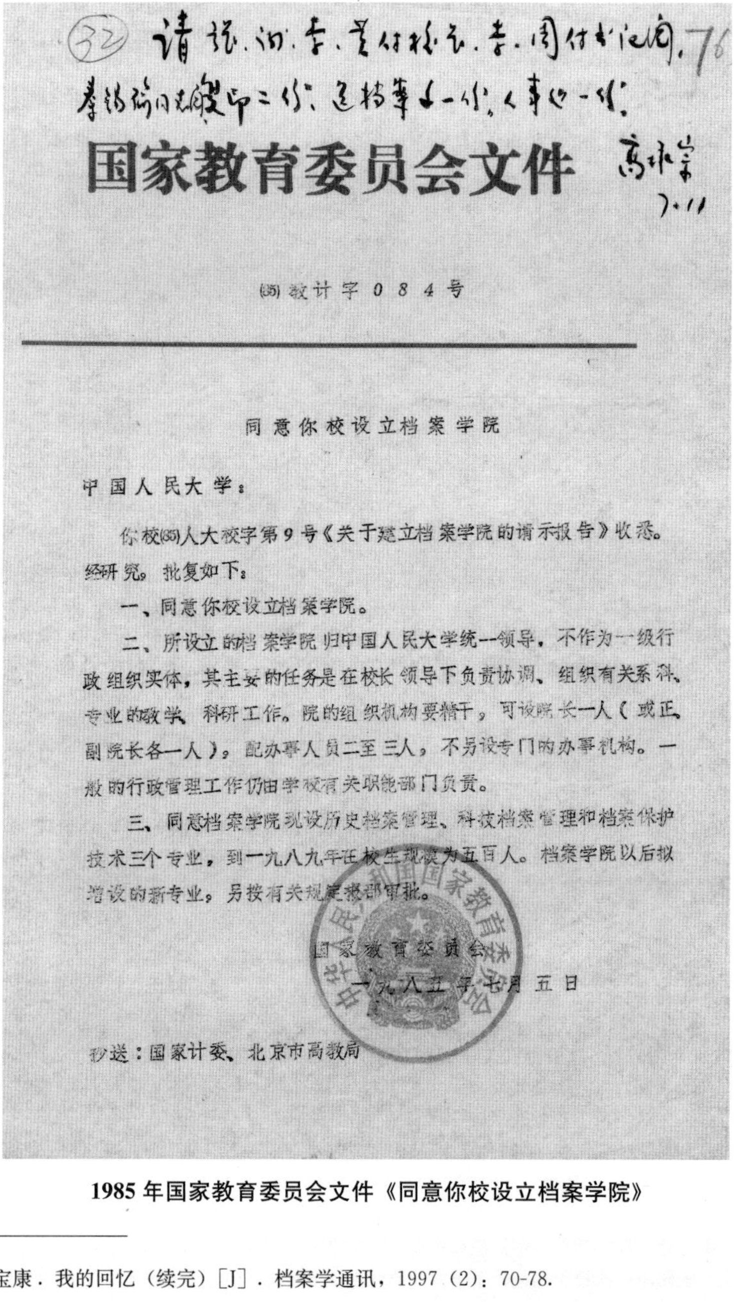

国家教育委员会文件

(85)教计字084号

同意你校设立档案学院

中国人民大学：

你校(85)人大校字第9号《关于建立档案学院的请示报告》收悉。经研究，批复如下：

一、同意你校设立档案学院。

二、所设立的档案学院归中国人民大学统一领导，不作为一级行政组织实体，其主要的任务是在校长领导下负责协调、组织有关系科、专业的教学、科研工作。院的组织机构要精干，可设院长一人（或正、副院长各一人），配办事人员二至三人，不另设专门的办事机构。一般的行政管理工作仍由学校有关职能部门负责。

三、同意档案学院现设历史档案管理、科技档案管理和档案保护技术三个专业，到一九八九年在校生规模为五百人。档案学院以后拟增设的新专业，另按有关规定报部审批。

国家教育委员会

一九八五年七月五日

抄送：国家计委、北京市高教局

1985年国家教育委员会文件《同意你校设立档案学院》

① 吴宝康．我的回忆（续完）[J]．档案学通讯，1997（2）：70-78.

8 月 4 日至 8 日，中国档案学会在哈尔滨召开档案工作改革问题学术讨论会，先生主持会议，并在会上发表自己的意见。①

8 月 16 日至 17 日，中国大百科全书档案学分卷编辑委员会在京成立，先生被聘为分编委主任。《中国大百科全书》是我国第一部由国家组织各方面力量编纂的多卷大型综合性百科全书，是概述古今中外各学科和各知识门类的完备的工具书。档案学分卷是《中国大百科全书·图书馆学 情报学 档案学》的一个部分，系统、全面地介绍档案学这门学科的知识体系和内容。②

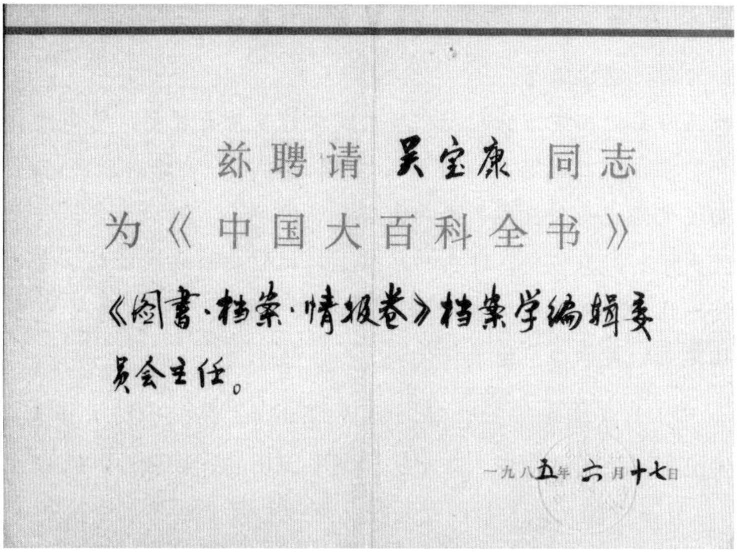

1985 年《中国大百科全书》《图书·档案·情报卷》档案学编辑委员会主任聘书

8 月 28 日，国家教育委员会、国家档案局联合发出《关于发展和改革档案学教育的几点意见》，要求中国人民大学档案学院“办成我国高等学校档案学教育与档案学研究的中心，成为培训高等学校档案学师资的基地”③。

8 月，《民国档案》创刊，聘先生为顾问。④

9 月 20 日，先生应江苏省档案局（馆）和江苏省档案学会的邀请，向南京地区的档案工作者做学术报告。1986 年 2 月 20 日，此报告经整理后以“谈谈档

① 王军．为改革出谋献策——中国档案学会档案工作改革问题学术讨论会在哈尔滨召开［J］．档案工作，1985（9）：4.

② 中国人民大学信息资源管理学院简史（1952—2012）［Z］．北京：内部发行，2012：71.

③ 中国人民大学信息资源管理学院简史（1952—2012）［Z］．北京：内部发行，2012：72.

④ 本刊编辑部．发刊词［J］．民国档案，1985（1）：7.

案工作的改革”为题发表在《档案与建设》1986年第1期上。先生认为：

> 邓小平给《经济参考》的题词是：“开发信息资源，服务四化建设”。我认为小平同志这一题词，可作为档案工作的指导思想。档案是一种信息资源，档案部门是一种信息知识的管理部门。
>
> 档案事业是我国整个社会科学能力的组成部分之一。从这个角度来看，档案工作的地位就是社会科学能力的一部分，从某种意义上讲，也可说是生产能力的一部分。
>
> 档案工作贵在做活，就是要积极开展档案的利用工作，充分发挥档案的作用，为四化建设服务。
>
> 我认为要把档案馆从封闭、半封闭型转变为开放型，首先要转变我们的思想和思维方式。我再提一下邓小平同志的另一句话，就是三个“面向”，即面向现代化，面向世界，面向未来。
>
> 我感到利用工作要在过去的水平上，比较全面地有计划、有步骤地从封闭型转到开放型，要从为机关服务转到面向社会，从被动转为主动提供利用，从单一的服务转变为多样化。①

10月4日，苏联档案管理总局副局长图里谢夫访问中国人民大学档案系。会后，先生设宴招待图里谢夫，并赠送档案系编辑的刊物和教师们编著的图书。②

10月11日，中国人民大学档案系在北京颐和园宴请参加中国第一历史档案馆建馆六十周年庆祝活动的外国学者。先生感谢各国朋友的大力支持，并表示希望进一步加强联系、扩大交流，以进一步学习借鉴国外史学工作和档案工作的先进经验。③

10月24日至30日，华东地区第三次档案工作协作会议在福建省厦门市召开，先生出席会议并讲话。④

9月至10月，《吉林档案》1985年第5期刊登了《档案学未来发展的十大趋势》，并注明“摘自中国人大档案学院吴宝康教授在全国档案学研讨班上的报告

---

① 吴宝康．谈谈档案工作的改革［J］．档案与建设，1986（1）：12-14，27.

② 苏联档案管理总局副局长图里谢夫在中国人民大学档案系作讲演［J］．档案学通讯，1985（6）：51.

③ 中国人民大学档案系设宴招待外国学者［J］．档案学通讯，1985（6）：5.

④ 华东地区第三次档案工作协作会议纪要［J］．浙江档案工作，1985（12）：17-19.

录音”①。

11 月 19 日至 20 日，中国档案学会档案保护技术委员会成立大会在中国人民大学召开，先生出席会议并讲话。先生指出“档案保护技术工作是档案工作中的‘半边天’”，并肯定了档案保护技术学的地位与意义。②

12 月 8 日至 13 日，由中国档案学会、上海市档案局、中国人民大学档案学院组成的《档案学词典》编辑委员会在上海成立，并召开第一次全体会议。先生任编委会主任。③

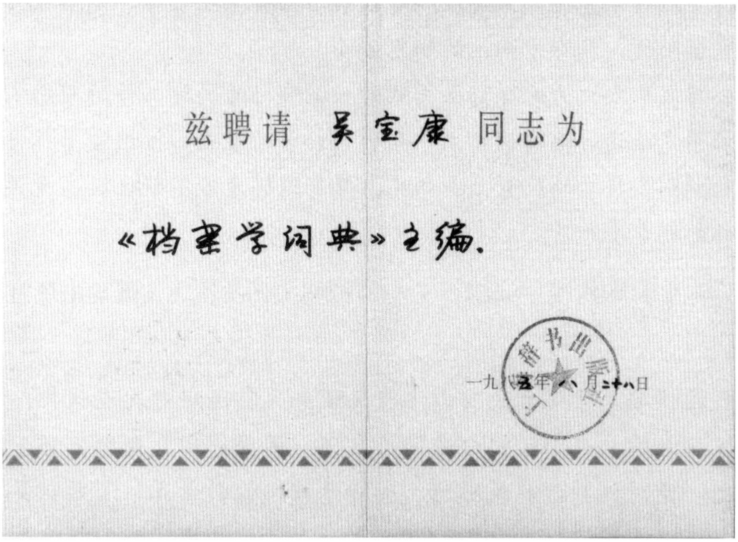

1985 年《档案学词典》主编聘书

12 月 15 日，先生在纪念全军建立档案工作三十周年暨第一次档案学术讨论会上发表题为“加强档案学理论研究 努力提高军队档案工作科学水平”的讲话。先生指出：

> 档案学所以是一门独立科学，就是由于：(1) 它有自己所特有的研究对象和研究领域；(2) 还有我们国家档案工作的实践基础和社会实践的需要；(3) 有我们自己所特有的概念、知识、体系和理论的依据。
>
> 当今，档案学已经从经验性的科学向着理论与实践相结合的科学全面发

① 档案学未来发展的十大趋势［J］．吉林档案，1985 (5)：9-10.

② 王健．中国档案学会档案保护技术委员会在京成立［J］．档案学通讯，1986 (2)：30.

③ 中国人民大学信息资源管理学院简史（1952—2012）［Z］．北京：内部发行，2012：70.

展。档案学已经突破了文书工作和机关档案室。文书档案和历史档案的研究范围，向着多门类的档案、档案馆，其中包括军事档案以及整个档案馆事业展开全面广泛的研究。档案学已经从一门研究档案管理的科学向着深入系统地研究档案内容、揭示档案内容、提供档案史料、开发档案信息资源、充分发挥档案社会作用这个纵深方向发展。档案学正在从研究传统的管理手段和技术向应用现代化的技术和管理手段包括电子计算机、缩微技术、现代通信技术等方向发展。紧紧掌握上述现代档案学研究的发展动向，全面地积极开展档案学的科学研究，为发展和建设我国档案事业服务，是当前开展档案学术研究活动的，具有方向性的研究方面。

我想我们要大力地提倡在军队的档案部门的实际工作的同志们中开展档案学术研究活动，要明确树立一个档案科学的观点，把档案工作当作一门科学，放到一个科学的位置上去研究。只有这样才能不断地提高我国和我军档案工作的科学水平。①

是年，先生为陈兆祦主编的《三十国档案工作概况》（档案出版社出版）作序。先生指出：

我国档案工作要为我国四化建设服务，实现自身的现代化，闭关自守也是不可能的。我们必须打破闭关自守、因循守旧、狭隘保守、墨守成规的思想，开阔视野，解放思想，实行开放，面向世界，了解世界，加强同世界各国档案界的联系和发展友谊，全面了解和研究不同社会制度国家的档案工作，从中得到比较和借鉴，从而把我国档案事业建设得更加繁荣发达。②

是年，中国人民大学档案系档案文献编纂学教研室主任曹喜琛、中国人民大学档案系教师韩宝华在《档案》1985 年第 2 期上发表《关于档案文献编纂学建设的若干问题——读〈档案学理论与历史初探〉之管见》。文中肯定先生在《档案学理论与历史初探》一书中全面、概括地论述了文献编纂学的“对象、任务、研究领域和建课方向等重大原则性问题”，并从“如何全面揭示档案文献编纂学的对象任务”“如何在档案文献编纂学研究中做到直接经验与间接经验相结合”“如何正确认识档案文献编纂学与历史学及其他历史辅助科目的关系”三个方面

① 吴宝康．论档案学与档案事业［M］．南京：南京大学出版社，1988：487-490.

② 吴宝康．论档案学与档案事业［M］．南京：南京大学出版社，1988：492.

对《档案学理论与历史初探》中的相关内容进行了详细分析与探讨。①

◎ 1986 年（丙寅） 69 岁

1 月 17 日，先生任中国人民大学第一届校务委员会委员。②

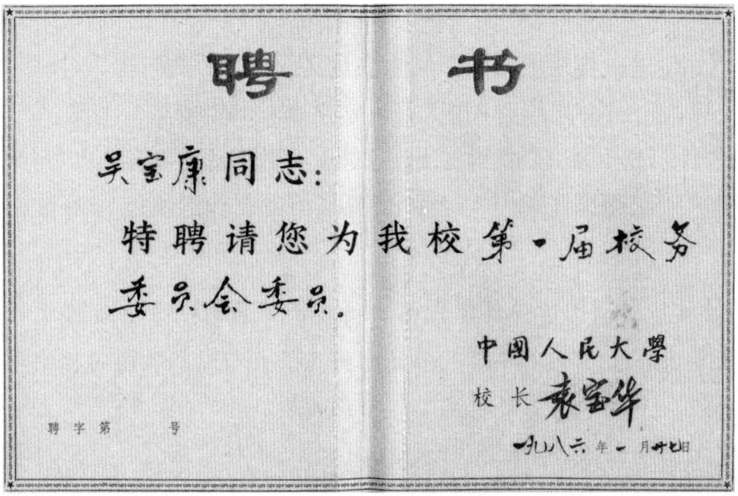

聘书

吴宝康同志：

特聘请您为我校第一届校务委员会委员。

中国人民大學

校长 袁宝华

聘字第 号

一九八六年一月廿七日

1986 年中国人民大学校务委员会委员聘书

3 月 30 日，先生在《上海档案》1986 年第 2 期上发表《加强档案学理论研究》。文章指出：

> 我认为，可否构成一门科学，主要是看三个条件。简单概括起来说，就是实践需要、研究对象和知识体系。
>
> 第一个条件是实践的基础和实践的需要。
>
> 第二条，要有自己独立的研究对象。
>
> 第三条，要有自己特有的知识系统、理论体系以及理论依据，要有这门学科特有的一系列概念。
>
> 如果这三条是站得住的，那么用这三条来衡量，我们今天的档案学是不是都具备了呢？我想是具备的。因此我认为档案学是一门科学，这样的认识是有科学根据的。

---

① 曹喜琛，韩宝华．关于档案文献编纂学建设的若干问题——读《档案学理论与历史初探》之管见［J］．档案，1985（2）：16-17，21.

② 吴宝康．我的回忆（续完）［J］．档案学通讯，1997（2）：70-78.

> 那么，三十多年来我们新中国的档案学现在已经建设发展成为一门怎样的科学呢？概括说来，我国档案学已经从技术型、经验型的科学，发展为一门理论的科学；已经从作为历史学的一门辅助科目发展为独立的科学；已经从单一的科学发展为具有一定的科学体系以及若干分支的科学；已经从专家研究发展为专家与群众相结合进行研究的一门科学。

随后，先生进一步谈了档案学的体系及其分支学科的问题。①

4月4日，先生被聘为《中国人民大学丛书》编辑委员会委员。②

4月18日，先生在《档案学通讯》1986年第2期上发表《办好档案教育 发展档案科学——纪念国务院〈关于加强国家档案工作的决定〉发布三十周年》。文章指出：

> 《决定》是我国建设国家规模的档案事业的第一个法规性文件，它不仅对实际工作提出了具体要求，而且也确立了我们国家规模的档案事业管理体制和原则。不仅涉及当时档案工作中亟待解决的问题，而且深有远见地提出了档案教育和档案科学研究的问题。它的发布凝结着党和国家对档案事业的重视和关心，不仅具有彻底改变我国档案工作的落后面貌的历史意义和指导当时社会主义档案事业建设的现实意义，而且还为建立和发展我国档案学奠定了坚实的理论基础。
>
> 我国档案学建设和发展的历史和现状呈现出如下特点：
>
> （1）我国档案学已从一门技术方法性、经验性的学科发展成为既有系统理论，又有应用技术、方法的科学。
>
> （2）已经从作为历史科学的辅助科目发展成为具有特定研究对象的独立学科。
>
> （3）已经从一门单一科目的学科发展成为具有若干分支学科的科学体系。档案学不再是一个单一科目的概念，而是已经成为一个组合概念，它包括档案学基础理论、档案学史、档案管理学、科技档案管理学、档案保护技术学、文书学、档案文献编纂学、中国档案事业史、外国档案事业史等多个分支学科。
>
> （4）档案学研究已出现从专家研究发展成为专家研究和群众研究相结合

① 吴宝康．加强档案学理论研究［J］．上海档案，1986（2）：9-12.

② 中国人民大学档案馆馆藏吴宝康人物档案．

的趋势。全国各地档案学会的普遍建立，档案教育机构和科研机构的日益发展，就是这种发展趋势的重要标志。

无论是当前档案工作实践，还是档案理论研究，都面临着两个一体化的趋势，这就是档案、图书、情报工作一体化和文书、档案工作一体化。①

4月18日，中美两国档案工作者在中国人民大学档案学院举行学术座谈会，先生出席。②

5月15日，先生在石家庄档案学术会议上做《建设档案利用理论 丰富发展档案学——“利用为纲”思想的新发展》报告。先生认为，1985年8月在京召开的全国档案馆工作会议上国家档案局的《坚持改革，扎实工作，全面发展档案馆事业，为社会主义现代化建设服务》报告，是“利用为纲”思想理论在新的历史时期、历史条件下的新发展。报告中总结的档案馆事业取得突破性成就的五条基本经验中，有四条是总结、阐释或者体现“利用为纲”的正确思想理论的。③

5月25日，四川大学历史系陈贤华在《四川档案》1986年第2期上发表《档案工作中一个极重要的理论问题——读〈档案学理论与历史初探〉札记》。文中评价先生在《档案学理论与历史初探》中“提供了分析档案工作矛盾运动的范例”，“比较透辟地分析档案工作的矛盾运动，为解决档案工作中的各项实际问题提供了理论依据”。④

5月26日，国家档案局副局长冯子直主持召开部分单位参加的档案馆网规划问题座谈会，就《全国档案馆设置原则和布局（讨论稿）》进行讨论，并提出修改意见。先生参加座谈会。⑤

5月30日，先生被聘为中国人民大学吴玉章奖金基金委员会委员。⑥

5月31日，先生在《湖南档案》1986年第5期上发表《档案学及其学科体系》。文章指出：

---

① 吴宝康．办好档案教育 发展档案科学——纪念国务院《关于加强国家档案工作的决定》发布三十周年［J］．档案学通讯，1986（2）：4-12.

② 曹大德．中美两国档案工作者在中国人民大学档案学院举行学术座谈会［J］．档案学通讯，1986（3）：80.

③ 吴宝康．论档案学与档案事业［M］．南京：南京大学出版社，1988：563-580.

④ 陈贤华．档案工作中一个极重要的理论问题——读《档案学理论与历史初探》札记［J］．四川档案，1986（2）：15-18.

⑤ 国家档案局．中国档案年鉴1989［M］．北京：档案出版社，1992：641.

⑥ 中国人民大学档案馆馆藏吴宝康人物档案．

全国档案工作、档案事业得到了恢复发展，特别是最近几年，把档案学作为一门科学来研究的自觉性更高了，主要有以下几个方面的因素：第一，研究的人数大大增加了；第二，近年来档案教育的发展，促使我们把档案学更好地作为一门科学去研究；第三，目前我们正在进行的《大百科全书·档案卷》的编写和《档案学词典》的编写工作，也促使我们把档案学当作一门科学去研究；第四，过去受时间、条件的限制，研究档案学是从具体工作、一门一门分支学科去搞的，合在一起好像成了一个体系。

先生指出“档案学现在已经发展到不是一个单一性学科，而是由若干分支学科组成的一个学科群体”，提出了一个四至六层的档案学科体系表。①

6 月，中国人民大学档案系举行第二届硕士研究生毕业答辩会。1983 年入学的郑鸽、李宪、魏娜和朱国斌四名硕士研究生在先生和丁永奎副教授的指导下完成硕士学位论文。先生参加答辩会。②

7 月 20 日，先生被空军政治学院聘为兼职教授。③

7 月 29 日，国家教育委员会和国家档案局在长春举行全国档案学研讨班。先生在研讨班上做专题报告《当前我国档案学研究的现状及其发展趋势》。此报告后被收入国家教育委员会高教一司文科教学处、国家档案局教育处编的《档案学理论新探索：全国档案学研讨班专题报告、发言集》（档案出版社 1987 年出版）。文中先生分历史、现状、发展趋势三部分论述了档案学的发展：

一、关于档案学的历史

（一）关于档案学的产生及时间问题，也就是说中国的档案学及至外国档案学究竟是什么时间产生和形成的。

我的观点是：在我国古代就已经有了档案和档案工作，从现有的材料来看，可以追溯到殷商时期的甲骨档案，迄今已有三四千年，但在我国古代并没有产生档案学。应该看到，档案馆的产生与档案学的产生是有联系的，尽管在我国古代已经有了档案和档案工作，但没有真正意义的档案馆，只是有了档案库。档案馆和档案学的产生是同资本主义社会的产生和出现相联系的，可以说档案学在古代已经有了思想的萌芽、有了档案工作经验的积累，

① 吴宝康．档案学及其学科体系［J］．湖南档案，1986（5）：6-9.

② 曹大德．我国第二届档案学硕士研究生通过学位论文答辩［J］．档案学通讯，1986（5）：61-62.

③ 中国人民大学档案馆馆藏吴宝康人物档案．

但并没有产生和形成档案学。至于历史上有关档案工作的条例、办法、规章制度，不能直接认为就是档案学的研究，仍属于经验积累的性质。

(二)关于对20世纪30年代至40年代末，即对旧中国的档案学研究应该如何评价和估计的问题。

关于这些问题，我认为正确的评价与估计应采取实事求是的态度，对旧中国的档案工作只能称为档案工作，或档案事业建立前的准备期，新中国成立后建立起来的档案工作才是真正的档案事业。对国民党时期的档案改革、文书档案连锁法的评价，从政治上分析仍是需要的，把三四十年代产生的档案学，说成是我国档案事业发展史上的一大飞跃，这样的评价太高了，只能说是积累了经验知识，只有社会主义档案学的产生和形成才是真正的飞跃。

(三)关于如何认识与评价建国后50年代学习苏联的问题。

我对这个问题的看法是：我国50年代学习和借鉴苏联档案学的理论、技术和方法是必要的、成功的，虽然其中曾出现过教条主义、照抄照搬的现象，但在中央、北京市和高教部的领导下迅速有了改变，注重与中国的实际相结合，批判了教条主义，在档案学的理论研究中注重突出中国社会主义档案学自身的特点，注重对我国档案工作实践的总结，所以不能说是走了弯路，不能盲目否定。

今天，无论是建设我国档案事业，还是发展我国档案学，我们仍然强调必须注意借鉴和重视学习外国档案工作的经验，必须面向世界、面向未来，学习外国的一切先进理论和先进技术，不但要学欧美，也要学苏联，而且就档案学来说，我看我们主要应借鉴苏联。

二、关于档案学的现状

(一)我国档案学发展的特点及主要经验。

我国档案学建设和发展的历史和现状呈现出如下特点：

1. 我国档案学已从一门技术方法性、经验性的学科发展成为既有系统理论，又有应用技术、方法的科学。

2. 我国的档案学已经从作为历史科学的辅助科目发展成为具有特定研究对象的独立学科。当然，这不是说档案学与历史学没有联系了，而是由于我国档案事业发展的实际情况决定不能再用这种传统的观点来认识档案学。

3. 我国的档案学已经从单一的学科发展成为具有若干分支学科的科学

体系。档案学不再是一个单一科目的概念，而是已经成为一个组合概念，它包括档案学基础理论、档案学史、档案管理学、科技档案管理学、档案保护技术学、文书学、档案文献编纂学、中国档案事业史、外国档案事业史等多个分支学科。

4. 档案学研究已出现从专家研究发展成为专家研究和群众研究相结合的状况。全国各地档案学会的普遍建立，档案教育机构和科研机构的日益发展，就是这种发展的重要标志。

我国的档案学具有相当广泛的群众基础。关于我国档案学在建设发展中的基本经验主要有四点：一是明确地把档案学作为一门具有独特研究对象的独立学科来建设发展，从不自觉到自觉地把档案学作为一门科学去研究，这是一条很重要的经验；二是明确地以马克思主义、毛泽东思想为指导，紧密结合我国档案工作实践来建设和发展档案学，这是我们提高和加强档案学理论水平最根本的一条；三是在总结我国档案工作实际经验，批判地继承我国档案工作的历史遗产，吸收相关学科的成果以及学习借鉴外国档案工作的经验，并不断地防止和克服种种片面性的过程中发展起来的；四是我国档案学的发展是与国家档案业务指导和档案专业高等教育的建设密切联系、相互促进的。

（二）对我国档案学现状的分析。

自党的十一届三中全会以来，档案工作和档案学研究战线的面貌已发生了历史性的变化，可以说已经进入历史的新阶段……我国档案学研究的不断深入、扩展、突破，就是历史性变化的反映。其主要表现如下：

（1）档案学基础理论的研究已经开始引起越来越多的人的重视。

（2）对档案学应用方面的研究也在发展。

（3）对专门档案的研究日益增多。

（4）关于现代化管理的研究已经成为档案学研究的主要课题。

（5）对于科技档案的研究已开始深入，研究的内容十分广泛。

（6）关于档案保护技术的研究，特别是在档案库房温湿度的调节与控制、档案去酸等方面的研究，是有一定进展的。

（7）随着我国档案工作的不断深入发展，档案作为信息资源中的一种的观念，也就是档案信息观正在被人们所认识和接受，关于档案信息资源的开发和利用正将成为档案学研究的中心课题，这是我国档案学具有突破性发展的重要标志。

（8）目前我们正在进行的《中国大百科全书·档案学》分卷、《档案学词典》以及《档案学概论》的编纂，这项工作本身就表明档案学研究的突破，标志着我国档案学研究进入了一个崭新的阶段。

三、关于档案学的发展趋势

（一）关于趋势的理解和认识。

（二）关于促成我国档案学发展的诸因素。

（三）档案学的发展趋势。

档案学的建设具有无限广大的发展前景。为此，我根据当前档案学发展的情况，提出关于档案学未来发展的十大趋势，供同志们参考。

1. 系统论、信息论及控制论在马克思主义哲学的指导下，必将引入档案学的研究，从而使档案学研究有所突破，以至面貌一新。

2. 档案学基础理论将日趋加强，人们将日益重视，同时，应用研究将更加向广度、深度发展。

3. 科学的高度分化和高度综合的趋势，也将影响档案学的分支学科的进一步发展、充实和增多。

4. 档案现代化管理的研究必将有所发展、有所突破，以现代化管理方法为主，传统管理方法为辅的二者并存的局面将长期存在。

5. 开发档案信息资源的研究将成为档案学研究的中心课题。

6. 图书、档案、情报一体化和文书、档案一体化的趋势终将实现，成为档案学的又一突破点。

7. 过去档案学的研究基本限于对管理的研究，今后将突破这种状况，深入到档案的内容中去研究。

8. 在档案学研究中，我们将更加重视研究方法，并将把新老研究方法结合起来，形成适合档案学研究的全新的、综合的方法体系。

9. 档案学研究中将进一步贯彻“双百”方针，提倡学术民主、学术自由的风气，行政束缚终将被冲破，大胆探索与实事求是的学风终将形成。

10. 档案学研究将脱离档案专业教育而独立地发展。

（四）具有中国特色的社会主义档案学，终将冲出亚洲，走向世界。

与外国相比，中国档案学的特色表现在如下几个方面：中国的档案学是以马克思主义为指导的社会主义档案学；以集中统一管理为原则；以机关档案室为基础；采用现代化管理与传统手工管理相结合的管理方式；在档案学学科体系中，将科技档案管理和档案保护技术作为档案学的重要分支学科，这是我们的特点。我们将继续总结经验，继承成果，并在此基础上大胆创新和发展。①

9 月 1 日，先生受聘为南京大学兼职教授。②

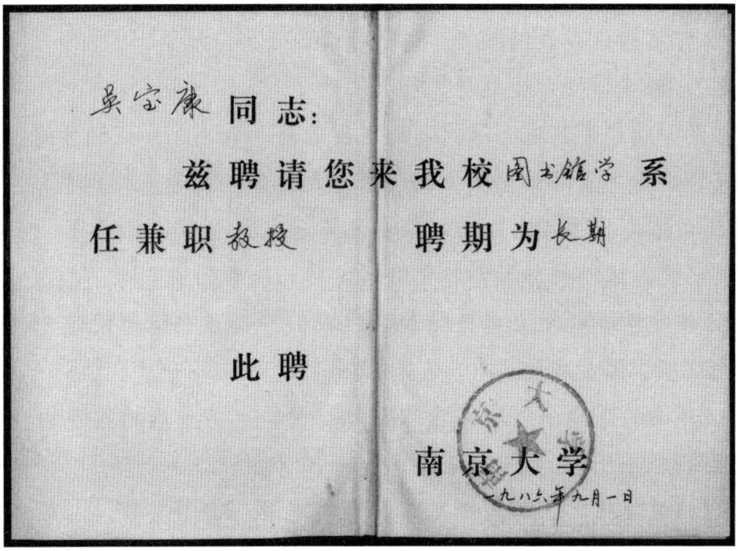
吴宝康同志：

兹聘请您来我校图书馆学系

任兼职教授　聘期为长期

此聘

南京大学

一九八六年九月一日

1986 年南京大学兼职教授聘书

9 月 5 日，先生带领两名研究生在上海市长宁区档案局（馆）调查研究，为长宁区档案局（馆）题词：“巩固基础 发扬成绩”。③

9 月 8 日，先生在上海做学术报告《建设档案利用理论 丰富发展档案科学》，先生认为“到了提出建设档案利用理论问题的时候了”，论述了档案利用理论的基本内容与理论基础，认为“档案利用理论的核心内容是利用为纲”。先生认为：

五年来全国档案工作已取得了突破性变化，达到了新中国成立以来我国档案事业的最好水平，为将来取得更高的、更好的成就，打下了基础，那么突破在哪里？

首先，在报告里讲到档案馆数量的迅速增加，突破了原来单一性的形

① 吴宝康．论新时期档案学与档案事业［M］．北京：中国档案出版社，1997：16-17.

② 中国人民大学档案馆馆藏吴宝康人物档案．

③ 陈炳荣．吴宝康教授在长宁区档案馆［J］．上海档案，1986（6）：2.

态，向着多门类、多层次的国家档案馆网发展。第二，馆藏档案数量明显增长，档案结构正向着多样性和全面性发展，这就突破了以往的接收范围狭窄的框框。第三，是管理水平迅速提高，传统的手工管理正在逐步转向现代化科学管理，在技术设备上也有一定的突破。第四，档案馆、局的干部数量增加、发展起来了，知识结构也有明显的变化。第五，就是开放历史档案，开展利用工作，但档案馆已经开始由封闭、半封闭型向开放型转变。在服务对象、提供利用内容上也都有突破，已经从过去的为党政机关、为政治斗争服务发展到为各方面服务，不仅为机关单位服务，还为社会的一般群众服务，而且不仅为国内服务，还为对外文化交流服务。服务形式，也从单一的转变为多样的，从被动转变为主动。①

9月18日，先生带领两名研究生到达无锡做调查研究，20日在无锡市做学术报告《新形势下档案事业的发展》。②

9月20日，先生被聘为中国人民大学教师学衔委员会历史学评审组委员。③

9月，四川科学技术出版社出版先生《档案学理论与历史初探》一书。印数1.8万册。先生著书的本意是为档案系的本科生和研究生教学提供教材，但这本"研究性、探讨性的书稿"也是先生三十多年来长期积累的研究成果。先生自1958年起为中国人民大学历史档案系本科生讲授"档案学理论与历史"课程，1978年复校后继续此项研究，1981年起执笔写作，1982年1月16日成稿，1982年10月内部发行。先生在"前言"中写道：

"档案学理论与历史"是档案学研究中新发展起来的一门科学科目。在高等学校的档案专业中，它可以是一门单独课程。其研究内容，我想大概可以包括以下十二个方面：（一）档案学的研究对象与任务；（二）档案学的研究范围、构成及其内容；（三）档案学与其他学科的关系；（四）档案学的性质与特点；（五）我国档案学的发展历史；（六）外国档案学的发展历史；（七）档案学的各种概念、定义、想法、观点、原则和方法在各个不同的历史时期的演变和发展；（八）档案学不同流派的产生、形成及其思想观点的研究；（九）档案学家的个人历史及其著作的研究；（十）档案学的历史遗产

---

① 王晓华．建设档案利用理论 丰富发展档案科学——吴宝康教授在沪作学术报告［J］．上海档案，1986（6）：6.

② 信息窗［J］．档案与建设，1986（6）：7.

③ 中国人民大学档案馆馆藏吴宝康人物档案．

和档案学的理论与实践的研究；（十一）档案学的发展趋向和前途；（十二）革命导师和领袖人物有关档案和档案工作的论述和实践的研究。根据上述想法，同时考虑目前的实际情况，本书编写时暂时分为四个部分。即，第一部分，档案学及其历史；第二部分，建国以来我国档案学的研究及其今后发展；第三部分，档案学的若干理论问题；第四部分，无产阶级革命导师和领袖与档案。

《档案学理论与历史初探》一书主要内容包括：

第一部分　无产阶级革命导师和领袖与档案

第一讲　马克思、恩格斯与档案

第二讲　列宁与档案

第三讲　毛泽东、周恩来、刘少奇以及其他老一辈无产阶级革命家与档案

第二部分　档案学及其历史

第四讲　档案学是一门独立学科

第五讲　档案学的性质和特点

第六讲　档案学理论与档案工作实践的关系

第七讲　关于档案学某些观点的我见

第八讲　我国档案学的产生与发展

第九讲　建国前和建国后档案学研究的基本特点

第三部分　建国以来我国档案学的研究及其今后发展

第十讲　具有中国特点的社会主义档案学的创建和发展

第十一讲　我国档案学研究和发展的曲折道路及其主要问题

第十二讲　对档案学研究和发展中若干问题的认识

第十三讲　我国档案学及其各科学科目的今后发展

第十四讲　档案学科科学研究干部队伍的建设

第四部分　档案学的若干理论问题

第十五讲　档案和档案工作的产生和起源

第十六讲　档案工作的矛盾运动及其规律

第十七讲　档案工作的性质、作用和特点

第十八讲　关于“以利用为纲”的问题

第十九讲　集中统一管理原则和四项基本原则的关系

第二十讲　重新学习毛泽东同志的著作，努力建设档案事业和档案科学[①]

10月6日，先生回到家乡湖州市，参观市档案馆。10月8日，做学术报告《我国档案事业发展形势》。[②]

10月7日至10日，庆祝中国第一历史档案馆成立六十周年暨明清档案与历史研究学术讨论会在京举行。先生在会上讲话指出：

> 明清历史档案已经成为我中华民族文化遗产的重要组成部分，已经成为全人类珍贵的文献资料之一。
>
> 这是一份难以用数字计算其价值的极其珍贵的文化遗产和档案资源，理应得以利用它来为学术研究作出贡献。因此我们还应更好地去发现、挖掘、搜集、征集散存在各地以至流散国外的一切明清历史档案，不断充实和补充我们的宝库，丰富馆藏，建设馆藏。永远不要认为我们的历史档案已经收集得差不多了。但是丰富馆藏的目的，总是为了利用。我们要以利用为主导，保管为基础，进一步做好我们的工作。从利用到开放，再到最近提出的开发档案信息资源，这是我们对利用工作认识的深化和发展。[③]

10月9日至11日，先生在嘉兴调研。11日，先生应邀参加嘉兴市档案系统思想政治工作会议，并做题为“树立为档案事业奋斗一辈子的思想”的讲话。先生从档案事业的历史、现状和发展趋势，阐述了档案事业将永恒存在和发展，极大地鼓舞了大家为档案事业贡献一生的信念。[④] 先生指出：

> 我们加强思想工作，实际上就是要求加强对人的培养、管理、领导。要提高我们的政治觉悟，提高我们的业务能力，提高我们各方面的水平，充分调动我们的积极性，为档案事业作出贡献。

接下来，先生讲了几个问题：

> 第一个问题，我讲一讲关于树立、巩固档案专业思想，即为我们的档案事业奋斗一辈子的思想。
>
> 第二个问题，我讲一讲要不断地提高对档案、档案工作的认识。

---

① 吴宝康．档案学理论与历史初探［M］．成都：四川科学技术出版社，1986：1-2.

② 简讯［J］．浙江档案，1986（10）：14，17.

③ 吴宝康．论档案学与档案事业［M］．南京：南京大学出版社，1988：543.

④ 思想建设和业务建设一起抓 思想政治工作是档案工作的有力保证［J］．浙江档案，1986（10）：4-5.

档案、档案工作的重要性，主要不是靠吹出来的，主要是它有一定的作用，最重要的是要发挥档案的作用。我们是唯物论者，要做好档案工作，自己首先要认识它的重要性。要人家了解档案工作的重要性，主要不在于宣传。我不是反对宣传，首先是落实怎样发挥我们档案、档案工作的作用，这是一个最根本的问题。

第三个问题，贯彻执行党和国家关于档案方面的方针政策，是档案部门加强思想政治工作的一个重要内容。

从利用到开放、到开发，这是一个发展的过程，这个发展过程表明了我们对于档案的利用工作要求越来越高，社会需要越来越多。我们的档案工作越来越同我们国家的复兴、国家的建设紧密地联系起来。

先生在嘉兴的活动被记录整理为《吴宝康教授在嘉兴》，包括照片 40 张、录音带 6 盒、文字记录 120 页、题词 5 幅，作为名人来嘉兴活动档案，由嘉兴市档案馆保存。①

10 月 18 日，江苏省档案局副局长任遵圣在《档案学通讯》1986 年第 5 期上发表《历史性的探索——读〈档案学理论与历史初探〉》。文中评价：

吴宝康教授是这样的一位学者，在他的科学道路上，总是孜孜不倦地向前探索着和追寻着。在我国档案工作发展的历史上，这是第一部比较系统和全面地研究档案学理论的著作，填补了我国档案学研究的一个空白。这部著作（即《档案学理论与历史初探》）概括了八十年代初期我国档案学研究成果的全貌，标志着中国档案学研究的重要发展阶段。尽管《初探》还可进一步完善，但“这本著作是我国档案学研究的第一部开创性的著作”。②

10 月 18 日，湖南省档案局副局长刘国能在《档案学通讯》1986 年第 5 期上发表《读〈档案学理论与历史初探〉》。文中评价先生的《档案学理论与历史初探》一书：

这是一部集我国档案学理论研究之大成、把档案学理论水平升华到一个新的高度的教科书、干部必读和学术理论研究的经典，也是世界档案学理论

① 陈建新．谈来宾活动档案的形成［J］．浙江档案，1986（12）：21-22.

② 任遵圣．历史性的探索——读《档案学理论与历史初探》［J］．档案学通讯，1986（5）：57-58，56.

宝库中一颗绚烂夺目的明珠。[①]

10月20日至24日，华东地区档案协作组第四次会议在杭州举行，先生到会讲话。[②] 先生指出：

可以说，档案管理正在从对于档案实体的管理，逐步过渡到对于档案信息的管理。档案部门在新的形势下，应该把开发档案信息资源作为指导思想。

开发档案信息资源，是档案工作的中心任务，也是档案学研究的中心课题。[③]

10月30日，先生在广州考察期间，应广东省档案学会的邀请做题为“建设档案利用理论 丰富发展档案学”的学术报告，后经整理后发表于《广东档案》1987年第6期。[④] 文中提出：

档案工作已经开始被纳入或者说开始进入了一个信息观念的时代，也就是说，我们档案工作可能从现在开始已经要从过去一般档案的实体管理进入一个信息管理的新的阶段。[⑤]

10月，先生为浙江省档案馆题词：“面向社会服务四化多途径地开发档案信息资源”。

12月26日，中国档案学会档案学优秀成果授奖大会在京举行，先生任评奖活动的主任，冯子直、陈兆祦任副主任。[⑥]

是年，全国人大常委会副委员长阿沛·阿旺晋美视察中国人民大学档案学院，与先生、国家档案局局长曾三及学院西藏毕业生合影。

是年，先生为《中国概况》（英文版）编写《当代中国档案事业》（未发表，后被收入先生的文集《论档案学与档案事业》）。该文在简要回顾中国档案工作历史之后，重点介绍新中国成立以来，档案事业取得的令人瞩目的快速发展，具体

---

① 刘国能．读《档案学理论与历史初探》[J]．档案学通讯，1986（5）：59-60，53.

② 华东地区档案协作组第四次会议在杭举行[J]．浙江档案，1986（10）：5,

③ 开发档案信息资源是当前我国档案界面临的中心课题——吴宝康教授在华东地区档案协作组第四次会议上的讲话（摘要）[J]．浙江档案，1987（1）：7-8.

④ 中国人民大学档案馆馆藏吴宝康人物档案．

⑤ 中国人民大学档案馆馆藏吴宝康人物档案．

⑥ 中国档案学会档案学优秀成果授奖大会在京举行110项成果获奖[J]．浙江档案，1987（2）：25.

介绍了中央档案馆、中国第一历史档案馆、中国第二历史档案馆、中国人民解放军档案馆、中国照片档案馆、中国现代文学馆、辽宁省档案馆、四川省档案馆、广东省档案馆、西藏自治区历史档案馆、上海市档案馆、南京市档案馆、苏州市档案馆、江苏省吴江县档案馆、孔府档案馆等。[①]

是年，《四川大学学报丛刊》第三十辑《档案学论丛》出版，先生题签《档案学论丛》书名。[②]

◎ 1987年（丁卯） 70岁

1月9日，先生为费云东、潘合定编著的《中共文书档案工作简史》（档案出版社出版）题词："开拓学域，堪称创作，丰富档史，科研硕果。"[③]

1月13日，在国家教育委员会文科教材办公室的支持下，中国人民大学档案学院《档案学概论》教材审稿会在京举行。先生主持会议。会议讨论了《档案学概论》的编章结构、各章内容、课程性质、学术观点、论述提法、文字修饰、修改意见、综合评价等各个方面。[④]

1月，先生任江苏省档案专业高级职称评委会主任。[⑤]

2月18日，广东省档案局局长朱荣基研究员在《档案学通讯》1987年第1期上发表《我国档案学宏观研究的重要成果——读〈档案学理论与历史初探〉》。作者认为，先生"对我国档案学最重要的贡献，就是关于档案工作的矛盾运动及其规律性的理论研究"，而且先生"早在五十年代就十分重视运用《矛盾论》学说来分析和研究档案工作的规律性问题"[⑥]。

2月25日，《山西档案》1987年第1期上刊载《中国人民大学档案学院吴宝康教授谈档案学未来发展的十大趋势》，此文转载自《吉林档案》1986年第5期。[⑦]

4月8日至12日，先生应上海空军政治学院邀请参加军事档案教材编审委员会成立会议，就档案学与图书馆学、情报学的联系和区别发表了学术见解。[⑧] 会

---

① 吴宝康．论档案学与档案事业［M］．南京：南京大学出版社，1988：589-601.

② 成岣．档案学园地的一朵新花——《档案学论丛》出版［J］．四川档案，1986（3）：36.

③ 费云东，潘合定．中共文书档案工作简史［M］．档案出版社，1987.

④ 吴宝康．档案学概论［M］．北京：中国人民大学出版社，1998：序言．

⑤ 吴宝康．我的回忆（续完）［J］．档案学通讯，1997（2）：70-78.

⑥ 朱荣基．我国档案学宏观研究的重要成果——读《档案学理论与历史初探》［J］．档案学通讯，1987（1）：65-70.

⑦ 中国人民大学档案学院吴宝康教授谈档案学未来发展的十大趋势［J］．山西档案，1987（1）：44.

⑧ 徐定权．军事档案教材编审委员会在沪举行成立会议［J］．上海档案，1987（3）：2.

议期间，先生做学术报告《我国档案管理已进入信息管理阶段》。先生指出：

（图书、情报、档案）“一体化”是广义上的“一体化”，在信息管理方面，不是把图书、档案放在一起管，档案还是档案，图书仍是图书，档案的实体仍按档案管理办法管，图书的实体还是按图书管理办法管，图书分类是知识的分类，档案是按机关工作活动分类的，有自己的特点，不能拿图书的办法来分类。所以，不能把图书、档案两个实体放在一起，只能统一在信息管理上。

现在档案学的研究，需要从过去研究一般的传统的档案管理，转变到研究文献管理、信息管理、知识管理方面来。我国的档案事业已经进入这样的新阶段，即信息管理的阶段。①

4月28日，美国耶鲁大学斯宾思教授、夏威夷大学篮厚理教授来中国人民大学档案学院讲学，先生参加讲座。②

6月15日，先生在《档案管理》1987年第3期上发表《文书学仍应是档案学的一门分支学科》。先生指出：

文书学是一门独立学科，仍可以并应属于档案学，是档案学的一门分支学科。文书学是独立学科与属于档案学的分支是不矛盾的。所谓分支学科是从它与档案学的关系来说的，分支学科从其本身来说，都是具有自己研究对象的独立学科。文书学应该仍然属于档案学，与文书学属于行政管理学的认识，也是不矛盾的，它们并不是互相排斥的，不是非此而彼，而是可此可彼。从研究档案工作和档案学的角度来看，文书学理所当然可以属于档案学。

现在从机关文书工作自动化以及机关信息管理工作的发展情况来看，已经出现了档案管理与文书管理（即文件管理）的一体化趋势。

在这样的机关文书管理与档案管理的一体化趋势面前，我们研究档案学的人到底应怎样来认识文书学与档案学的关系呢？我认为不应该把文书学放到档案学之外去，而是作为档案学的一门分支学科，既独立研究又紧密结合档案工作的实践，发展文书学。③

6月16日至18日，中国档案学会档案学基础理论与历史学术委员会在京成

① 徐定权．我国档案管理已进入信息管理阶段——吴宝康教授谈档案、图书、情报信息一体化管理［J］．上海档案，1987（3）：5.

② 曹大德．美国学者来档案学院讲学［J］．档案学通讯，1987（4）：62.

③ 吴宝康．文书学仍应是档案学的一门分支学科［J］．档案管理，1987（3）：28-30，23.

立，先生代表中国档案学会宣布了档案学基础理论与历史学术委员会组成名单，并发表讲话。[①] 讲话原题“认清时代，加强档案学基础理论建设”，12 月 18 日该讲话以“吴宝康在中国档案学会档案学基础理论与历史学术委员会成立会上的讲话”为题发表于《档案学通讯》1987 年第 6 期。先生指出：

从目前来说，我看档案学的理论研究可以从下述几个方面入手，拓宽领域，捕捉课题，积极研究：

（一）自觉地按照档案学的科学体系结构，有计划地建设和发展档案学及其各分支学科。为此，必须从整体上把档案学作为一个系统，从实际出发，又照顾未来发展的需要，研究并制定档案学的科学体系结构，加强各学科建设。

（二）研究怎样大力开发档案信息资源这个当前的中心课题以及与此相关联的一切具体课题。

（三）研究两个一体化，即文书工作与档案工作一体化，档案、图书、情报工作一体化，这是档案学未来发展趋势中的两大问题。要研究如何实现这两个一体化，同时还要研究这两个一体化之间的关系，档案工作怎样把这两个一体化统一起来。

（四）研究实现具有中国特点的档案工作现代化的内容、途径、手段、步骤等问题，实现档案工作现代化对档案学传统理论、原则和方法的影响。

（五）要从单纯的管理档案中走出来，深入到档案的内容中去研究，扩展档案学研究的新领域，建设发展档案学理论。

6 月 18 日，先生任水利电力部档案专业职务评审委员会委员兼副主任。[②]

6 月，湖南教育出版社出版《中国现代教育家传（第六卷）》，书中收录了先生的传记。“吴宝康”一章的作者、四川大学档案学系副主任陈贤华分“刻苦学习的少年”“在社会大学里成长”“从地下党到新四军”“创建档案教育事业”“潜心档案学理论的研究”“捍卫和重建档案教育”“育人不辍 著述不止”“烈士暮年 壮心不已”“吴宝康重要年表”等九个部分对先生进行了评介。[③]

7 月 4 日，山西省地（市）县档案局长岗位职务培训论证会在太原召开，先

① 孔凡岳．中国档案学会档案学基础理论与历史学术委员会在京成立［J］．档案学通讯，1987（6）：16.

② 吴宝康．我的回忆（续完）［J］．档案学通讯，1997（2）：70-78.

③《中国现代教育家传》编委会．中国现代教育家传（第六卷）［M］．长沙：湖南教育出版社，1987：281-306.

生参加会议。先生表示，岗位职务规范和教学大纲要有层次，不同级别的档案局长有不同的工作要求。①

7月7日至9日，中国档案学会外国档案学术委员会成立会议在京召开，先生到会讲话。先生表示，我国重视了解借鉴外国档案工作经验，委员会成立意义重大。②

7月，《档案学通讯》改为由中国人民大学主办，重组编委会，先生任主任。③

7月，先生指导的第三批硕士研究生海滨、吴兰毕业。④

7月、9月，四川大学档案学系副主任陈贤华在《湖南档案》1987年第4、5期发表《吴宝康与中国档案教育》一文（后被《档案学通讯》1987年第6期全文转载），从"从机关走向学校""创建档案教育""论证档案学是一门独立科学""捍卫和重建档案教育""育人不辍 著述不止"五个方面叙述了先生对中国档案教育的贡献。文中评价：

> 吴宝康教授是新中国档案教育的创始人与奠基人之一，对中国档案教育的创建、形成和发展，做出了杰出贡献，是档案教育家。
>
> 新中国档案教育的每一步发展，几乎都与吴宝康的名字联系在一起。⑤

8月1日至7日，国家教育委员会和国家档案局在承德联合举办第二期全国档案学研讨班。先生在研讨班上做了题为"关于我国档案学科体系结构的一些基本思考"的发言。发言内容后被收录于1991年档案出版社出版的《回顾与展望——第五期全国档案学研讨班论文选集》。发言主要内容包括：

> 一、档案学的学科现状和科学体系问题的提出
>
> 二、档案学科学体系结构的形成与发展
>
> 三、档案学科学体系结构设想的一般遵循思想
>
> 1. 从学科实际出发和兼顾未来发展相结合。
>
> 2. 学科体系与课程设置（含编写专著）是有联系的，一般说应该是一致的，但仍应区别开来。

---

① 韩定中．我省地（市）县档案局长岗位职务培训论证会在太原召开［J］．山西档案，1987（4）：15-16.

② 张恩庆．外国档案学术委员会在京成立［J］．档案学通讯，1988（1）：95.

③ 中国人民大学信息资源管理学院简史（1952—2012）［Z］．北京：内部发行，2012：74.

④ 赵学林．情系兰台办教育 勤奋耕耘创科学——记中国档案教育事业的开创者吴宝康［J］．兰台世界，1996（1）：26-29.

⑤ 陈贤华．吴宝康与中国档案教育［J］．档案学通讯，1987（6）：4-9.

四、档案学科学体系结构的若干说明

1. 理论档案学与应用档案学。

2. 普通档案管理学与科技档案管理学。

3. 专门档案问题。

4. 文书学仍应是档案学的一门分支学科。[①]

8月18日，江西省档案局副局长毛云卿在《档案学通讯》1987年第4期上发表《必须坚持档案工作中的党性原则——学习〈档案学理论与历史初探〉札记》。文中评价：先生在著作中“始终旗帜鲜明地坚持四项基本原则，坚持运用马列主义、毛泽东思想的立场、观点、方法去研究、探索档案学理论与历史当中的各种问题”，先生也在书中明确提出档案学具有党性。[②]

8月18日，中国第二历史档案馆副馆长施宣岑在《档案学通讯》1987年第4期上发表《对开展学术评论的意见》。作者对1986年《档案学通讯》第5期的两篇评论《档案学理论与历史初探》的文章“感到有些失望”，认为“《初探》一书是够不上‘经典’水平的”，学术评论中过高的评价会“损害老师作为一位谦逊学者的形象”。作者还表示，应当欢迎对《档案学理论与历史初探》的不同学术观点，学术评论应该实事求是。[③]

9月5日，第六届全国人民代表大会常务委员会第二十二次会议通过《中华人民共和国档案法》。

9月8日[④]，在国家档案局举办的“档案法”座谈会上，先生做《庆贺〈中华人民共和国档案法〉颁布》发言。先生认为：

> 档案是国家的历史文化财富，也是信息资源的重要部分。制定《档案法》，对建设和发展我国档案事业，保护和利用国家的历史文化遗产，开发档案信息资源，为四化建设和两个文明建设服务，都具有重大意义。[⑤]

11月28日，中国人民大学档案学院举行创办35周年暨吴宝康教授执教35周年庆祝大会。国家档案局局长韩毓虎代表国家档案局宣读给庆祝大会的贺信并

---

① 吴宝康．论新时期档案学与档案事业［M］．北京：中国档案出版社，1997：36-39.

② 毛云卿．必须坚持档案工作中的党性原则——学习《档案学理论与历史初探》札记［J］．档案学通讯，1987（4）：61-62.

③ 施宣岑．对开展学术评论的意见［J］．档案学通讯，1987（4）：65，71.

④ 根据傅华《贯彻档案法 开发档案信息资源——国家档案局举行档案法座谈会》一文（载《档案工作》1987年第10期），应该是9月16日。

⑤ 吴宝康．论新时期档案学与档案事业［M］．北京：中国档案出版社，1997：40.

讲话，档案系主任陈兆祦代表档案学院致辞。

韩毓虎在讲话中说：

吴宝康教授是我国档案界的一位有声望的档案学者，是新中国第一个档案学高等教育基地的创建者之一。35 年来，他以自己的辛勤劳动，为档案学院的发展和档案学院的建立，为我国档案学教育的发展，为我国现代档案学的形成，发挥了重要的作用，作出了重要的贡献。[①]

陈兆祦在致辞中说：

我们在这里特别要提到我国现代档案学家、档案学教育家、我们的老主任吴宝康同志。吴宝康同志从党政领导工作转到中国人民大学创办档案专业，至今已经历了 35 个春秋。档案学院也是在他的主持和努力下，不断成长和发展起来的。吴宝康同志以他忠于党的教育事业的革命献身精神，运用他的全部智慧和才能，来领导和指导我们的工作；以他坚强的事业心、高尚的品德和丰富的学识，教育和引导我们的师生。吴宝康同志是一位宽宏大度的领导人，是一位博学勤奋的学者，是一位诲人不倦的老师。他是我们大家尊重的长者，是我们工作、事业上的楷模。吴宝康同志为我国档案教育事业的发展，倾注了全部心血，付出了巨大的劳动。今天我们在这里庆祝中国人民大学档案学院创办 35 周年，也是对吴宝康同志执教 35 周年的祝贺。[②]

11 月 30 日，中国档案学会理事长裴桐写信祝贺中国人民大学档案学院创办 35 周年暨吴宝康教授执教 35 周年。贺信写道：

中国人民大学档案系从专修科发展到今天的档案学院，是与吴宝康同志孜孜不倦、坚韧不拔的努力分不开的，档案系在新中国档案事业史上占有重要地位，她为新中国培养了档案事业骨干，为建立新中国的档案科学做出了卓越的贡献，这些都是带有开创性、奠基性的成绩。……还要感谢以吴宝康同志为首的档案系全体师生员工在筹建我国档案专业高等教育机构和档案学术研究中的辛勤劳动。[③]

---

① 韩毓虎．在中国人民大学档案学院创办 35 周年暨吴宝康教授执教 35 周年庆祝大会上的讲话（1987 年 11 月 28 日）[J]．档案学通讯，1988 (1)：15-16.

② 陈兆祦．继续为培养社会主义档案事业建设人才而努力——庆祝中国人民大学档案学院创办 35 周年（1987 年 11 月 28 日）[J]．档案学通讯，1988 (1)：16-18.

③ 裴桐．中国档案学会理事长裴桐写信祝贺 [J]．档案学研究，1988 (1)：60.

12月18日，中国人民大学原档案系副主任丁永奎在《档案学通讯》1987年第6期上发表《档案学基础理论与历史的研究现状与建设发展——中国档案学会档案学基础理论与历史学术委员会筹备工作报告》。文中评价：

> 在大百科全书出版社和上海辞书出版社帮助下，由吴宝康同志主编的、组织有关方面参加的《中国大百科全书·档案学》和《档案学词典》，是档案学的重要科研项目，正在编纂中。吴宝康同志所著的《档案学理论与历史初探》，是作者长期从事研究的成果，系统地探讨了档案学的基础理论问题和我国档案学思想和理论的发展历史，对档案学中的若干重要理论问题，详细地阐述了自己的观点。是一部具有开拓性和建设性的档案学理论著作，填补了档案学研究某些领域的空白。
>
> 我国档案界老前辈曾三同志、裴桐同志、吴宝康同志等，他们不仅是中国社会主义档案事业建设的开拓者，而且也是档案学理论建设的组织者和带头参加者，对档案学理论建设作出了贡献。[①]

是年，先生参与了《当代中国的档案事业》撰稿工作。[②] 这是一部章节体专业史丛书，系根据中共中央关于编写出版《当代中国》丛书的指示，由国家档案局组织编写，裴桐主编，中国社会科学出版社1988年出版。书末“附录”有1949年10月至1985年12月全国档案事业大事年表，8幅全国档案工作情况统计表，40个省以上综合性档案馆和专业档案馆介绍，4个现行档案工作法规性文件。先生与王明哲、刘振杰、陈兴唐任编委。

是年，先生为范斗编著的《教学档案管理》（《陕西档案》编辑部出版）作序。先生指出：

> （这些）专门档案的管理是整个国家档案这一文化财富的管理工作的重要组成部分，积累并研究各种各样的专门档案管理的经验，无疑也将是丰富我国整个档案管理的经验知识的一个重要方面，对繁荣和发展我国的档案学也将具有重要意义。[③]

---

① 丁永奎．档案学基础理论与历史的研究现状与建设发展——中国档案学会档案学基础理论与历史学术委员会筹备工作报告［J］．档案学通讯，1987（6）：21-29.

② 王向群．《当代中国的档案事业》定稿付印［J］．档案学研究，1987（1）：76-77.

③ 吴宝康．论新时期档案学与档案事业［M］．北京：中国档案出版社，1997：43.

第五卷

1988—2008年（71～91岁）

◎ 1988年（戊辰） 71岁

1月，中国人民大学出版社出版先生主编、和宝荣和丁永奎副主编的《档案学概论》教材。先生负责制定该教材的框架结构、大纲内容，并统阅定稿。先生在“序言”中写道：

（一）《档案学概论》的建设由来与过程

……档案学是一门新的学科，把它作为一门科学来研究，摆脱纯技术方法的研究而提高到理论的高度来建设，那是在全国解放后才开始的。加强和提高档案学的理论概括，从技术方法上升为具有理论的学科是需要一个积累和建设的过程。从50年代以来的历史看，我们是先建设档案学的各门具体应用的学科，然后当具备条件时才建设档案学概论学科的。这是与档案学建设和发展的历史特点及具体情况有关的。

（二）档案学概论是一门什么性质的课程

……因此，编撰《档案学概论》，既是课程建设，又是学科建设。一方面是为加强档案学的基础理论研究，另一方面是为了加强对学生的专业理论知识教学，提高理论水平和教学质量。正由于此，我们把档案学概论这门课是作为档案学的基本理论知识来建设的，而不是把它作为一门档案学的各门课程的一般知识的综合概述课。这样既可以独立发展和建设档案学概论，又可以避免或减少同其他各门专业课程的不必要的重复和交叉。具体来说，档案学概论是档案专业设置的一门专业基础理论知识课，是本专业各门课程中的高层次的基础课、带头课、入门课。

（三）《档案学概论》的结构内容的特色和要素

我们以档案学概论是一门专业的基础理论知识课为出发点，进一步考虑《档案学概论》的框架结构及其基本内容。……因此我们以人的认识规律为依据，本着从实到虚、从小到大、循序渐进的原则，采取先从档案讲起，再讲档案工作和档案事业，最后才讲档案学。我们认为这样比较容易被青年学生接受和消化。

要引用系统论、信息论、控制论等原理来研究和发展档案学，……我们现在应该创造性地运用矛盾—系统的方法来研究和发展档案学理论。

把档案、档案工作、档案事业特别是档案学本身都放到一个历史过程中或广阔的空间去研究其沿革和发展，是建设和发展档案学理论的重要途径。

因此要把古今中外的档案学史作为《概论》的重要组成部分之一。要研究档案学思想理论的历史发展及其发展趋势。

《档案学概论》共包括如下四编十六章：

序言

第一编　档案

第一章　档案的起源与沿革

第二章　档案的定义与属性

第三章　档案的价值与作用

第四章　国家档案全宗

第二编　档案工作

第五章　档案工作系统的内部结构与外部环境

第六章　档案工作的矛盾、规律、性质和原则

第七章　档案工作的现代化

第三编　档案事业

第八章　国家档案事业管理

第九章　档案室和档案馆

第十章　档案专业教育

第十一章　档案科学技术研究和内外业务交流

第四编　档案学

第十二章　档案学及其科学体系

第十三章　欧洲档案学的产生与发展

第十四章　欧美档案学的全面发展

第十五章　国际档案组织与档案学理论研究

第十六章　中国档案学的产生、发展及其趋势

2月，先生办理离职休养手续。[①]

3月2日，先生被聘为上海市档案专业高级职务评审委员会副主任委员。[②]

3月13日，先生为四川大学档案系副主任陈贤华副教授《秘书工作论》（四

① 姜之茂．语重心长盼飞跃——访著名档案学家、教育家吴宝康教授［J］．北京档案，1990（6）：10-12.

② 中国人民大学档案馆馆藏吴宝康人物档案．

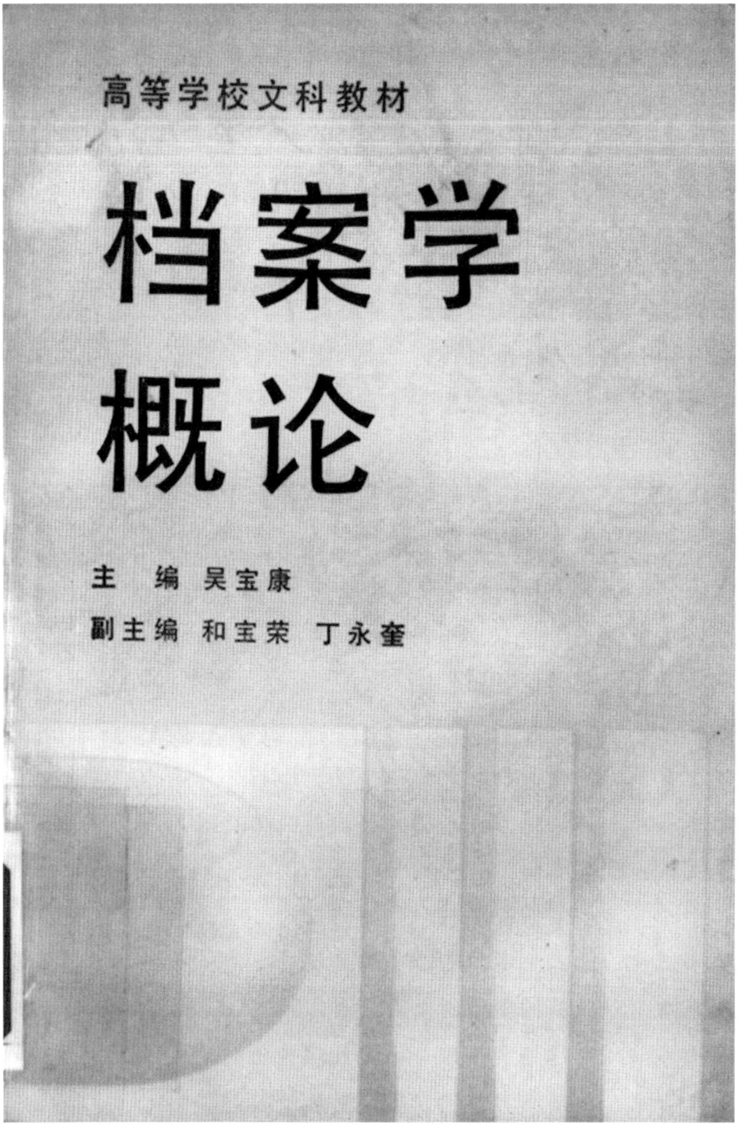

1988 年吴宝康主编《档案学概论》封面

川大学出版社出版）一书作序。该序以“《秘书工作论》简介”为题，发表于《秘书》1998 年第 5 期。

3 月 25 日，先生在南京大学文献情报学系做学术报告《档案学的未来发展》。报告后来发表在 1988 年《南京大学学报·图书馆学、情报学、档案学专辑》上。先生指出：

我想今后档案学研究必须及时地提出尽力扩展新的学科研究领域，我们不能只限制在研究内部管理方面。也就是说要把我们现在的“内向性”研究的学科（这种提法是否恰当可以讨论）发展为既有“内向性”的研究，更有“外向性”的研究的学科，把向内向外研究结合起来，发展档案学科。……所谓发展“外向性”的研究的学科，实际上也就是要发展对档案利用问题的研究。

先生认为，可以从三个方面加强档案学的“外向性”研究，以实现新的飞跃：一是要很好地发挥档案的历史价值作用；二是发挥档案的现实作用；三是努力发挥档案的社会效益和经济效益。①

3月31日，先生在上海大学文学院档案学系做学术报告《档案学未来发展问题的思考》。报告后来刊登于《档案学探索》1988年第2期，比3月25日先生在南京大学文献情报学系做的报告《档案学的未来发展》论述得更深入。先生在报告中论述档案学的“外向性”研究之后，又着重阐述了自己对“文书、档案一体化”和“图书、档案、情报一体化”的认识：

（但）我始终以为“一体化”的趋势是存在的，而且是可能实现的，“一体化”的发展趋势也决不会带来档案学的消亡！我们如何看待“一体化”的问题呢？我认为“一体化”不是图书、档案、情报的实体管理一体化，而是图书、档案、情报信息管理的一体化。“一体化”问题的提出，它的一个最主要的理论根据，就是承认图书、档案、情报三者既各有个性，又有共性……而共性正是三者信息管理一体化的基础；然而，正因为它们还有自身的个性，所以它们在“一体化”过程中是不会混为一体，彼此不分的。②

4月，南京大学出版社出版先生的文集《论档案学与档案事业》，印数1万册。该书“内容简介”如下：

本书选编了作者从1951年至1986年的35年间发表的论文和学术报告51篇，内容包括档案工作的历史、地位、作用，档案工作的方针、原则、方法，档案资源的开发利用和档案工作的改革，科技档案工作的任务、范围、内容和档案科学技术工作，档案事业和档案学研究的历史发展，档案学研究的对象、任务、性质、方法和档案学学科体系的层次结构，苏联、东欧档案工作状

① 吴宝康. 论新时期档案学与档案事业［M］. 北京：中国档案出版社，1997：62-66.
② 吴宝康. 论新时期档案学与档案事业［M］. 北京：中国档案出版社，1997：79.

况，档案教育和档案干部的思想政治工作等，还涉及档案学的相关学科。

全书内容丰富，论述透辟，文字简明，从一个方面反映了新中国档案事业的建设和档案学发展的历程，对各级档案事业管理人员和档案实际工作者，以及档案学研究人员、大专院校档案专业的师生，提高理论水平和业务水平都将有较大的帮助，也适合于想了解我国档案事业和档案学的人们参考。

该书由南京大学名誉校长匡亚明撰写“序”。“序”中写道：

> 《论档案学与档案事业》是他（注：指先生）从事档案学研究和档案教育三十年来公开和内部发表的论文、学术报告的选集。……这些论文和学术报告的显著特点，就是从我国档案事业的实践出发，力图运用马克思主义的基本原理对档案工作和档案事业的建设进行理论概括，这就使这本书在相当程度上反映了我国三十年来档案事业建设和档案学研究的历史面貌，值得档案实际工作者，档案教学和档案研究工作者参阅和借阅，同时也有助于档案事业的领导者和社会各界了解档案工作和档案科学的基本内容和意义。①

先生的硕士研究生海滨为该书撰写“作者介绍”和“编后记”。“作者介绍”中指出：

> 《论档案学与档案事业》一书，是从吴宝康教授自 1951 年至 1986 年三十余年来的 80 余篇论文、讲话和报告中精选出来的，共计 51 篇。它从多个侧面反映了吴宝康教授从事档案学和档案事业管理研究的整个过程，它为我国档案工作者和档案学者提供了一部内容丰富、材料翔实的研究档案学史的极好材料。②

5 月 6 日，先生被档案出版社聘为《当代档案学丛书》主编。③

5 月，先生主编、丁永奎副主编的《当代中国档案学论》由档案出版社出版。该书是新中国档案学专业的第一代硕士研究生的学位论文集，包括郑鸽的《国家档案管理系统分析与探索》、魏娜的《档案馆科学管理的理论与实践初探》、冯惠玲的《论档案整理理论的演变与发展》、李宪的《档案目录体系研究》、海滨的《试论档案利用理论的形成与发展》、丁志民的《论档案服务的实现》、吴兰的《档案、图书、情报信息综合管理初探》、朱国斌的《论档案法的基本原则》。

---

① 吴宝康．论档案学与档案事业［M］．南京：南京大学出版社，1988：2.

② 吴宝康．论档案学与档案事业［M］．南京：南京大学出版社，1988：5.

③ 中国人民大学档案馆馆藏吴宝康人物档案．

对于这八篇硕士学位论文，先生在“编者的话”中做了如下评价：

这八篇论文（及其作者）是有共同特点的。首先，他们在选题上都抓住了当前我国档案学术研究中迫切需要研究探讨的一些新问题，而这些新问题的研究探讨又都是具有一定的理论意义和实际意义的。他们的选题涉及了国家档案管理系统，档案馆科学管理，档案整理理论，档案目录体系，档案利用服务，档案利用理论，档案、图书、情报一体化，档案法理论等方面。其范围相当广泛，但互相之间都有一定的内在联系，编成一册，可以自成体系，给人以系列理论的完整印象。他们的选题同时又都是从自己的具体情况出发的，如自己的擅长，掌握材料的多少和熟悉程度，平时的思想积累和材料积累，以及自己的研究兴趣和志愿等。他们的选题把客观需要和主观条件结合起来了，因此选题得当，为写好论文取得良好开端。

其次，他们在研究和探讨中，都坚持在马克思主义指导下运用系统论、信息论、控制论等基本原理，研究和发展档案学理论。他们运用具有方法性质的“三论”原理的结果，确实使档案学的有关理论问题的研究，不仅面貌焕然一新，而且研究更深入了。学习和运用“三论”原理必须以马克思主义、毛泽东思想为指导，他们既不以“三论”来代替马克思主义，也不把它与马克思主义相提并论，更不认为《实践论》、《矛盾论》等似乎都已过时了。他们运用“三论”原理来研究档案学理论问题时，十分注意密切地同我国档案工作的实际相结合，不生搬硬套，不玩弄新词，而是力求使“三论”原理同档案工作实际血肉相联，即使在初探中还没有达到完全成熟的程度，但至少在指导思想上是明确的，因而能够取得令人欢悦的研究成果。

第三，他们的论文写作是在双百方针的指引下进行的。我们鼓励每一个研究生必须解放思想，实事求是，创造性地从事科学研究，允许提出新的观点、新的命题、新的概括、新的理论，允许超越老师。同时，他们又十分注意自己的论证既有马克思主义的理论依据又有档案工作的实践基础，用历史的、辩证的观点和方法去分析研究，在批判继承的基础上踏踏实实地创新和发展档案学理论。因此论文都有独立思考、独创见解和创新思想的特点，却没有否定一切、标新立异、哗众取宠之感。如果没有学术民主、学术自由的气氛，那么独立思考、独到见解和创新思想是难以发芽的。

第四，论文都是建筑在深入实地调查研究的基础上的。档案学的特点之一是实践性强，它是研究档案管理和利用的实际工作的。因此不进行实地调查研究，了解情况，掌握第一手资料，那么要研究和写好档案学论文是不可能的，要贯彻理论与实际相结合的原则也是不可能的。为此，在导师的亲自带领下，研究生都到各地进行过两个月的实地调查研究，既有全面的概况调查，也有针对自己选题的专门调查，既调查中央和省、市级的档案局、馆，也调查地、市、县档案局、馆以至基层档案室的工作。他们还有目的地专门召开三五人的论文专题座谈会。当然调查研究也包括他们平时对古今中外有关专业文字材料的收集和积累。实践证明，调查研究不仅对写论文是完全必要的，而且从长远来看，对培养研究生今后健康地成长和发展也是具有深远的实际意义的。

他们的探索给人以最重要的启示，在于他们都以自己的精心钻研的成果，证明档案学是有理论的，理论是需要人们去建设的，档案学确是一门科学。我们可以坚信，丰富和发展具有我国特色的社会主义档案学是有希望的。中国的档案学研究，必将为国际档案学界作出自己应有的贡献，占有一定的科学地位。①

6月18日，四川大学档案系副主任陈贤华在《档案学通讯》1988年第3期上发表《论吴宝康教授档案利用思想的形成和发展》。该文从三个方面论述了先生档案利用思想的形成和发展：档案利用思想的萌芽，理论上阐明档案利用工作的重要性，利用思想的深入发展和提高。作者指出：

吴宝康档案学思想的一个显著特点是重视档案利用。他认为档案的利用工作是整个档案工作的核心、关键和主导，是档案工作的出发点和根本目的，又是推动档案工作的动力、检验档案工作好坏的标准。②

8月15日，先生在《档案学研究》1988年第1期上发表《〈中华人民共和国档案法〉的理论意义》。先生从档案定义，档案管理原则，档案、图书、文物的关系问题，档案的保护，档案的利用与开放，《档案法》与档案法学、档案学等方面论述了《档案法》颁布所具有的理论意义。文章指出：

国家制定并颁布《档案法》所具有的重要的现实意义和深远的历史意义是不言而喻的。它不仅对我国档案事业的建设和发展，保护和利用国家的历史文

---

① 吴宝康，丁永奎．当代中国档案学论［M］．北京：档案出版社，1988：1-3.

② 陈贤华．论吴宝康教授档案利用思想的形成和发展［J］．档案学通讯，1988（3）：10-14.

化遗产，开发档案信息资源，为振兴中华民族、进行社会主义物质文明和精神文明建设服务，都具有重大意义，而且对我国档案学的理论建设和发展从整体上也提供了重要的理论思想依据，因而《档案法》还具有理论意义。①

9月14日，江村夫在《上海档案》1988年第5期上发表《黄土地 高围墙——中国档案学理论发展缓慢之散议》。文中对先生所著《档案学理论与历史初探》做了如下评价：

吴宝康教授集30年研究成果推出的《档案学理论与历史初探》，全面阐述了我国档案学的历史、现状和未来发展，认真深入地研究和探讨了档案学的一些基本理论问题，尽管还不够成熟，有一定局限性，仍不失为一部较好的档案学理论新著。可惜，这类理论著作寥若晨星。②

9月，先生撰写《关于档案专业教材建设》③ 一文 。先生指出：

档案专业教材建设的历史进程又表明，它是走了一条先实后虚、先史后学、先应用后理论的建设道路。这是由本专业的具体情况所决定的。

作为档案教育的根本大事之一的教材建设，还面临着全国档案工作和档案事业以及档案教育的改革，特别在国际国内都已出现图书、档案、情报一体化和文书、档案一体化的新趋势，这不能不是当前档案教育以及教材建设中必须认真研究的新情况和新问题。④

9月，国家档案局给先生颁发从事档案工作三十年荣誉证书。⑤

10月18日，先生在《档案学通讯》1988年第5期上发表《档案起源与产生问题的再思考》。先生认为：文字的产生、阶级和国家的出现是档案形成的两个重要条件；“档案的产生有一个漫长的历史过程，它萌芽起源于原始社会后期，产生形成于阶级和国家出现的文明时代——阶级社会”⑥。

10月18日，上海市档案局办公室副主任吴体乾在《档案学通讯》1988年第5期上发表《对述评〈档案学理论与历史初探〉的探讨》。文中对先生的《档案学理论与

① 吴宝康．《中华人民共和国档案法》的理论意义［J］．档案学研究，1988（1）：21-27＋11.

② 江村夫．黄土地 高围墙——中国档案学理论发展缓慢之散议［J］．上海档案，1988（5）：6-10.

③ 该文没有单独发表，被收录于先生的文集《论新时期档案学与档案事业》。

④ 吴宝康．论新时期档案学与档案事业［M］．北京：中国档案出版社，1997：97-100.

⑤ 中国人民大学档案馆馆藏吴宝康人物档案．

⑥ 吴宝康．档案起源与产生问题的再思考［J］．档案学通讯，1988（5）：4-8.

历史初探》述评论文进行了总结，并介绍了该书的主要内容。作者认为“《初探》是一部好书”。作者三次阅读，都有不同的感受。在第三次阅读时，作者指出：“《初探》作为一部档案事业发展历史的教科书，其内容真实、可靠、亲切、感人。”①

10月，先生在安徽大学历史系档案专业做题为“档案学未来发展的思考”的学术报告。12月25日，该报告发表于《安徽档案》1988年第6期，内容与在上海大学文学院档案学系所做学术报告相同。

11月15日，先生的专著《档案学理论与历史初探》获中国人民大学科研成果优秀奖。②

是年，先生在安徽省实施《档案法》业务研讨会上做了《关于档案学未来发展的一些思考》的学术报告。先生在回顾我国档案学的产生发展情况后，提出了档案学研究两次飞跃的观点。先生指出：“档案学要加强外向研究，即加强对档案利用的研究。”③

◎ 1989年（己巳） 72岁

5月25日，先生在参加上海档案专业高级职务评审委员会会议后，因胆结石引起急性胆囊炎住进华东医院。《上海档案》编辑部牛角、尤乙前往医院探望、采访先生。先生认为：

> 40年来，中国档案学已经实现了第一次“飞跃”，正面临第二次“飞跃”。第一次“飞跃”的内容，是中国档案学已从一门技术方法的学科，发展成为一门理论学科，从原来比较单一的学科，发展为建立了若干分支学科的体系。
>
> 现在我们正面临或已刚刚进入新的一个“飞跃”：从过去的传统的档案管理向信息方向发展，纳入信息管理的轨道。要实现这一“飞跃”，我们这一些人是难以承担了，主要靠中青年学者。
>
> 对于中青年学者的文章，即使有些观点比较偏激，有些内容不够全面，也千万不能开展“大批判”，决不能伤害中青年学者的积极性。④

7月14日，广东省地方志编委会副主任黄勋拔研究员在《上海档案》1989年第4期上发表《对当前档案学研究的几点看法》。文中指出：

---

① 吴体乾．对述评《档案学理论与历史初探》的探讨［J］．档案学通讯，1988（5）：65-66，64.

② 吴宝康．我的回忆（续完）［J］．档案学通讯，1997（2）：70-78.

③ 原文转载于《安徽档案》1988年第4期，《北京档案》1989年第1期摘录。

④ 牛角，尤乙．开拓者的情怀——访中国人大吴宝康教授［J］．上海档案，1989（4）：34-35.

吴宝康同志主编的《档案学概论》，理论水平较高，时代气息较强，逻辑体系比较严密，有不少新内容、新提法、新知识、新方法，达到了一个新的高度，是一本很有学术价值的著作。①

8月15日，先生在《档案学研究》1989年第3期上发表《档案学建设的历史回顾与今后任务》。文章指出：

历史发展的事实表明：从全国解放到现在，档案学已经实现了它自身发展历史上的第一次飞跃。这次“飞跃”的具体内容是：（1）人们从把档案学当作一项工作去研究，发展到明确把它作为一门科学，并从更自觉的思想基础上，加强学科建设和研究，不断提高其科学水平。（2）档案学已经从过去旧中国时的一门经验性的技术方法的学科，发展成为一门具有自己专业特点的理论体系的科学，其理论化的程度正由低到高，一步一步地提高。（3）档案学已经从一门单一的学科，发展成为具有系列分支学科的群体结构性的科学，并已构成具有我国特色的档案学学科体系，正在更自觉地有目标地建设和发展中。

先生还对如何提高档案学建设水平，提出了几点建议：

1. 要对档案学的学科性质和特点有一个明确的认识。

2. 坚持理论与实践相结合、理论与实践统一，并在此原则指导下，发展档案学，提高档案学的科学水平。

3. 坚持贯彻“百花齐放、百家争鸣”的方针。

4. 加强学术研究的领导和指导，增强计划性，减少盲目性。

5. 认真地科学地研究一下档案学及其各分支学科，是否还有把档案学仅仅当作工作的业务去研究，而不是当作一门科学去研究的痕迹。

6. 彻底清理档案学中“左”的思想的影响。

7. 档案学不应该仅仅停留在档案管理的内向性问题的研究上，而应从这里突破出来，深入到档案内容这一层次，揭示和发掘内容，发展外向性的研究，把档案工作放到社会环境中去加以考察，把内向研究与外向研究结合起来，特别要加强开发和利用档案信息资源的研究，面向社会，服务社会，为发展生产力，实现四化建设服务。

---

① 黄勋拔．对当前档案学研究的几点看法［J］．上海档案，1989（4）：36.

> 8. 按目前的档案学学科体系的基本设想，各学科应进一步加强纵向研究（如从历史发展的角度去研究）和横向研究（如对收集、整理、保管、利用、统计、鉴定、编目、编研等环节的研究），深入下去，拓展开来，多方面、多层次地发展学科内容，把从广度和深度上发展学科内容当作一个长期的首要任务。[①]

8月18日，四川大学档案系副主任陈贤华在《档案学通讯》1989年第4期上发表《建设档案学理论的重要成果——〈档案学概论〉评介》。文中评价：

> 当我读了全书之后，深感《概论》是档案学理论建设的重要成果，是中国档案学理论逐渐趋于成熟、完备的标志，是新中国近40年来档案学理论建设的总结。我深信，该书的出版，对档案学理论研究，特别对档案学教学必有推动作用。

陈贤华认为，《档案学概论》的特点有三：

> （一）《概论》是对我国档案学理论研究的总结和概括，理论色彩很浓。
>
> （二）研究的方法有创新，是运用现代横断科学（系统论、信息论、控制论）提供的理论和方法，对档案、档案工作、档案事业的研究，使档案学的理论更加深入，更富于理论色彩了。
>
> （三）《概论》的框架结构与同类著作相比较，它比较合理完备，这也是一个创造。

陈贤华认为，《档案学概论》除上述特点外，在理论上还有许多建树，阐明了许多重要的概念和规律，包括：

> （一）关于档案起源说。
>
> （二）关于档案的定义。
>
> （三）用信息论的观点看待档案。
>
> （四）关于实现档案价值的规律性。
>
> （五）关于档案工作的矛盾及规律。
>
> （六）关于档案事业的管理思想和管理手段。
>
> （七）关于档案学的体系结构。
>
> （八）关于中国近代档案学产生的标志和特点。

---

① 吴宝康．档案学建设的历史回顾与今后任务［J］．档案学研究，1989（3）：7-13.

陈贤华也提出了《档案学概论》的美中不足，包括：

（一）对中国现代档案学的叙述似乎过于简略，几乎没有提到一位有代表性的研究者。

（二）文字上有些微疵。①

8月29日，广东省地方志编委会副主任黄勋拔研究员在《上海档案》1989年第4期上发表《对当前档案学研究的几点看法》。文中指出：

> 吴宝康同志主编的《档案学概论》，理论水平较高，时代气息较强，逻辑体系比较严密，有不少新内容、新提法、新知识、新方法，达到了一个新的高度，是一本很有学术价值的著作。②

8月29日，《安徽档案》编辑部王晓飞在《档案》1989年第4期上发表《中国的四代档案学者》。作者将先生划为"第二代奠基人"，认为"这是一批最有自制力和安全感，在观念上富于传统色彩和有稳定性的人"，"吴宝康等近年来的不少论著或论文都表现出一个档案学家对于时代变化的敏感和对档案学历史发展的尊重"③。

10月21日，中国人民大学文库建设第二次座谈会召开，先生出席。④

12月6日至13日，中国人民大学档案学院举行第15次科学讨论会。先生提交了《评〈回顾与展望——对我国档案学发展的历史考察〉》。⑤ 1990年2月18日，该文发表于《档案学通讯》1990年第1期。文章对苏州大学王李苏、周毅发表于《上海档案》1998年第6期的《回顾与展望——对我国档案学发展的历史考察》一文进行了评价。先生认为：

> 文章显示了作者是具有理论思维的，思想与文字的表达能力很强。但是由于对中国档案工作和档案学的历史和现状的实际情况了解不深不全，调查研究也不够，因此文章，特别是关于新中国档案学建设和发展的阐述部分，是有较大缺陷的，这就是对新中国档案学发展的总体评价失当。它在客观上将近年来我国档案学界出现的贬低和否定新中国档案学的建设和发展的思想

① 陈贤华．建设档案学理论的重要成果——《档案学概论》评介［J］．档案学通讯，1989（4）：60-66.

② 黄勋拔．对当前档案学研究的几点看法［J］．上海档案，1989（4）：36.

③ 王晓飞．中国的四代档案学者［J］．档案，1989（4）：32-35.

④ 中国人民大学文库建设第二次座谈会纪要［J］．中国人民大学学报，1990（1）：121-122.

⑤ 王德俊，冯惠玲．为继续发展我国档案学术研究而努力——中国人民大学档案学院第15次科学讨论会综述［J］．档案学研究，1990（2）：88-92.

倾向“理论化”了。①

先生认为“新中国的档案学发展所取得的成就是有目共睹的”，并重点批驳了《回顾与展望——对我国档案学发展的历史考察》提出的“实用经验系统”说法。

12月27日，辽宁大学历史系丁海斌在《档案》1989年第6期上发表《档案起源新论——兼与吴宝康教授商榷》。作者针对先生的《档案起源与产生问题的再思考》中的部分观点进行了商榷。先生认为“档案产生形成的另一个重要条件，就是阶级和国家的出现”，丁海斌则认为这个条件是“具有一定规模的公务活动的出现”②。

是年，先生在《学校档案》1989年创刊号上发表《坚持和发展国家档案全宗概念》。文中写道：

> 我历来主张坚持全宗理论，发展全宗理论；坚持国家档案全宗概念，发展国家档案全宗概念。我也坚持主张《档案学》应该继承并使用国家档案全宗概念，使我们建国以来一贯合法使用并行之有效的国家档案全宗概念更加合法化、权威化，以适应我国档案事业建设的发展需要。我对《档案法》未能明确使用国家档案全宗概念深为遗憾。
>
> 我认为对国家档案全宗概念的理解可以有狭义和广义两种，狭义的解释就是国家档案全宗是属于国家所有的档案。广义的解释就是在我国国土上的所有单位以及我国所辖的国外单位，在实践活动中所形成的档案，无论是国家所有、集体所有或个人所有，都属于国家档案全宗（外资单位当然例外，不在其内)。③

◎ 1990年（庚午） 73岁

1月20日，苏州大学历史系王李苏、陈建军在《档案与建设》1990年第1期上发表《新时期档案学理论发展的重要成果——读吴宝康教授主编的〈档案学概论〉》。文中评价：《档案学概论》的框架结构体系有了新突破，理论观点精辟独到，体现了档案学理论的新内容，揭示了档案学发展的新趋势。《档案学概论》“代表着二十世纪八十年代以前中国档案学的基本理论水平”④。

---

① 吴宝康．评《回顾与展望——对我国档案学发展的历史考察》[J]．档案学通讯，1990（1）：2-12.

② 丁海斌．档案起源新论——兼与吴宝康教授商榷［J］．档案，1989（6）：27-30.

③ 吴宝康．论新时期档案学与档案事业［M］．北京：中国档案出版社，1997：106.

④ 王李苏，陈建军．新时期档案学理论发展的重要成果——读吴宝康教授主编的《档案学概论》[J]. 档案与建设，1990（1）：63-64，55.

2月10日，先生在《解放军档案》1990年第1期上发表《正视资产阶级自由化思想对档案学研究的影响》。先生指出："当前，我们一定要正视我国档案学研究中所存在的资产阶级自由化思想的侵蚀和影响，不要因为是个别现象或少数问题而不予重视和关注。"①

2月18日，广东省地方志编委会副主任黄勋拔研究员在《档案学通讯》1990年第1期上发表《理论档案学的新台阶——评〈档案学概论〉》。文中评价先生主编的《档案学概论》"理论水平较高、时代气息较强、逻辑体系比较严密"②。

4月11日，先生给中国档案学会第三次会员代表大会致贺信。贺信于7月10日发表在《档案学研究》1990年第3期上。信中提出：

> 去年8月国家档案局发出的关于贯彻四中全会精神的意见，是加强档案工作领域内意识形态工作的一个十分重要的文件，内容丰富，论述深刻，无论对档案部门实际工作的同志，或对档案学研究和教学工作的同志来说，都有重要意义。从目前情况看，一方面，我们确实要防止和克服重业务轻政治的单纯业务观点的倾向；另一方面，又要十分关注档案工作和档案学研究中的思想动向和学术动向。③

4月21日，先生被中国档案学会第三届会员代表大会选举为名誉理事长，并被大会决议授予"档案学研究荣誉奖"。④

4月22日，先生被北京教授讲学团聘为教授⑤，兼中国人民大学分团主任⑥。

4月25日，先生在《档案工作》1990年第4期上发表《明确认识档案学是一门管理性质的科学》。文章指出：

> 它（指档案学——笔者注）既有它自己的基础理论，也有它自己的应用理论和技术。因此我们说档案学的学科体系是以理论档案学和应用档案学两大部分构成的。档案学的理论，不论是基础理论，还是应用理论，都只能是植根于档案工作和档案事业的实践之中的，在不同的层次上经过抽象、概括和总结的实践经验和理论知识，与档案工作和事业建设的实际都是血肉相连

① 吴宝康．正视资产阶级自由化思想对档案学研究的影响［J］．解放军档案，1990（1）：121.
② 黄勋拔．理论档案学的新台阶——评《档案学概论》［J］．档案学通讯，1990（1）：37-39.
③ 吴宝康．吴宝康同志的贺信［J］．档案学研究，1990（3）：25-26.
④ 吴宝康．我的回忆（续完）［J］．档案学通讯，1997（2）：70-78.
⑤ 中国人民大学档案馆馆藏吴宝康人物档案．
⑥ 吴宝康．我的回忆（续完）［J］．档案学通讯，1997（2）：70-78.

的，息息相关的。①

4 月 27 日，先生在南京会见《档案与建设》《学校档案》两刊编辑部工作人员，座谈期间做《坚持四项基本原则 担负起刊物的使命》讲话。8 月 30 日，讲话稿发表在《档案与建设》1990 年第 4 期上。先生指出：

档案专业刊物至少要承担起两个方面的任务：一是宣传党的方针政策；二是加强档案学的研究，推动档案事业的发展。对于档案期刊编辑部的同志，首先要努力提高马列主义、毛泽东思想水平，力求掌握档案学研究的深度，这样才能形成对刊物的敏感性。第二，对中青年档案学者要有个恰当的估计和评价。第三，要正确认识档案学研究水平和档案学科的性质。②

6 月 30 日，先生在《档案》1990 年第 3 期上发表《祝〈档案〉杂志出刊总一百期》。先生指出四点希望：

第一，希望全国的档案刊物编辑应该认真研究和体会一下国家档案局关于贯彻党的十三届四中全会精神的意见，以及中国档案学会在京常务理事第十二次会议纪要这两个文件的内容和精神，研究一下在办刊中如何贯彻落实的问题；第二，希望《档案》杂志能立足本省，面向全国，带动和活跃档案学术研究，推动档案事业发展；第三，希望《档案》杂志能更好地发扬自己的优点，加强自身的思想性、学术性和理论性建设，充分发挥其舆论导向和监督作用，并能旗帜鲜明地一以贯之地坚持四项基本原则，反对资产阶级自由化；第四，希望《档案》杂志的编辑人员，能努力学习马列主义、毛泽东思想，在不断提高自己的理论水平和专业水平的同时，更加强政治理论学习，提高政治思想觉悟。③

7 月 17 日，中国档案学会向曾三、裴桐、吴宝康授予“档案学研究荣誉奖”。在会上，先生被正式任命为名誉理事长。④ 先生在授奖仪式上发表讲话，称自己做的贡献微不足道，成绩应归功于党和同仁们的栽培和帮助，并寄希望于年轻的档案学研究队伍。⑤ 先生还说：

---

① 吴宝康．明确认识档案学是一门管理性质的科学［J］．档案工作，1990（4）：20-21.

② 吴宝康．坚持四项基本原则 担负起刊物的使命——寄语档案期刊编辑同志［J］．档案与建设，1990（4）：2-3.

③ 吴宝康．祝《档案》杂志出刊总一百期［J］．档案，1990（3）：4.

④ 赵学林．情系兰台办教育 勤奋耕耘创科学——记中国档案教育事业的开创者吴宝康［J］．兰台世界，1996（1）：26-29.

⑤ 刘文仲．中国档案学会向曾三、裴桐、吴宝康授予“档案学研究荣誉奖”大会在京举行［J］．档案学研究，1990（4）：3.

40多年来从事档案学研究的体会，集中到一句话，可以说，我深感对档案学越研究越感到它的内容丰富，深而且广，越来越感到档案学并不简单枯燥，档案学已发展到了没有一个人对档案学的各个研究领域都熟知精通的程度。①

8月上旬，先生接受北京市档案局姜之茂采访时表示："实现档案学的第二次飞跃……需要很长的一个过程……这其中有可能还要分若干阶段……"对于档案、图书、情报一体化问题，先生认为"首先要实现我国档案界内部的信息联网管理"。先生还对青年档案学者的文章非常关注："对年轻同志，一要严格要求，二要热情扶持，要信任他们，放手使用他们，使他们真正感到有用武之地。"此外，先生针对个别领导同志不重视档案工作的问题表示："应该首先在我们自身找根源，这就是档案的作用还没有得到充分发挥，所以我们还要加倍地努力，把工作做好。"②

12月5日，山西省档案馆庆祝建馆三十周年，先生为馆庆题词作画。③

12月11日，先生参加国家科委档案工作经验交流暨表彰会议并致词。先生在致词中指出：

国家科委系统的档案，特别是科技档案，在科学技术转化为生产力的实现过程中，必将发挥其无可替代的重要作用。在我国社会主义现代化建设中，做好科委系统的档案工作是具有十分重要的基础性意义的。④

12月22日，中国档案学会第三届理事会常务理事会在北京召开，先生出席会议。⑤

12月25日，先生在《档案工作》1990年第12期上发表《祝〈曾三档案工作文集〉出版》。文章指出：

随着档案工作和档案事业实践的发展，曾三同志不断发展自己的思想观点，把工作和事业继续推向前进，从未停顿、止步不前。我国的档案工作所以能够从机关档案室发展到国家档案馆及其网络，从文书档案发展到科技档案，以至

---

① 吴宝康．论新时期档案学与档案事业［M］．北京：中国档案出版社，1997：154-155.

② 姜之茂．语重心长盼飞跃——访著名档案学家、教育家吴宝康教授［J］．北京档案，1990（6）：10-12.

③ 国祥，袁珍．省档案馆隆重庆祝建馆三十周年［J］．山西档案，1991（1）：10.

④ 吴宝康．论新时期档案学与档案事业［M］．北京：中国档案出版社，1997：156. 另据秋实《国家科委召开档案工作经验交流暨表彰会》（《档案工作》1991年第1期），国家科委档案工作经验交流暨表彰会议时间应为12月14日至15日。

⑤ 中国档案学会三届三次常务理事会讨论确定1991年学会工作计划要点［J］．档案学研究，1991（1）：88.

城建档案、民族档案、军队档案等等，一个领域一个领域地建设起来，从档案教育、档案科学的发展以至档案学会的建立，从国家档案局的设置发展到整个国家档案行政管理体制的建设，都是同曾三同志的思想和领导分不开的。[1]

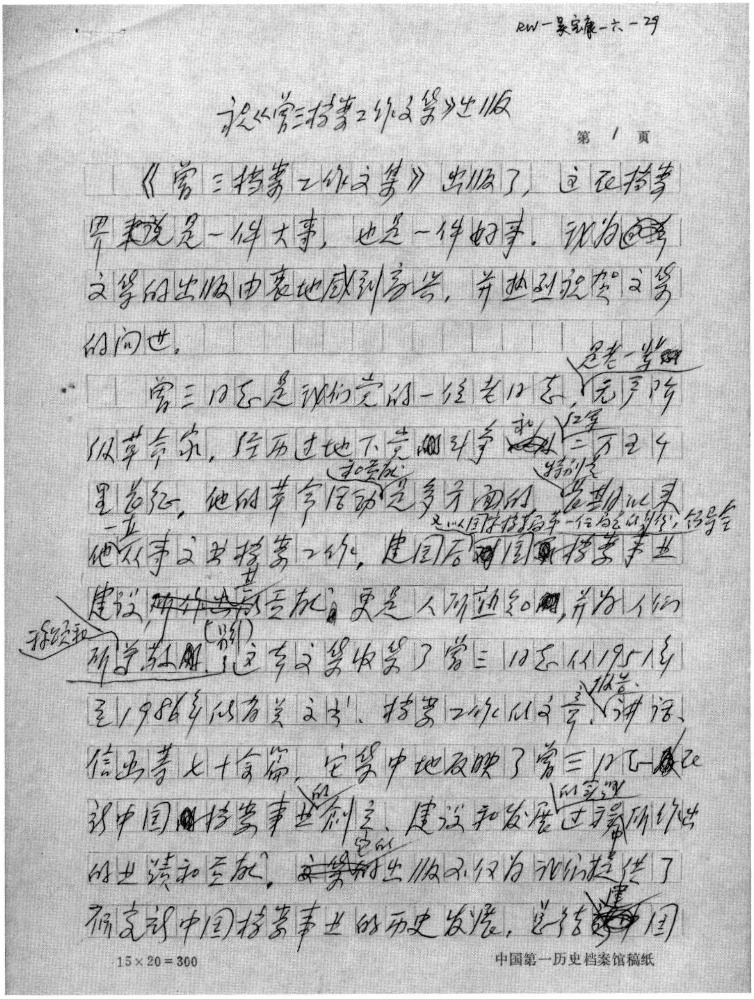
RW—吴宝康—六—29

祝《曾三档案工作文集》出版

第 1 页

《曾三档案工作文集》出版了，这在档案界来说是一件大事，也是一件好事。我为[illegible]文集的出版由衷地感到高兴，并热烈祝贺文集的问世。

曾三同志是我们党的一位老同志，是老一辈无产阶级革命家，经历过地下党[illegible]二万五千里长征。他的革命活动是多方面的，[illegible]他从事文书档案工作，建国后[illegible]档案事业建设[illegible]贡献，更是人所熟知[illegible]，并为人们所[illegible]。这本文集收集了曾三同志从1951年至1986年的有关文书、档案工作的文章、报告、讲话、信函等七十余篇，它集中地反映了曾三同志在新中国档案事业创立、建设和发展过程中所作出的业绩和贡献。[illegible]出版不仅为我们提供了研究新中国档案事业的历史发展，总结[illegible]

15×20=300　　中国第一历史档案馆稿纸

1990 年吴宝康《祝〈曾三档案工作文集〉出版》手稿首页

是年，《上海档案工作》杂志举办“企业与档案”征文比赛，先生任顾问。[2]

是年，《北京档案》举办档案工作知识有奖竞赛，先生任顾问。[3]

---

① 吴宝康．祝《曾三档案工作文集》出版［J］．档案工作，1990（12）：12.

② 郭红解．《上海档案工作》举办“企业与档案”征文比赛［J］．档案工作，1991（2）：45.

③ 晓江．《北京档案》将举办档案工作知识有奖竞赛［J］．档案工作，1991（12）：47.

◎ 1991年（辛未） 74岁

2月28日，先生在《档案学通讯》1991年第1期上发表《沉痛悼念曾三同志》。文章指出：

> 新中国档案事业建设和档案学发展能达到今天的地步，是与曾三同志的实践贡献和创造性思想分不开的。他不愧是新中国档案事业和档案学建设的创建者、开拓者、领导者。我们首先应该努力学习曾三同志全心全意为社会主义建设服务，为共产主义奋斗终生的革命精神。其次，《曾三档案工作文集》是曾三同志一生中为档案事业所作贡献的整个历程的真实记录，是曾三同志为我们留下的最宝贵的思想财富。第三，要学习曾三同志密切联系群众，团结一切档案工作者的思想作风。[①]

2月，先生主编的《档案学概论》获中国人民大学优秀科研成果著作奖。[②]

1991年《档案学概论》获中国人民大学优秀科研成果著作奖证书

3月25日，先生在《档案工作》1991年第3期上发表《怀念尊敬的曾老、张老》（曾老是指曾三同志，张老是指张中同志。下同）[③]。文章指出：

> 我国档案事业能发展到今天这样的规模，有今天这样的基础，可以毫不

① 吴宝康．沉痛悼念曾三同志［J］．档案学通讯，1991（1）：3-4.

② 吴宝康．我的回忆（续完）［J］．档案学通讯，1997（2）：70-78.

③ 收入《论新时期档案学与档案事业》一书时，题名改为“怀念尊敬的曾三、张中同志”。

夸张地说，都是在两老的毕生努力奋斗，特别是曾三同志的杰出领导下取得的，他们的功绩是不可磨灭的。

现在曾老、张老相继离我们而去，我想我们一定要化悲痛为力量，学习他们的革命精神和优秀品德，继承他们的档案学思想理论，重新阅读和学习《曾三档案工作文集》和张老的有关档案工作的报告、讲话、文章，为发展新中国的社会主义档案学，建设有中国特色的社会主义国家档案事业而奋斗。①

4月，先生主编的《档案学简明教程》由档案出版社出版，印数5 000册。先生在“序言”中对该书进行了简要介绍：

这本教材现在定名为《档案学简明教程》，其本意就是以基层档案部门的广大专业人员为对象，通过短期培训，取得有关档案学以及若干分支学科的最基本的知识，为今后提高或深造起一点入门和引导的作用。这本教材共分为六个部分：第一，导论；第二，文书处理；第三，档案管理；第四，科技档案管理；第五，档案文献编纂；第六，档案保护技术。

我们所以在简明教程中设置导论，是因为考虑到对于基层档案部门的专业人员来说，仅仅知道档案学的各门主要分支学科的基本内容以及具体管理的方法和技术是不够的，也还应该对档案学、档案工作、档案事业以及中外档案史的有关内容，从整体上和宏观上有一点初步的认识。那种认为基层人员只要知道和学习具体工作怎么做法，不必知道诸如什么是档案学等等有关的理论和知识的观点，是缺乏远见的。

关于文书学内容列入简明教程，我认为是适宜的。……我一贯认为文书学是档案学的一门分支学科，现在也仍然持此看法，因为研究档案和档案工作，不能不从档案学的角度去了解和研究文书和文书工作。从实际来看，它们之间的关系密不可分，达到了一刻不能分离的地步。把文书学拒之于档案学的门外是难以想象的。

档案学是一门管理性质的应用科学，虽然它不一定直接属于管理科学，但是从广泛的意义上说，它也可以说是管理科学范畴的。从档案学的角度来说，当前我们也应该充分认识，加强对现代管理科学知识的研究和引用，是我们建设和发展档案学的迫切需要。②

---

① 吴宝康．怀念尊敬的曾老、张老［J］．档案工作，1991（3）：8-9.

② 吴宝康．档案学简明教程［M］．北京：档案出版社，1991：1-3.

5月15日，先生在《档案学研究》1991年第2期上发表《深切怀念曾老、张老》。文章指出：

> 曾三档案学思想的重大特点，就在于始终在理论与实践上贯彻党的四项基本原则，坚持党的四项基本原则。我们今天在深情地怀念曾老、张老的时候，一定要重新阅读并学习他们为我们留下的讲话、报告、论著等，继承并发扬他们的思想理论，坚持党的四项基本原则，反对资产阶级自由化以及思想影响，为新中国档案事业的建设和档案学的健康发展作出新贡献。①

5月18日，先生在《档案学通讯》1991年第3期上发表《坚持马克思主义指导档案学研究》。先生首先分析了档案学研究中"自由化"思想影响的具体表现，包括贬低否定说、菲薄马列说、政治功利说、抹煞界限说、"纯理论"说、方法陈旧说等；然后论述了"自由化"思想影响的特点，并总结其经验教训；接着，提出学习、高举、坚持马克思主义；最后提出了值得重新思考的几个问题，包括现在的档案学不能对档案工作的实践起指导作用的说法，批评档案学理论中如档案种类的划分问题、档案业务工作的环节问题等是直接总结的说法，自我封闭的说法，理论贫乏，以"三论指导"等。②

7月，先生主编的《档案学概论》获中国人民大学优秀教材奖。③

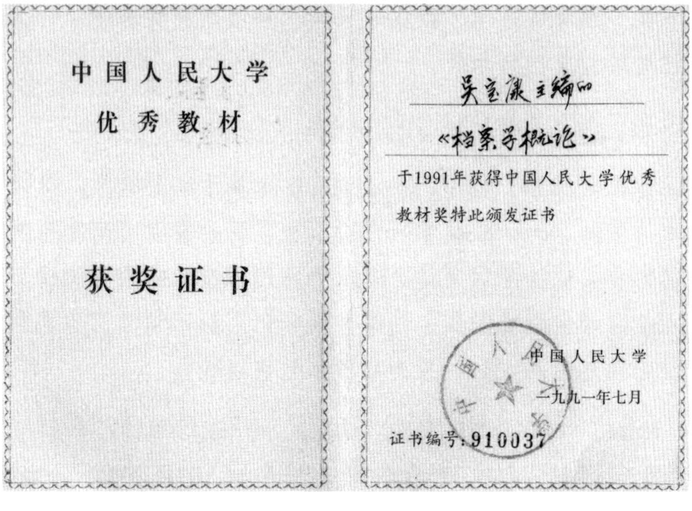

1991年《档案学概论》获中国人民大学优秀教材奖

① 吴宝康．深切怀念曾老、张老［J］．档案学研究，1991（2）：15-18.

② 吴宝康．坚持马克思主义指导档案学研究［J］．档案学通讯，1991（3）：177.

③ 吴宝康．我的回忆（续完）［J］．档案学通讯，1997（2）：70-78.

8月18日，先生为黄勋拔、沈永年编著的《企业档案工作探索》（广东人民出版社1991年出版）所作的序言，发表在《档案学通讯》1991年第4期上。文章指出：

从信息观点的角度来看，企业档案是企业的信息资源财富。……随着企业档案工作实践的发展，档案学研究也必将适应实践的需求而不断开拓和发展。企业档案工作是当今档案学的一个重要研究领域……①

10月18日，先生与丁永奎在《档案学通讯》1991年第5期上合作发表《档案学》。此文是《中国大百科全书·图书馆学 情报学 档案学》中的概括性文章之一。文章首先简要总结了中国档案学的产生与发展。然后，提出档案学的主要研究内容包括以下五个方面：（1）档案学基础理论研究；（2）档案专业史研究；（3）档案事业管理研究；（4）档案资源管理与开发的研究；（5）档案工作应用技术研究。接着，介绍了《档案学概论》设计的档案学学科体系结构模式：

即将档案学划分为理论档案学与应用档案学两个部类，理论档案学是档案基础理论与档案专业史的总称，所属学科有：档案学原理、档案术语学、比较档案学、档案法规学、档案史料学、档案事业史、档案学史等。……应用档案学是档案事业管理、档案资源管理与开发、档案工作应用技术研究的总称，所属学科有：档案事业管理学、档案管理学、科技档案管理学、档案文献编纂学、档案统计学、档案目录学、档案保护技术学、计算机辅助档案管理、档案缩微复制技术等。

接着，论述了档案学的学科性质和特点：

档案学是一门社会科学，或者说基本上属于社会科学，这是由档案学研究的性质决定的。……档案学研究对象决定了档案学有两个鲜明的特点：一是档案学的重要理论原则受社会制度和意识形态的制约和影响。……另一个显著特点是它的实践性很强。档案学的知识来源于档案工作实践，是档案工作实践经验的总结和概括，又为档案工作实践服务。

最后，详细分析了档案学与文书学、历史学、图书馆学和情报学等学科的关系。②

11月28日至29日，“曾三档案学思想研讨会”在北京召开，先生出席会议，并做题为“曾三档案学思想的若干研究和认识”的发言。1992年3月14日，发

① 吴宝康.《企业档案工作探索》序［J］.档案学通讯，1991（4）：23.

② 吴宝康，丁永奎.档案学［J］.档案学通讯，1991（5）：3-9.

言稿刊于《上海档案工作》1992 年第 2 期。先生在讲话中将曾三的档案学思想总结为 8 点：

(1) 建立档案制度；

(2) 培养干部问题；

(3) 加强思想政治工作与宣传工作；

(4) 科技档案问题的提出；

(5) 注重档案的利用；

(6) 群众路线问题；

(7) 团结问题；

(8) 现代化问题。[①]

12 月 17 日，《档案学词典》定稿会议在上海召开，先生作为主编出席会议。[②]

12 月 18 日，先生在《档案学通讯》1991 年第 6 期上发表《中国档案学研究在发展中》。先生认为："（20 世纪）80 年代是中国档案学史中的一个重要年代，它起着承前启后的联接和结合的历史作用，记载着档案学继承与创新发展、继往开来的转变和变化过程。"80 年代以来中国档案学所取得的主要成果和发展方面的具体内容包括：

(1) 首先可以看到，进入 80 年代以来，中国档案学的基础理论研究大大地加强，并前进了一步，诸如档案学的对象与任务、性质与特点、产生与发展、矛盾与规律、学科体系与内容，以及档案学中的基本概念，如档案、档案工作、档案事业等问题，都有日益深化的论述和探讨。

(2) 进入 80 年代以来，宏观的档案事业管理的研究明显地加强了，发展了，一门新的分支学科——档案事业管理学应运而生，它从档案管理学中分离发展起来，成为 80 年代中国档案学研究的重大成果和发展。

(3) 各种门类的档案和档案工作的研究全方位地迅速发展起来，这是 80 年代中国档案学研究的重要内容和发展特色，它表明中国档案学研究正向各种门类的档案领域从深度和广度上迅速推开。

(4) 80 年代以来，中国档案学在现代化的电子计算机技术和缩微技术应用于档案管理方面的研究，也有了很大的进步。

---

① 吴宝康．论新时期档案学与档案事业［M］．北京：中国档案出版社，1997：196-203.

② 王之如．《档案学词典》可望于 1993 年问世［J］．上海档案工作，1992（4）：5.

(5) 近10年来档案学研究，在向深入到档案内容中去，揭示档案内容，开发利用档案资源等方面，也有了很大的发展。

(6) 在改革开放方针的指引下，档案学研究在进入80年代后，对外国档案工作和理论的研究，已发生了重大的变化，一改过去只面向少数国家的情况而面向全世界各国展开全面了解和研究。

先生进而指出：

向全面信息管理发展，实现第二次飞跃，是当前中国档案学研究中一个值得长期认真研究的重大科研课题。

当今正处信息时代，档案学研究要向全面信息管理研究发展，决不能只是单纯考虑档案信息管理，而必须从整个文献信息事业出发，把档案同图书、情报管理联系起来，研究实现档案、图书、情报一体化或整体化的问题。①

◎ 1992年（壬申） 75岁

1月，先生被聘为中国老教授协会社会科学专业委员会主任。②

2月27日，《中国大百科全书·档案学分册》向中国大百科全书出版社交稿，先生作为编辑委员会主任发表讲话。③ 先生表示，《中国大百科全书·档案学分册》编纂工作从1983年起开始，经过8年，“终于完成了这一部具有一定难度、学术性较强的工具书”。先生认为：“至少它是代表和反映了当代我国档案学术研究的水平的，是一部不是学术著作的学术著作。同时也是我们对国际档案界所作的一点贡献。”④

3月1日，中国人民大学档案学院硕士研究生刘旭光在《档案》1992年第1期上发表《老骥伏枥，壮心不已——记离休后的吴宝康教授》。文中评价：

吴老年逾古稀。这是他十余年来的第三次住院。但他仍思维清晰，条理分明，精神矍铄。床头上摆着书籍、报纸和袖珍收音机，坚持读报和收听新闻，了解国内外大事。手术后两天，病痛还时有发作，吴老便关切地询问我们的生活和学习情况，希望我们研究档案学，一定要端正学风，联系实际，正确运用马克思主义的理论和方法。谈到这里，吴老又说：“《档案学通讯》

① 吴宝康．中国档案学研究在发展中［J］．档案学通讯，1991（6）：3-7.

② 中国人民大学档案馆馆藏吴宝康人物档案．

③ 晓郡．《中国大百科全书·档案卷》编纂完成［J］．北京档案，1992（3）：16.

④ 《中国大百科全书·档案学》分卷主编——吴宝康在交稿大会上的讲话（1992年2月27日）［J］．档案学通讯，1992（3）：19-20.

的最近一期我将谈这个问题，档案学研究必须坚持马克思主义作指导。在这个问题上绝不能含糊。”①

6 月 16 日，《北京档案》知识竞赛颁奖大会在北京举行，先生出席大会。②

8 月 14 日，英国剑桥国际传记中心（IBC）来函，通知先生被选定列入《国际名人传记辞典》第 23 版。③

8 月，中国人民大学档案学院硕士研究生刘旭光在《辽宁档案》1992 年第 8 期上发表《一片冰心在玉壶——记我国档案界第一位女教授韩玉梅》。文中韩玉梅评价先生：

> 吴宝康先生在住院时思维清晰、条理分明，仍然坚持读报和收听新闻，希望大家研究档案学一定要端正学风，联系实际，正确运用马克思主义的理论和方法。先生住院时仍然计划着出院后要做的档案工作。④

9 月 4 日，英国剑桥国际传记中心来函，通知先生被选入《国际知识分子名人录》第 10 纪念版。⑤

10 月 1 日，国务院给先生颁发政府特殊津贴证书。

证　书

吴宝康同志：

为了表彰您为发展我国高等教育事业做出的突出贡献，特决定从九二年十月起发给政府特殊津贴并颁发证书。

中华人民共和国国务院

国务院

政府特殊津贴第(92)3600380号　　一九九二年十月一日

1992 年吴宝康获政府特殊津贴证书

---

① 刘旭光．老骥伏枥，壮心不已——记离休后的吴宝康教授［J］．档案，1992（1）：18.

② 北京市档案局举行档案工作知识竞赛颁奖大会［J］．档案学通讯，1992（4）：81.

③ 吴宝康．我的回忆（续完）［J］．档案学通讯，1997（2）：70-78.

④ 刘旭光．一片冰心在玉壶——记我国档案界第一位女教授韩玉梅［J］．辽宁档案，1992（8）：15.

⑤ 吴宝康．我的回忆（续完）［J］．档案学通讯，1997（2）：70-78.

10月5日，中国人民大学档案学院硕士研究生计红胜在《中国人民大学》（周报）第874期上发表《满目青山夕照明——访我国档案界元老教授》。文中评价：

先生自1952年进入中国人民大学筹办档案专业至今已有四十个春秋，在这四十年的风风雨雨中，先生呕心沥血、辛勤耕耘，终于使新中国档案教育事业从无到有、由小到大，培养和教育了一批又一批档案专业人才。①

10月9日，英国剑桥国际传记中心来函，通知先生被选入《有成就的名人录》第16版。②

10月26日，先生主编的《档案学概论》获国家教育委员会颁发的第二届普通高等学校优秀教材一等奖。③

10月30日，英国剑桥国际传记中心来函，授予先生“1992—1993年度国际名人”称号。④

11月10日，中国人民大学档案学院建院40周年大会召开，先生参会并题写了贺词。11月10日，先生在《档案学通讯》1992年第6期上发表《中国人民大学档案学院40年回顾与希望》。文章总结中国人民大学档案学院40年来的主要成绩如下：

（1）为国家培养和输送了一批档案专业人才；（2）自身建设了历史档案管理、科技档案管理、档案保护技术三个专业，相应地建立了三个实验室以及资料室等；（3）从无到有，从小到大，建设了一支档案专业教师队伍；（4）适应着各个时期的教学需要，编撰了档案专业的成套教材。

先生指出，专业建设归根到底是一个教材建设和学科建设问题，而团结问题永远是事业成败的重要问题，团结合作是档案学院的优良传统。⑤

12月23日，英国剑桥国际传记中心来函，祝贺先生获“20世纪成就奖”。⑥

◎ 1993年（癸酉） 76岁

1月18日，先生在《档案学通讯》1993年第1期上发表《“文件生命周期理论”问题引起的若干思考》。先生首先对何嘉荪等人的著作予以高度评价，然后指出：

---

① 中国人民大学档案馆馆藏吴宝康人物档案.

② 吴宝康．我的回忆（续完）[J]．档案学通讯，1997（2）：70-78.

③ 毕嘉瑞．吴宝康教授连获国内外数项殊荣[J]．档案学通讯，1993（2）：59.

④ 吴宝康．我的回忆（续完）[J]．档案学通讯，1997（2）：70-78.

⑤ 吴宝康．中国人民大学档案学院40年回顾与希望[J]．档案学通讯，1992（6）：9-13.

⑥ 吴宝康．我的回忆（续完）[J]．档案学通讯，1997（2）：70-78.

因此，我认为任何贬低文件生命周期理论或文件运动周期理论的意义和价值的思想都是不切实际的。但同时，似乎也不必把文件生命周期理论说成“主要是根据国外文件与档案管理的实践经验总结出来的，但对我国也有指导意义”。因为从我国来说，我们已经有了根据自己经验总结出来的、同国外文件生命周期理论相似的或一致的档案自然形成规律的理论。

文件生命周期理论传入我国的意义，还在于它使我们的文件管理与档案管理一体化的理论观点具有更为坚实的理论依据。也为我们对文书学仍可属档案学的一个分支学科，档案学应把文书学作为一门分支学科去建设的观点，提供了同样坚实的理论依据。

由上所述，我主张在不贬低文件生命周期理论传入我国的意义的条件下，在今后我国的档案学研究中，应该更多地去研究、总结和提高我国档案学界自己产生形成的档案自然形成规律理论和文件运动周期理论。同时经常注意吸取国外的发展着的文件生命周期理论的科学因素和新营养，为我所用。

先生继而阐述了自己对于“文书、档案一体化”“文书档案连锁法”及档案行政管理体制的思考。先生指出：

所谓档案事务，当然是包括文书工作或文书处理工作的，至少可以说包括了同档案事务管理密切相关的那部分文书工作或文书处理工作。国家档案局可以在国务院秘书长或像过去在中央办公厅主任的领导下，来改革和协调文书工作与档案工作的关系，处理两者之间存在的具体工作问题。因此，当今要推行文书工作与档案工作一体化，是完全可以在现行的档案行政管理体制下来实现的。当然如果党和国家有更进一步的措施，如明文宣布和规定国家档案局是统管文件和档案事务的机构，甚至改称国家文件与档案局，当然更好，但其实质意义是一样的。①

1月30日，先生在《档案与建设》1993年第1期上发表《出路在改革 关键在利用》。文章指出：

（众所周知，）档案与档案工作是为社会服务的。档案工作是一项服务性的工作，这是它的根本性质所决定的。这是不以人们的意志为转移的。在我国，档案工作就要以为社会主义现代化建设服务作为根本任务，也就是说档

---

① 吴宝康．“文件生命周期理论”问题引起的若干思考［J］．档案学通讯，1993（1）：9-12.

案工作必须为经济建设这个中心服务，谁抓住了这点，事业就兴旺发达，反之，就落后衰败。①

1月，先生主编的《中国大百科全书·档案学分册》由中国大百科全书出版社出版。

《中国大百科全书·档案学分册》封面

1月，先生为国家档案局档案干部教育中心成立五周年题词：“发展档案教育 培训档案干部 为信息时代到来准备人才”。

2月9日，先生为罗辉著的《档案信息开发与利用》（南京大学出版社1993年出版）作序。先生在序中提出：

改革的工作当然方面很多，但其根本的关键在于利用，管理则是基础。我是利用为纲论者，但不是唯利用论者。我总认为档案工作如果不抓住利用

① 吴宝康．出路在改革 关键在利用［J］．档案与建设，1993（1）：19-22.

这个关键或中心是不可能有出路的，是不可能依靠自身的档案优势，发挥应有的社会作用，从而取得社会承认的。

所谓解放思想、转变观念，首先就应从这种旧的思想倾向中解放出来，让档案工作跳出或走出“档案大院”，面向经济建设，面向社会，面向世界，真正成为社会的组成部分之一，为社会发展服务，为经济建设这个主战场服务，这才是当前档案部门改革开放的主要方向。①

3月2日，平青在《中国人民大学学报》1993年第1期上发表《档案学家——吴宝康》，文中总结了先生的生平与主要学术思想。②

3月30日，中国老教授协会给先生颁发特聘教授证书。③

4月15日，国家档案局教育中心成立五周年座谈会在北京举行，先生应邀出席。④

4月，华东船舶工业学院综合档案室主任葛荷英编著的《档案编研的理论与方法》由南京大学出版社出版，先生为其作序。先生指出，“在此新时期中，开发档案信息资源必将是当今我国档案事业建设和档案学研究的中心课题”，“随着档案工作的重心逐渐从档案实体管理向信息管理和信息服务转移，档案编研工作必将有更大的发展”⑤。

5月24日，先生为吴仲强主编的《中国图书馆学情报学档案学人物大辞典》（亚太国际出版有限公司1999年出版）作序。先生认为：

《大辞典》的出版，再一次以明确响亮的信号告诉我们，图书馆学、情报学、档案学是关系十分密切的三门学科。它们是同源同根同族的三门学科。它们各有自己的个性，但确实又有许多共性。

我赞同这样的观点，即图书、情报、档案同属于文献，我认为图书、情报、档案是文献信息的重要组成部分。图书馆事业、情报事业、档案事业组成了我们的共同事业，即文献事业。我主张称为国家文献信息事业。一门终将诞生的高于图书馆学、情报学、档案学的新学科——文献信息学，就是建设国家文献信息事业的实践经验总结和理论概括。⑥

---

① 罗辉．档案信息开发与利用［M］．南京：南京大学出版社，1993：257.

② 平青，档案学家——吴宝康［J］．中国人民大学学报，1993（1）：127-128.

③ 赵学林．情系兰台办教育 勤奋耕耘创科学——记中国档案教育事业的开创者吴宝康［J］．兰台世界，1996（1）：26-29.

④ 王燕民．国家档案局教育中心成立五周年召开座谈会［J］．档案学通讯，1993（3）：77.

⑤ 葛荷英．档案编研的理论与方法［M］．南京：南京大学出版社，1993：274.

⑥ 吴宝康．论新时期档案学与档案事业［M］．北京：中国档案出版社，1997：276-277.

5月，先生成为北京高等学校老教育工作者协会会员。①

6月26日，先生在《档案工作》创刊40周年座谈会上做书面发言《祝〈档案工作〉创刊40周年》。先生指出：

> 档案专业期刊编辑部是档案工作各种理论与实际问题的汇集地，也是档案学及其各分支学科的各种思想、观点、意见的矛盾汇合点。这里应该是一个出人才的地方，我们有理由设想在全国档案刊物编辑部门里，锻炼和培育出多个有成就的档案学家。……我希望所有编辑部的同志都能自觉地长期坚持学习和研究档案学的基本理论、应用理论、档案历史、技术方法，以及档案学研究的动向与发展趋势，使自己成为熟练掌握和精通一定知识领域的档案学家，一个完全不了解不熟悉档案工作、档案学及其发展历史的人是难以完善地做好专业期刊编辑工作的。②

6月，先生接受访谈，对“下海”、日本档案工作、档案学发展趋向、档案机构改革、任务宣传等问题谈了自己的看法，并表示：“档案事业大有可为，还有许多未被开拓的荒野和宝藏，希望有更多的年轻同志能及时赶上和超过我们，成为中国档案事业的接班人。”③

9月6日，中国档案学会第三届理事会第七次会议通过聘任先生为档案学奖励基金委员会委员。④ 10月14日，中国档案学会又聘任先生为档案学奖励基金委员会名誉主任。⑤

9月，《云南档案》经新闻出版署批准在全国公开发行，先生题词并致贺词。⑥

10月8日，江泽民、李鹏等中央领导接见《中国大百科全书》的全体人员并合影留念，先生受邀参加此次接见会。⑦

11月18日，先生为全国档案管理研讨班撰写《档案、档案工作和档案学概说提纲》，此文后来发表在《档案学通讯》1993年第6期上。该提纲内容主要包括：

---

① 中国人民大学档案馆馆藏吴宝康人物档案.

② 吴宝康．论新时期档案学与档案事业［M］．北京：中国档案出版社，1997：280.

③ 杜建中，王卫东．档案事业大有可为——吴宝康先生访谈录［J］．档案管理，1993（4）：3-5.

④ 中国人民大学档案馆馆藏吴宝康人物档案.

⑤ 中国人民大学档案馆馆藏吴宝康人物档案.

⑥ 努力传播档案信息 竭诚为社会各界服务——省档案局召开《云南档案》公开发行座谈会暨通讯发行会议［J］．云南档案，1993（5）：7.

⑦ 吴宝康．我的回忆（续完）［J］．档案学通讯，1997（2）：70-78.

1. 什么是档案和档案工作？

2. 档案的起源与产生。

3. 档案和档案工作同时产生。

4. 档案事业的出现。

5. 档案事业与档案工作两个概念的关系。

6. 我国档案工作（档案事业）的发展历史简述。

7. 历史的总结。

8. 档案事业的几个统计数字（1991 年统计）。

9. 我国档案事业建设的根本原则。

10. 一个重新认识、更新观念的问题——集中与分散。

11. 关于档案学。

12. 档案学的研究对象和发展简史。

13. 我国现代档案学的建设与发展。

14. 档案学研究的现状和未来发展。

15. 新时期我国档案学的新飞跃任务和趋势。

16. 坚定信念、开拓前进。①

12 月 22 日，先生受邀在中国人民大学档案学院“纪念毛泽东同志诞辰一百周年档案学术讨论会”上发言。② 这次会议也是档案学院第 16 次科学讨论会。先生指出，档案学研究如果没有毛泽东思想的指引将一事无成。先生还强调了方法论的重要性，认为“建国后建设起来的档案学，以马克思主义、毛泽东思想为指导，它既是指导思想、理论基础，又是方法论”③。后来，先生的发言以“坚持学习毛主席思想 建设发展档案学”为题于 1994 年 5 月 20 日发表在《档案与建设》1994 年第 5 期上。

冬，先生在中国人民大学林园的家中接收采访。访问者奚博凯曾帮先生寻找《江苏党史资料》一书，上面刊登有先生的回忆文章《战斗在苏南水网地区的江南社》。先生在游击斗争中，在茅山等地区进行调查研究，曾撰写了十余万字调查材料，但在战争中丢失，未能找到。先生表示，自己是档案利用论者，“档案的收集、整理、保管，最终都是为了利用。档案工作要向信息管理和利用方面发展”。

① 吴宝康．档案、档案工作和档案学概说提纲［J］．档案学通讯，1993（6）：18-22.

② 奚博凯．访吴宝康教授［J］．档案与建设，1994（6）：16-17.

③ 吴宝康．论新时期档案学与档案事业［M］．北京：中国档案出版社，1997：280.

先生还说，不必担心改革大潮把档案工作淹没，“发展社会主义市场经济，并不是不要档案工作，相反是更要档案工作，以开发档案信息资源，为社会主义服务”①。

年底（1994 年元旦前夕），国家档案局副局长刘国能到中国人民大学档案学院拜访先生，请教先生对“档案学就是档案馆学吗?”这一问题的看法。先生表示：“过去是说过档案学就是档案馆学，我是把档案馆学放在广义上看待的。”刘国能表示，档案事业发展了，档案学可以建立更多的分支学科，先生也表示赞同。②

是年，先生接受中国档案学会毕嘉瑞的采访，在被问及连获国内外多项殊荣的感想时表示：这是自己应做的工作，也可以看出国外对档案学科是十分重视的，值得国内学习。先生还说：“档案的宣传工作要从档案界的圈子中跳出来，面向社会，只有不断地增强社会的档案意识，才能够真正使档案学科得到社会的重视。”③

是年，美国传记研究所多次来函通知先生分别入选“五千个世界名人”“1993 年名人”“十年来最钦佩的名人”“1993 年世界名人”等，被授予“世界终生成就奖”等荣誉。④

◎ 1994 年（甲戌） 77 岁

1 月 20 日，《辽宁档案》自 1994 年第 1 期至 1995 年第 11 期连续刊载先生和夫人程桂芬的《中国档案近现代史稿》。

《中国档案近现代史稿》原写于 1956 年，此次发表前先生再次亲自审阅修改，做了进一步加工。全文共十多万字，包括六个部分：

绪论：中国档案史研究的对象、任务与学习方法
第一章：半封建半殖民地社会时期的档案工作
第二章：中华人民共和国成立前的解放区和白区地下党的档案工作
第三章：中国人民革命的胜利与国民经济恢复时期的档案建设
第四章：第一个五年计划建设时期的档案建设
结束语：我们的档案事业将永远胜利前进

其中的“绪论”和“结束语”部分是先生为《中国档案史讲稿》撰写的。先

---

① 奚博凯．访吴宝康教授［J］．档案与建设，1994（6）：16-17.

② 刘国能．建树档案学的第四座丰碑——兼谈档案学与档案馆学的关系［J］．档案与建设，1994（2）：8-9.

③ 毕嘉瑞．吴宝康教授连获国内外数项殊荣［J］．档案学通讯，1993（2）：59.

④ 吴宝康．我的回忆（续完）［J］．档案学通讯，1997（2）：70-78.

生在“绪论”中写道：

中国档案史是档案学的组成部分，也是中国历史科学的课程之一，是专门研究我国各个历史时期档案工作发展的历史。

中国档案史主要研究中国各个历史时期的档案工作，档案馆和档案管理机关的活动和发展情况，档案馆所保存档案文件的成分、整理制度和规则，历代统治者对档案工作的看法、措施和档案工作的法律根据，档案文件的利用和档案工作人员的条件、培养和教育等问题。

中国档案史的首要任务是正确地阐述我国档案工作的发生和发展情况，研究和揭示其发展规律；根据客观存在的历史事实，详细占有材料，并从这些材料中引出正确的结论来。

与其他科学相同，辩证唯物主义与历史唯物主义是我们遵循的唯一的研究和学习的方法。

学习中国档案史必须掌握历史观点，一定的档案工作是适应于一定社会的物质资料生产方式、国家政治性质及其统治形式的。档案工作服从并服务于每一历史时期的统治阶级，是国家工作的一部分。为此，研究中国档案事业的发展历史，就不能停留在档案工作本身，孤立地研究和解释它的机构、制度和方法，应该深入到当时社会的政治、经济、阶级与阶级关系等情况中去，应该研究历代统治阶段如何利用档案文件以加强并巩固其统治；应该研究档案工作如何作用于当时的社会和国家。只有在这些方面作深刻的、本质的探索，才能达到学习历史返转过来指导工作的目的。①

在“结束语”中，先生总结学习中国档案史之后，得出三点结论：“中国有它自己的悠久的特殊的档案工作发展史”“过去几千年来，统治者是没有认真重视档案工作的”“必须结合中国实际向苏联学习，向外国学习，才能正确地发展祖国的档案事业”②。

2 月 28 日，四川涪陵地区档案局刘益芝和四川省档案学校罗力在《山西档案》1994 年第 1 期上发表《近年档案学研究核心作者与核心文献统计分析》。文中评价：“档案学文献作者中吴宝康一人独占鳌头，说明其在档案学界的广泛影响和

① 吴宝康．中国档案近现代史稿：中国档案史研究的对象、任务与学习方法（绪论）［J］．辽宁档案，1994（1）：12-15.

② 吴宝康．中国档案近现代史稿：结束语［J］．辽宁档案，1995（11）：40-41.

权威地位的实际存在”，“吴宝康等主编的《档案学概论》是近年来档案出版物中最具知名度的图书，以其理论精深系统的特点成为档案学研究的常备文献”①。

3月14日，先生为上海辞书出版社1994年出版《档案学词典》所作的“序”发表在《上海档案工作》1994年第2期上。先生认为：

档案事业的发展，已经越来越要求档案工作中的名词术语日益规范化、标准化、科学化。档案学的发展，也已经越来越迫切需要加强档案术语学的理论研究。……《档案学词典》的编辑和出版，对于提高档案学的科学水平和科学地位，以及普及档案学的基本知识，为广大档案工作者，特别是基层档案部门的工作人员查阅、参考和学习档案学提供方便等方面，其作用是显而易见的。②

3月20日，先生在《档案与建设》1994年第3期上摘要发表《解放思想 重新认识 更新观念 开拓前进——学习〈邓小平文选〉所想到的》③，对“以利用为纲”这个档案界的历史遗留问题进行论述。先生认为：

通过新形势下的学习，我认为现在为了真正解放思想、更新观念，该是为以利用为纲的方针及其思想理论予以澄清了。

首先，我要表明我的态度，我提出此问题并不是要在当今新形势下重新再提出以利用为纲为社会主义服务的方针作为工作的指导方针，随着时代的发展和工作实际情况的变化，是完全可以有不同的工作方针的，这是正常的现象。

其次，“文革”结束后，档案界对“利用为纲”方针的平反是好的，否定了“文革”中对它上纲上线，把它诬为修正主义方针和黑线、黑纲领等污蔑不实之词，其意义是深远的。

第三，我是研究档案和档案学史的，从档案学史和档案工作史或事业史的研究中，现在已经可以揭示出从档案管理或收集、整理向着档案利用发展，是一条历史发展的规律，同时又是未来发展的必然趋势。

第四，提高思想，重新认识，实事求是地研究1958年“大跃进”中的档案事业的建设和发展历史，这同解决我们档案部门历史遗留下来的“利用为纲”问题休戚与共。

---

① 刘益芝，罗力．近年档案学研究核心作者与核心文献统计分析［J］．山西档案，1994（1）：18-20.

② 吴宝康．论新时期档案学与档案事业［M］．北京：中国档案出版社，1997：282.

③ 本文收录于《论新时期档案学与档案事业》时标题改为“解放思想 重新认识 更新观念 开拓前进——学习邓小平南巡重要谈话所想到的”。

第五，……发挥档案优势，大力开发和利用档案信息资源，为经济建设中心服务，几乎成为时代的共识。①

3 月 21 日，先生任中国老教授协会档案与文秘研究所所长。②

3 月 24 日，国家档案局、中央档案馆在中国人民大学举行档案教育奖学金公布会，国家档案局局长、中央档案馆馆长王刚参加。先生出席会议。③

5 月 3 日，先生被江苏省档案局和江苏省档案学会聘为《档案与建设》期刊顾问。④

7 月，上海辞书出版社正式出版发行先生、冯子直主编的《档案学词典》，印数17 000册。⑤

1994 年《档案学词典》封面

---

① 吴宝康．解放思想 重新认识 更新观念 开拓前进——学习《邓小平文选》所想到的［J］．档案与建设，1994（3）：4-7.

② 中国老教授协会档案与文秘研究所正式成立［J］．四川档案，1995（2）：46.

③ 中国人民大学信息资源管理学院简史（1952—2012）［Z］．北京：内部发行，2012：82.

④ 中国人民大学档案馆馆藏吴宝康人物档案．

⑤ 我国首部《档案学词典》出版发行［J］．黑龙江档案，1994（4）：29.

10月10日，先生在《安徽档案》1994年第5期上发表《祝〈安徽档案〉创刊10周年》。文章指出：

刊物的舆论导向和思想导向的作用是十分显著的。我希望编辑同志能经常密切注意省内外、国内外档案界的思想动向和学术研究动向，随时发挥期刊舆论导向和思想导向的作用，坚定地在坚持四项基本原则的条件下，坚决贯彻执行党的“双百”方针，这是我们办刊的重要任务。①

10月11日至15日，中国档案学会第四届会员代表大会在北京召开，先生受聘为名誉理事长。②

10月22日，《北京档案》召开创刊十周年座谈会，先生题词表示祝贺。③

11月18日，先生在《档案学通讯》1994年第6期上发表《论国际档案学的建设》。文章指出：

档案学作为一门科学，本来就应该总结世界各国档案工作的实践经验，概括上升为理论，用以普遍指导世界各国档案工作和国际档案事业的建设。

国际档案学是以国际档案事业和世界各国档案工作为研究对象的，具体研究世界各国档案学理论与技术的现状及其发展特点，从中找出有共同规律性的档案现象以及档案理论、原则、技术、方法等，用以推进和发展国际档案事业和档案工作，使世界各国人民共享作为人类文化财富之一的档案信息资源。

……现在确是到了应该提出发展国际档案学的时候了，档案学也确已发展到了面临着从各国国家档案学进入建设国际档案学的新阶段，……。由于世界各国的档案工作受着各国社会性质、政治体制以及历史、文化、传统等方面的制约和影响，各国档案学呈现出丰富多彩的思想理论、原则、制度、技术、方法等内容，这才是建设和发展国际档案学的最重要的基础。

先生还总结了20条各国档案工作者和档案学者都有或基本有的共识：

1. 档案是在全世界各国和地方从古至今都存在的，是社会普遍存在的客观事物，因此档案工作也是普遍存在的。

---

① 吴宝康．祝《安徽档案》创刊10周年［J］．安徽档案，1994（5）：303-304.

② 中国档案学会第四届会员代表大会在北京召开［J］．档案学通讯，1995（1）：10.

③ 张历生．在本刊十周年刊庆期间 中央本市有关领导和档案界知名学者纷纷致函题词表示祝贺 国家档案局中央档案馆中国档案学会等发来贺信 高占祥刘国能王明哲高戈张大中张明义吴宝康等撰文或题词《北京日报》《北京晚报》均在头版进行专题报道［J］．北京档案，1994（6）：11.

2. 档案与文件的关系是密切的。档案是从文件中挑选和转化过来的。档案管理与文件管理的关系也是密切的，文件生命周期理论把文件到档案的过程分为若干阶段是可行的。

3. 档案的出现是与文字的出现和管理的需要相联系的。

4. 档案的定义一般都与文件的保管和保存价值相联系。

5. 档案的范围，除一般机关单位的各种文件归档保存起来都属档案外，其他如各种图表（包括科技图纸）、账簿、照片、录音、录像、机读文件等都是文件，“档案一词适用于全部物质形态的文件，无论是传统（纸质）文件、还是图片文件、制图文件、摄影文件（包括影片和缩微胶卷）、录音文件、机读文件（即使用计算机形成和使用的文件）”（《“文件与档案管理规划”报告选编》第216页）。不论其形式载体如何，保存起来均属档案。

6. 档案是国家的历史文化遗产，是一个国家不可缺少的宝贵财富。对任何国家都是十分重要的。

7. 档案是一种信息，是整个信息资源的一部分。

8. 档案有十分重要的作用与价值，概括起来有历史作用和现实作用，具体说来还可有凭证作用、史料作用、学术作用、实际作用等。

9. 档案工作是由若干工作部分或工作环节组成的，包括收集与接收、挑选与鉴定、整理与分类、保管与保护、著录与检索、利用与传播等。收集是档案工作的重要工作，鉴定是保证档案质量的重要环节，在文件管理阶段就可开始进行。

10. 档案的整理分类与图书是不同的，图书的分类法原则上是不适用于档案的。

11. 尊重全宗原则、来源原则已成为或基本成为世界各国档案工作中公认的整理档案的基本原则和基本理论。在全宗内按组织机构分类也已基本成为一般采用的方法。

12. 检索工具是重要的，编制多种多样的检索工具，以适应各种利用档案的需求是编制检索工具的重要准则。档案馆指南等仍是最基本的大型检索工具之一。

13. 著录是揭示档案信息内容以供广泛利用的重要一环。没有著录就无法开发和揭示档案信息的内容。

14. 档案利用有一般利用、学术利用、实际利用等几个方面。利用是充分的自由的，保密限制也是正当的必要的，虽然它们有对立的一面，但矛盾不是不可解决的。

15. 保管和利用是档案工作的两大基本任务。保管是基础，利用是目的。保管利用应以预防为主，防治结合。

16. 各国档案管理体制基本有两种，即集中制与分散制。

17. 档案室、档案馆、档案局是档案工作中的基本组织形式。文件中心是档案工作中的一种好的过渡形式。

18. 档案立法是重要的，各国档案管理与文件管理必须依法治理。国家依靠档案立法才能有效管好档案事业。国际档案立法研究也是必要的。

19. 档案人员的专业培训教育是档案事业建设的重要组成部分。通过专业教育的开展，繁荣和发展档案学研究。

20. 各国档案工作及其管理必须实现标准化、规范化、现代化。加强现代技术的应用研究，是各国档案工作者和档案学者的重要任务。①

12月25日，先生在全国第四次档案学术讨论会上做《关于〈档案学词典〉编辑情况的介绍》发言。发言内容后刊登于《档案学研究》1994年第4期。文章指出：

当今，国内国际档案界都正加强档案术语研究。《档案学词典》的编辑出版，无疑必将对档案术语学的研究建设和发展，起重要的推动和促进作用。②

◎ 1995年（乙亥） 78岁

1月4日，先生为《上海档案》创刊十周年作《为社会发展服务才有生命力》贺词。贺词后发表在《上海档案》1995年第1期上。先生指出：

我们总不能老是关起门来办档案。档案工作必须面向社会，走进社会，并同社会的各方面工作密切联系起来，为社会发展服务，才能是有生命力的，当今正在建立社会主义市场经济体制之际，档案工作更应密切联系社会。③

---

① 吴宝康．论国际档案学的建设［J］．档案学通讯，1994（6）：11-16.

② 吴宝康．关于《档案学词典》编辑情况的介绍——在全国第四次档案学术讨论会上的发言［J］．档案学研究，1994（4）：3-4.

③ 吴宝康．为《上海档案》创刊十周年作《为社会发展服务才有生命力》的贺词［J］．上海档案，1995（1）：308.

1月20日，先生在《北京档案》1995年第1期上发表《关于档案宣传》。先生指出，“宣传工作是重要的。档案宣传工作是我们国家档案事业建设不可缺少的组成部分”，必须加强对档案作用和档案工作重要性认识的宣传，宣传时要大胆、理直气壮，但必须实事求是，恰如其分；而且“最好的宣传莫过于把档案工作做好，充分发挥档案的作用”①。

2月，先生在《航空档案》1995年第1期上发表《略论利用与编研》。文章指出：

……我们以服务为根本、为方向，这是我们档案工作的条件性、基础性、服务性的工作性质所决定的，从某种意义上说，服务也就是利用。……我们的优势是在档案，我们就是依靠手中掌握的档案开展各种利用工作，去为各方面服务，这是我们的职业特点。我们的服务要强调主动服务，特别在信息社会到来之际，我国又在建立市场经济体制的改革之时，更要强调主动服务，及时、系统、有效服务，千方百计地积极服务。

基础工作是重要的，但不是为基础而基础，它也是以服务为根本方向的。基础工作只能通过利用和依靠利用来为各方面工作服务，发挥其应有的作用。因此，利用在整个档案工作中是处于主导和中心的地位，这是显而易见的。我们要提高档案工作的社会地位，增强人们的社会档案意识，充分发挥档案的作用，为社会主义国家建设服务，只能走“管理为基础，利用为中心，服务是根本”的思路，这才是康庄大道。②

3月30日，中国档案出版社时元第和《档案学研究》编辑部毕嘉瑞对先生进行采访。先生在接受访问时表示，离休之后还一直继续档案学研究工作，今后应该把重点放在基础理论方面。而研究档案信息资源的开发利用要提高到战略高度，先生将其概括为“管理是基础，利用是中心，服务是方向”。先生还说最近在研究“国际档案学”问题，并对《档案学研究》提出了一些意见。③

4月20日，先生为唐成连、黄友牛著的《当代中国档案职业道德概论》（中国档案出版社1995年出版）题词并作序，题词内容为：“加强档案职业思想道德教育，继承和弘扬优良革命传统和作风，是我国新时期档案事业建设的迫切任务。”④

5月14日，先生在《上海档案》1995年第3期上发表《致〈上海档案〉编

① 吴宝康．关于档案宣传［J］．北京档案，1995（1）：11-12.
② 吴宝康．略论利用与编研［J］．航空档案，1995（1）：10-11.
③ 时元第，毕嘉瑞．老梅著新花——访著名档案学者吴宝康教授［J］．档案学研究，1995（1）：90-91.
④ 档案学新书总汇（第25辑）［J］．档案学研究，1996（1）：78.

辑部的一封信》。先生对上海市档案馆建馆35周年表示祝贺，并称赞张乾馆长在报告中提出的工作指导思想。先生还提出：

现在是继承发扬历史传统，档案部门与史学界更好地加强团结合作的时候了。应该说，档案部门搞编研工作是理所当然的，编研工作也应该为史学研究服务，甚至编研人员搞点历史也是应该的，无可非议的，这些本来就是档案界联系社会，为社会主义建设服务的一个重要方面。在现代社会里，把档案工作与史学研究对立起来或分割开来的思想和观点也都是错误的。加强档案编研工作，服务史学研究，也是当今开发档案信息资源的一个重要方面。①

7月10日，先生在《中国档案报》当日第3版上发表《档案集中统一管理原则的新思考》。先生认为：

档案集中统一管理原则是我国社会主义档案事业建设的重大原则，也是我国现代档案学的基本理论问题之一。……今后，档案集中统一管理原则仍然是我国档案事业建设必须遵循并坚持的重大原则，在它的实际贯彻执行中以及理论研究、传播、阐释中，当然不应该再去强调这个原则本身的社会主义性质，以及所谓姓"社"、姓"资"的根本区别。②

8月26日，中国老教授协会档案与文秘研究所首届学术年会在北戴河召开，先生出席会议并发表讲话。③

10月6日至8日，中国第一历史档案馆举行建馆70周年庆祝活动，先生出席。④

10月25日，先生在《浙江档案》1995年第10期上发表《贺〈浙江档案〉编辑出版发行200期》。文章指出，《浙江档案》"实际地反映着我国以至浙江省档案事业和档案学的建设和发展的情况，并又全面反映了浙江全省改革开放以来档案工作的腾飞和发展的历史进程"。先生还表示：

当今乡镇档案事业的发展，正方兴未艾。这也正是我国档案事业处在信息时代，建设社会主义市场经济条件下的必然发展趋向。最近我曾有机会写信给我的家乡——湖州南浔，建议不失时机地成立一个南浔镇档案馆。⑤

---

① 吴宝康．致《上海档案》编辑部的一封信［J］．上海档案，1995（3）：10-11.

② 吴宝康．档案集中统一管理原则的新思考［N］．中国档案报，1995-07-10（3）.

③ 英坤．滨海金秋话兰台——记中国老教授协会档案与文秘研究所首届学术年会［J］．兰台世界，1995（11）：12.

④ 中国第一历史档案馆迎来70华诞——江泽民李鹏乔石李瑞环题词祝贺［J］．中国档案，1995（11）：6-7.

⑤ 吴宝康．贺《浙江档案》编辑出版发行200期［J］．浙江档案，1995（10）：6.

11月10日，先生致信浙江省湖州市南浔镇志办公室主任徐嘉秋，建议建立南浔镇档案馆。11月28日，先生的建议书被刊登于《南浔通讯》第5版乡音栏目，题目为“建议建立南浔镇档案馆”。全文如下：

> 我觉得建立南浔镇档案馆，是符合南浔这个历史文化古镇的地位的，是在新的历史条件下改革开放的需要，也是符合我国当今档案事业建设发展的方针政策的。从《南浔通讯》上得知张静江故居已修复并对外开放，南京二史馆还提供了档案资料，《南浔镇志》正在编辑出版中，再加上南浔是省级经济开发区，这正是建立档案馆的好时机，从种种情况说明，建立镇档案馆是十分必要的。
>
> 当然，建立档案馆有大量工作要做，要取得市局、省局的支持和帮助。我已离休，但我是南浔人，南浔是我的故乡，我热切希望我们南浔的档案工作蓬勃发展起来，档案是信息资源的重要组成部分，也必将在社会主义经济建设及精神文明建设中发挥作用。
>
> 建立档案馆是百年大计，千年大计，是功在当代，利及千秋。我热爱故乡，自当在建设故乡的档案馆中尽心尽力，发挥自己的作用。
>
> 北京・吴宝康①

12月10日，晨生在《兰台世界》1995年第12期上发表《兰台谱新史 人民无限情——〈中国档案近现代史稿〉读后感》。作者在拜读先生和夫人程桂芬的《中国档案近现代史稿》后，从“知史爱档”“百年一理”“无独有偶”“千秋功过”“青胜于蓝”等方面谈了自己的感想。②

是年，先生在《江苏历史档案》1995年第1期上发表《经济建设中的档案馆工作》。对于长期以来困扰我们的“基础（管理）与利用的关系问题”，先生认为可以总结为三句话：“管理是基础，利用是主导（中心），服务是根本和方向。”③

◎ 1996年（丙子） 79岁

1月10日，辽宁省档案局赵学林在《兰台世界》1996年第1期上发表《情系兰台办教育 勤奋耕耘创科学——记中国档案教育事业的开创者吴宝康》。该文分“勤奋好学”“走出汇丰银行”“‘沙家浜’办报”“茅山调研”“进京办学”“不忘周总理的关怀”“‘文革’蒙冤”“桃李遍天下”“丰硕成果”“名人档案”

---

① 徐顺泉．吴宝康教授的七封信［R］//吴宝康学术思想研讨会组委会．吴宝康先生百年诞辰纪念文集．2017：23-27.

② 晨生．兰台谱新史 人民无限情——《中国档案近现代史稿》读后感［J］．兰台世界，1995（12）：26.

③ 吴宝康．论新时期档案学与档案事业［M］．北京：中国档案出版社，1997：318-319.

“志同道合”“夕阳红”等十二部分评介了先生及夫人程桂芬的生平与成就。文中还提到陈兆祦、丁永奎对先生学术研究的评价：

> 陈兆祦、丁永奎总结吴老的学术研究思想，主要有三点：①他强调档案学是一门独立的科学，决不应依附于其他科学，要创立一套符合中国国情的档案学教育和研究体系；②他倡导档案学理论研究必须以马列主义、毛泽东思想为指导，要坚持理论与实践相统一的原则；③他提出了档案科学体系的结构设想，把档案学划分为理论档案学与应用档案学两个类别，主张协调发展，相互促进，推动各分支学科的发展。①

1月15日，先生在《档案与建设》1996年第1期上发表《档案工作要为“科教兴国”服务》。文章针对“科教兴国”的国家战略提出：

> （一）首先，我们一定要在思想上清醒地认识到，“科教兴国”的战略决策是在一定历史条件下才能提出来的。
>
> （二）正如《档案与建设》编辑部的征文启事中所说：“实施这一战略，加速社会主义现代化建设，是当代中国人的历史使命，是各地区、各部门及社会各界的共同任务。”我们档案界当然也无例外地应实施这一战略。
>
> （三）档案工作为“科教兴国”服务的关键和中心问题，仍然是大力开发和利用档案信息资源。②

1月18日，先生在《档案学通讯》1996年第1期上发表《热烈欢迎第十三届国际档案大会在北京召开》。先生认为，第十三届国际档案大会在北京召开反映了新中国档案事业的飞速发展已经得到了国际档案界的承认和认识。他还指出：“为了发展世界性的国际档案事业，必须建设和发展档案学。现在是国际档案界明确提出建设档案学的时候了。”③

5月18日，先生在《档案学通讯》1996年第3期上发表《档案学研究中的一些想法》。文章指出：

> 新中国档案学建设尚处于一个从以机关档案室工作为研究对象向以档案馆事业为研究对象的转变之中。
>
> ……能不能把档案学一分为三，然后再各自独立发展呢？所谓一分为

---

① 赵学林．情系兰台办教育 勤奋耕耘创科学——记中国档案教育事业的开创者吴宝康［J］．兰台世界，1996（1）：26-29.

② 吴宝康．档案工作要为“科教兴国”服务［J］．档案与建设，1996（1）：9-10.

③ 吴宝康．热烈欢迎第十三届国际档案大会在北京召开［J］．档案学通讯，1996（1）：57-58.

三，就是以档案学的研究对象或研究领域区分，即一是从档案工作和档案事业的管理和建设的角度去研究，这是主要的，也是现在我们已经建设和发展了几十年的档案学研究，是大家所熟知的。二是从档案的内容来说，以档案的内容作为档案学的研究对象，这就是我们过去一贯强调的要深入档案内容的研究中去。……如果提出以档案内容作为档案学的研究对象的一个方面独立发展，则明清档案学、民国档案学、党史档案学等学科都可脱颖而出。三是从档案的保护来说，以档案的保护作为档案学的研究对象的一个方面。

总之，档案学作为一门有相当宽广领域的学科，从研究对象和范围来说可以首先一分为三，一是管理、二是内容、三是保护，各自独立全面发展，然后下面再各自分设若干分支学科，这样，也许对整个档案学的建设和发展是更为有利的，从某种意义上说，也可消除过去学科发展中的某些束缚和限制，更加适应当今国家档案馆事业建设和发展的需要。①

5月，先生为郑州大学王金玉所著的《宋代档案管理研究》（中国档案出版社1997年出版）作序。序言指出：

……我认为似乎可以说是中国档案史的通史建设阶段已将告一段落而进入按各朝各代、各个时期以及按专题领域作更为深入的发掘和钻研，以充实和丰富中国档案史内容的新阶段了。

随着中国档案史研究的深入发展，必将有许多新的思想、观点、论断、内容提供出来，作为学者，我们应随时准备以有根有据并能站得住的新的思想、观点、论断、内容来更改和发展我们原有的思想、观点、论断、内容，这是马克思主义的档案史学者的应有态度。②

7月，先生在《档案与建设》1996年第7期上发表《当代我国档案工作的重要文献——读王刚同志在全国档案工作暨表彰先进会议上报告的第三部分》。文章对国家档案局局长、中央档案馆馆长王刚的报告《发展我国档案事业必须正确认识和处理的几个问题》给予高度评价，同时论述了对集中统一管理原则、以利用为纲等问题的思考。③

8月20日，先生在《北京档案》1996年第8期上发表《文件管理理论与文

① 吴宝康．档案学研究中的一些想法［J］．档案学通讯，1996（3）：12-13.

② 吴宝康．论新时期档案学与档案事业［M］．北京：中国档案出版社，1997：339-340.

③ 吴宝康．当代我国档案工作的重要文献——读王刚同志在全国档案工作暨表彰先进会议上报告的第三部分［J］．档案与建设，1996（7）：19-21.

书（件）学——学习国外文件管理理论后的思考》。文章指出：

我认为文件管理理论形成的理论基础乃是文书与档案的区别与联系的理论，文件管理理论只有以研究档案工作和档案事业建设发展的现代档案学为基础，才会产生和发展并有其存在的意义，这也许就是中国的文件管理理论的特色。

……我们应该明确建设一门作为档案学的分支学科的、从档案管理研究需要出发的文书学（文件学）—文件管理理论，文件与档案的一体化研究也可列入文书学（文件学）—文件管理理论，或者干脆把文件管理理论并入档案管理学中，作为首要的篇章。至于研究改进机关工作，提高工作效率的文书学即可继续作为秘书学或行政学的一门分支学科来建设发展。

……那么，我们究竟是继续坚持档案室制度好呢，还是改建为文件中心制度好呢？一切应取决于国家和机关的具体情况以及历史传统和习惯，难以断定孰优孰劣，不能一概而论。……从中国的实际情况来说，为了吸取文件中心的经验及其长处，似乎在中国建设联合档案室比文件中心更有利一些，也可能更现实些。①

8月，国家档案局副局长刘国能在《中国档案》1996年第8期上发表《档案理论研究问题》，文中评价："像中国人民大学吴宝康……等人的一些著作和文章都是有深度的。论文、专著的质量和水平普遍提高是档案理论新阶段的一大标志。"②

9月2日，先生受邀参加第十三届国际档案大会开幕式。

9月18日，济南市档案局孙嘉焯在《档案学通讯》1996年第5期上发表《家庭档案"热"的剖析与思考》，文中提到："吴宝康教授审阅了我写的家庭档案论文后给我写信说：'研究家庭档案问题是有一定的现实意义的'。"③

10月20日，先生为陈兆祦主编的《中国档案管理精览》（中国档案出版社1997年出版）作序。序中写道：

在国际档案大会后，感到全面（世界性）地建设档案学的任务更迫在眉睫了。……任何国家对档案学的研究都将是对世界性档案学建设的一定贡献。中国的档案学者应该为档案学的全面建设作出自己的贡献。④

① 吴宝康．文件管理理论与文书（件）学——学习国外文件管理理论后的思考［J］．北京档案，1996（8）：20-22.

② 刘国能．档案理论研究问题［J］．中国档案，1996（8）：34-36.

③ 孙嘉焯．家庭档案"热"的剖析与思考［J］．档案学通讯，1996（5）：50-51.

④ 吴宝康．论新时期档案学与档案事业［M］．北京：中国档案出版社，1997：356-357.

◎ 1997年（丁丑） 80岁

1月18日、3月18日，先生在《档案学通讯》1997年第1、2期上发表《我的回忆》。该文的“编者按”写道：

吴宝康同志是新中国档案界三元老（曾三、裴桐、吴宝康）之一。他是新中国档案教育的创建者，从教三四十年，桃李满天下，吴老为档案教育事业做出了杰出的贡献。他将教学与科研紧密结合，在从教同时，著述丰硕，他为档案学建立成独立学科并发展为多门分支学科组成的科学体系竭尽了毕生心力，在研究方法上倡导应用哲学理论和方法指导学科研究和建设，他又为中国档案学理论的科学化和系统化做出了卓越的贡献。今年是吴老的八十华诞，我们特刊出他的《我的回忆》，以表祝贺。

在文中，先生分“我的家乡”“到上海”“谋生社会”“思想演变”“入党前后”“下乡前后”“从抗战到解放”“建国以后”“回顾综述”“简历表”等十个部分，回顾了自己的人生经历和工作简历。①

2月15日，中国人民大学赵颜在《档案管理》1997年第1期上发表《兰台大家吴宝康》，从“大节大义”“大气魄的大开创”“大有成就的大学者”三个方面评介了先生的生平与成就。②

4月20日，先生为《兰台内外》出刊100期致贺信。贺信刊登于《兰台内外》1997年第2期。先生指出：

希望编辑同志一定要经常不断地为提高自己的马列主义理论水平和档案学知识水平而努力学习。由于编辑是既熟悉理论、又接触实际的第一线战士，因此也最有条件成为档案学的专门人才，甚至档案学家。③

6月，先生文集《论新时期档案学与档案事业》由中国档案出版社出版，印数1 500册。中国人民大学档案系主任陈兆祦为该书撰写“编者的话”，指出：

吴宝康教授是我国著名的现代档案学家，是中华人民共和国档案高等教育事业的创始人和奠基者，也是中国人民大学档案学院和中国老教授协会档

① 吴宝康．我的回忆［J］．档案学通讯，1997（1）：72-80；吴宝康．我的回忆（续完）［J］．档案学通讯，1997（2）：70-78.

② 赵颜．兰台大家吴宝康［J］．档案管理，1997（1）：10-11.

③ 吴宝康．中国老教授协会档案与文秘研究所所长吴宝康的贺信［J］．兰台内外，1997（2）：12.

案与文秘研究所的创建者和领导人。正值中国人民大学档案学院建院 45 周年、中国老教授协会档案与文秘研究所创办 3 周年、吴老 80 华诞之际，我有幸受命于中国老教授协会档案与文秘研究所和中国人民大学档案学院编纂吴老的文集——《论新时期档案学与档案事业》。这是一件很有意义的事情，也是一个难得的学习机会。

本文集反映了我国近 11 年来档案学与档案事业建设的历史情况和问题及未来发展趋势，同时也展现了吴老的学术思想在新时期中的新发展。

南京大学出版社于 1988 年出版过吴老的一部文集——《论档案学与档案事业》，该书收入了吴老从 1951 年至 1986 年撰写的和发表的论文、讲话、报告、书序等 51 篇。本文集——《论新时期档案学与档案事业》收入吴老于 1986 年 7 月至 1997 年 3 月撰写和发表的论文、讲话、报告、书序、回忆录等 65 篇。两文集时间连接，内容联贯。因此，也可以说，《论新时期档案学与档案事业》是《论档案学与档案事业》一书的续编。①

7 月 18 日，先生在《档案学通讯》1997 年第 4 期上发表《欢呼香港胜利回归祖国》。先生说：

作为一个老档案工作者，在香港回归祖国的时候，希望加强香港与内地档案工作者之间的联系，交流经验，互相学习，共同前进，为明天香港和内地的更加繁荣昌盛而努力。②

8 月 10 日，《兰台世界》杂志社在《兰台世界》1997 年第 8 期上发表《贺吴老八十寿辰》：

宝骥千秋，笔耕百万，中华兰台称泰斗
康宁八旬，治学九州，档案世界育英才③

9 月 18 日，《档案学通讯》1997 年第 2 期发表《“吴宝康档案教育基金”建立 国家档案局等组织大力支持》。文中提到：

近日，吴老提出将自己的资金及部分稿酬共计 1 万元捐献给档案学院，支持档案教育的发展。全院教师闻之非常感动。经研究决定在档案学院建立

---

① 吴宝康．论新时期档案学与档案事业［M］．北京：中国档案出版社，1997：1.

② 吴宝康．欢呼香港胜利回归祖国［J］．档案学通讯，1997（4）：5-6.

③ 贺吴老八十寿辰［J］．兰台世界，1997（8）：43.

“吴宝康档案教育基金”，用于资助学院的教学和科研活动，奖励优秀教师和优秀科研成果创作者。①

9月18日，国家档案局副局长刘国能在《档案学通讯》1997年第5期上发表《母校，思念您——祝贺中国人民大学建校60周年 档案学院创办45周年 吴宝康教授80寿辰》。文中评价：

吴宝康教授是学校档案专业创始人之一。他潜心档案教育事业，既从事行政领导和管理，又从事教学和学科理论研究，如今80高龄，仍在关心档案教育事业。他的首批优秀学生同其他教师一起构成了结构较为合理的第二代教师队伍。这批教师是挑大梁的，大批有作为的学生都是他们教育出来的。现在，这批教师有的在带研究生，有的在著书立说，有的已经离退。可喜的是以冯惠玲为代表的第三代——吴宝康教授学生的学生以及其他一些年轻教师成长了起来。他们在现代教育思想、现代先进技术的掌握和外语水平上，都超过了前人。这正是母校档案教育进一步发展的信心和希望之所系。②

9月18日，中国人民大学档案学院陈智为在《档案学通讯》1997年第5期上发表《吴宝康教育思想探析》，从“借鉴与创新”“批判地吸收档案学历史遗产”“档案教育必须以档案学科科学研究作坚强后盾”“档案教育思想体系已经形成”等四部分对先生教育思想做初步探讨。陈智为提出：

吴老教育思想体系形成于五六十年代，完善于80年代。综观吴老教育思想体系，主要包括以下几个主要部分。

（一）明确的档案教育指导思想。

（二）合理的档案教育结构。

（三）深层次的档案专业配置。

（四）政治、业务素质较高的师资队伍。

（五）完整的配套的档案专业课与教材建设。

综观吴老教育思想，是一个逐渐成熟的过程。它伴随着档案事业的荣辱兴衰，一步一个脚印，克服许多困难，才取得今天有目共睹的成绩。尽管这个思想体系受时代与历史的局限，尚有一些需要不断完善的地方，但吴老的

① “吴宝康档案教育基金”建立 国家档案局等组织大力支持［J］. 档案学通讯，1997（2）：79.

② 刘国能. 母校，思念您——祝贺中国人民大学建校60周年 档案学院创办45周年 吴宝康教授80寿辰［J］. 档案学通讯，1997（5）：8-9.

教育思想连同他对档案事业的重大贡献，将被永远载入史册。正是：

老当益壮，宁知白首之心；

穷且益坚，不坠青云之志。①

9月18日，河北省档案局任存志在《档案学通讯》1997年第5期上发表《祝贺吴宝康老师八十寿辰》：

舌耕不倦数十秋，俯首甘为孺子牛。

论宝藏、明夙愿，桃李满园佳话留。

八十华年春犹在，装点兰台精中求。

创业艰、情切切，丹心一片献神州。②

9月，全国政协委员、中国档案学会理事长王明哲题写《满江红·祝贺吴宝康教授八十大寿》。全文如下：

夏去秋来，万物丰收壮情杯。谨祝贺，寿比南山，福如东海。忆初识几名教友，想今朝多少英才。更欣喜桃李满天下，心花开。年虽迈，志不衰，常奋笔，写兰台。八秩高龄，还须重康泰。展宏图已有接力，导后继责无旁贷。看晚霞光焰多辉煌，举觞拜。③

11月6日，《中国档案报》第三版刊登《辛勤耕耘数十载，桃李芬芳满天下——祝贺中国人民大学档案学院创建45周年暨吴宝康80华诞》专版。

该期专版刊登记者饶邦安采访稿《不求为官 只求做事——吴宝康教授人生轨迹》。文中总结：

已为新中国的档案教育事业奋斗了45年的吴宝康教授，可谓桃李满天下，这些桃李已在各个省市地区各级档案部门生根开花并结满累累硕果，而这位开新中国档案教育历史先河的教育家，却仍然孜孜不倦，笔耕不辍，为档案事业和档案教育勤奋工作，始终不渝。

同期专版中，施宣岑、赵铭忠、万仁元、陈兴唐及《民国档案》编辑部发表《吴老宝康教授八十寿庆》：

栖栖一代复何求，更踏层楼志亦酬。

① 陈智为．吴宝康教育思想探析［J］．档案学通讯，1997（5）：14-19.

② 任存志．祝贺吴宝康老师八十寿辰［J］．档案学通讯，1997（5）：32.

③ 王明哲．满江红·祝贺吴宝康教授八十大寿［J］．档案学通讯，1997（5）：扉页．

学府攻仇消逝水，林泉澹荡逐潮流。
华年术业初开创，耄老班头茂实收。
著籍三千遍寰宇，心怀守室振神州。①

11月8日，庆祝中国人民大学档案学院成立45周年暨吴宝康教授80华诞大会举行。中共中央办公厅副主任、国家档案局局长、中央档案馆馆长王刚，国家档案局副局长、中央档案馆副馆长冯鹤旺，国家档案局原局长韩毓虎、冯子直，全国政协委员、中国档案学会理事长王明哲，国家教育委员会和一些地方档案部门代表出席。全国政协副主席、中共中央党史领导小组副组长胡绳，国家教委副主任柳斌，国际档案理事会秘书长查尔斯·凯斯凯姆蒂发来贺电。档案学院院长曹喜琛主持大会，档案系主任冯惠玲做报告。王刚、中国人民大学党委书记马绍孟讲话。

冯惠玲的报告以"巩固、开拓、发展，再攀档案教育新高峰——庆祝档案学院45周年"为题，发表于11月18日出版的《档案学通讯》1997年第6期。冯惠玲说：

在隆重纪念档案学院45周年的日子里，我们对为学院建设做出重大贡献的吴宝康教授充满了敬意，档案学院的发展和成就中凝聚了吴老的大量心血和智慧。……吴老在长期的档案学教育中潜心研究档案学理论，著述颇丰，直至今日仍笔耕不止。他在档案学科体系、中国档案学史、国家档案事业管理，以及档案工作规律、档案利用等诸多方面提出了系统的论述，在我国档案学理论体系中占有重要的地位。②

王刚的讲话以"在中国人民大学档案学院建院四十五周年暨吴宝康教授八十华诞庆祝大会上的讲话"为题，发表于11月18日出版的《档案学通讯》1997年第6期。王刚评价：

吴宝康教授是新中国第一代著名的档案学者和档案教育家。他的学问和人品为广大档案工作者所称道。他不仅亲手创办了中国人民大学档案专业和档案系，并为其付出了毕生的心血，同时，还十分关注和支持其他高校档案

① 辛勤耕耘数十载，桃李芬芳满天下——祝贺中国人民大学档案学院创建45周年暨吴宝康80华诞［N］．中国档案报，1997－11－06（3）．

② 冯惠玲．巩固、开拓、发展，再攀档案教育新高峰——庆祝档案学院45周年［J］．档案学通讯，1997（6）：9-12.

专业的创建和发展。他十分注意培养中青年档案学者，为他们的学习和发展甘当铺路石。

档案学院的今天，离不开吴宝康教授及他所代表的老一辈档案教育工作者的无私奉献，中国档案教育发展中，有他们深重的一笔。[①]

1997年庆祝中国人民大学档案学院成立45周年暨吴宝康教授80华诞大会

11月8日，中国人民大学档案学院举行第18次档案科学讨论会。这次讨论

① 王刚．在中国人民大学档案学院建院四十五周年暨吴宝康教授八十华诞庆祝大会上的讲话［J］．档案学通讯，1997（6）：8.

会是档案学院建院45周年暨先生80华诞的庆祝活动之一。教育部高等学校档案学科教学指导委员会委员、各高校档案专业系主任、档案部门的有关领导和同行，以及档案学院全体师生参加讨论会。[①]

11月10日，河北省档案局副局长任存志在《档案天地》1997年第6期上发表《兰台艺苑》：

祝贺吴宝康老师八十寿辰

一剪梅

执教不倦数十秋，创业扩基，为孺子牛。兰台园里宿夙愿，桃李漫山，花朵锦锦绣。八十年华岁月悠，孜孜不倦，求索探究。收管用三大纲目，档范红叶，装点神州。[②]

11月13日，《中国档案报》当日头版头条发表记者胡继英采写的《风雨兼程数十载 桃李芬芳满天下——中国人民大学档案学院隆重庆祝建院45周年暨吴宝康教授80华诞》。文中评价：

吴宝康教授自1952年进入中国人民大学，主持建立了专修科档案班。45年来，他把自己的全部精力奉献给了档案教育事业。作为新中国第一代著名的档案学者、教育家，他主持创办了新中国的档案专业教育体系，组建了第一支档案教师队伍，为档案教育事业的发展奠定了坚实的基础。[③]

11月18日，《档案学通讯》1997年第6期刊登新闻《众人拾柴火焰高“吴宝康档案教育基金”获得档案界广泛支持》。文中报道，截至发稿前，“吴宝康档案教育基金”已获得25个单位、282名个人的捐款，基金总额达280 490元。[④]

11月18日，郑州大学王金玉在《档案学通讯》1997年第6期上发表《走近档案学泰斗吴宝康》。文中评价：

记不得什么人说过这样的话：要与贤者通消息。这“贤者”有标准没

① 中国人民大学信息资源管理学院简史（1952—2012）［Z］．北京：内部发行，2012：84-85.

② 任存志．兰台艺苑［J］．档案天地，1997（6）：39.

③ 胡继英．风雨兼程数十载 桃李芬芳满天下——中国人民大学档案学院隆重庆祝建院45周年暨吴宝康教授80华诞［N］．中国档案报，1997-11-13（1）.

④ 众人拾柴火焰高 “吴宝康档案教育基金”获得档案界广泛支持［J］．档案学通讯，1997（6）：65.

1997 年吴宝康教育基金捐赠处

有？我认为他们应该是有道德、有修养、有学问、有远见的人，与他们交往，如坐春风，如饮甘露。在其感化之下，自己虽然才疏学浅，但也会日日进取，学有所成。这就是我走近吴宝康先生的体会。①

◎ 1998 年（戊寅） 81 岁

2 月 20 日，中国人民大学档案学院王传宇教授在《北京档案》1998 年第 2 期上发表《吴宝康科技档案教育思想研究》。文中评价：

吴宝康同志是档案系德高望重的老主任，新中国档案教育事业的创始人，我国著名的现代档案学家。吴老的科技档案教育思想，是他整个档案教育思想的重要组成部分。

一、注重档案学科结构体系建设，十分重视科技档案分支学科的发展

正是从注重档案学结构体系的整体建设出发，所以，吴老一贯重视科技档案管理学科的建设，几十年来，他的视野从来没有离开过对科技档案学科建设的研究和发展，他把科技档案学科建设和发展，作为档案学学科群体结构建设的重要内容予以关注，具有以下特点：

第一，前瞻性强，动手早；

第二，两大部类档案的档案学教育思想；

① 王金玉．走近档案学泰斗吴宝康［J］．档案学通讯，1997（6）：69-70.

第三，重视科技档案师资队伍建设和教材建设；

第四，实行纵向研究和横向研究相结合的全方位、多层次研究的档案教育思想。

二、根据科技档案的特点，实施科技档案的科学管理和科技档案的学科研究

吴老的档案学研究思想中，一条基本的主线是始终以马克思主义的辩证唯物论和历史唯物论作为他档案学研究的根本指导思想。早在 60 年代初期，在他所著的《关于档案工作矛盾问题的探讨》一文中，他就典范式地以马克思主义矛盾分析的方法，研究和论证了档案工作中的矛盾问题。这一思想和方法贯彻到他档案学研究的方方面面，也体现在他对科技档案学的一些重要问题的研究当中。

第一，关于科技档案和科技档案工作的特点问题；

第二，关于科技档案概念问题；

第三，关于协助、指导科技文件工作问题；

第四，关于经济效益问题。①

3 月 17 日，先生致信浙江省湖州市南浔开发区管委会办公室、南浔镇委办公室主任徐顺泉，建议建立南浔镇史馆。3 月 24 日，《南浔通讯》乡音版以“希望南浔镇史馆尽早建立”为题，摘要刊登了先生的建议。②

9 月至 11 月，先生胞弟、中共中央党校教授吴健和珊珊在《档案与建设》1998 年第 9、10、11 期上发表《以马克思主义为指导建设和发展中国档案学——论吴宝康教授学术思想》。文中评价：

在我国社会科学之林中，屹立着一门现代中国档案学。作为这门学科的创始人之一，中国人民大学档案学院吴宝康教授，为了这一事业的创立与发展奋斗了一生。而坚持以马克思主义（注：本文泛指马列主义、毛泽东思想、邓小平理论）为指导建设和发展中国档案学，正是吴宝康教授学术思想的核心。③

该文分“坚实的治学基础”“以马克思主义为指导”“理论联系实际”“重视

① 王传宇．吴宝康科技档案教育思想研究［J］．北京档案，1998（2）：17-19.

② 徐顺泉．吴宝康教授的七封信［R］//吴宝康学术思想研讨会组委会．吴宝康先生百年诞辰纪念文集．2017：23-27.

③ 吴健，珊珊．以马克思主义为指导建设和发展中国档案学——论吴宝康教授学术思想［J］．档案与建设，1998（9）：16-20.

运用唯物辩证法”“马克思主义的学好风”等五个部分加以论述。

10月26日，先生在《南浔通讯》上刊文，表达对家乡的热爱。①

10月，先生夫人程桂芬的回忆录《人生不是梦》由中国妇女出版社出版。②

◎ 1999年（己卯） 82岁

2月，中共重庆市委党校、重庆行政学院图书馆信息资料部主任吴仲强在其主编的《中国图书馆学情报学档案学人物大辞典》（亚太国际出版有限公司1999年出版）中评价先生：

> 他的档案学思想，一般注重坚持马克思主义、毛泽东思想指导研究建设档案学，强调理论与实际相结合。力主把档案学作为一门独立学科来建设，并发展其科学理论体系，特别注重加强对文献信息的重要组成部分之一的档案信息资源的开发和利用的研究，紧密联系社会政治、军事、经济、科学、文化等各方面的发展，为社会主义建设服务。③

3月，先生夫人程桂芬的《一个老档案工作者的回忆》由中国档案出版社出版。④

4月27日，先生致信浙江省湖州市南浔镇党政办主任徐顺泉，再次谈建议建立南浔镇档案馆之事。⑤

7月29日，先生回信答复浙江省湖州市南浔镇党政办主任徐顺泉关于受托联系中央档案馆查找毛泽东给徐迟“诗言志”题词之事。随后很快，徐顺泉收到中央档案馆提供的毛泽东给徐迟“诗言志”题词复制件及先生为南浔文化公园的亲笔题字“南浔镇史亭”。⑥

8月，先生受聘为“档案与北京史”国际学术讨论会组委会主任。⑦

---

① 陆剑．吴宝康及其家族与南浔的世纪情缘［R］//吴宝康学术思想研讨会组委会．吴宝康先生百年诞辰纪念文集．2017：14-22.

② 程桂芬．人生不是梦［M］．北京：中国妇女出版社，1998：125.

③ 吴仲强．中国图书馆学情报学档案学人物大辞典［M］．哈尔滨：亚太国际出版有限公司，1999：604-606.

④ 程桂芬．一个老档案工作者的回忆［M］．北京：中国档案出版社，1999.

⑤ 徐顺泉．吴宝康教授的七封信［R］//吴宝康学术思想研讨会组委会．吴宝康先生百年诞辰纪念文集．中国人民大学内部发行，2017：23-27.

⑥ 徐顺泉．吴宝康教授的七封信［R］//吴宝康学术思想研讨会组委会．吴宝康先生百年诞辰纪念文集．中国人民大学内部发行，2017：23-27.

⑦ 中国人民大学档案馆馆藏吴宝康人物档案．

◎ 2000年（庚辰） 83岁

7月1日，先生夫人程桂芬逝世。

11月15日，中国人民大学档案学院举行“吴宝康教授捐书仪式”，先生将自己珍藏的近三千册图书捐赠给中国人民大学档案学院。国家档案局副局长郭树银、国家档案局政策法规研究司郭嗣平、北京市档案学会理事长包金春、中国人民大学副校长袁卫教授、中国人民大学档案学院院长冯惠玲教授等出席仪式。先生所捐图书包括《马克思恩格斯全集》《列宁全集》《斯大林全集》《毛泽东选集》等经典著作，《大不列颠百科全书》《中国大百科全书》等工具书，文学名著，史学巨著，以及大量的档案学专业书籍和期刊。袁卫说：

> 吴老所捐赠的这些书籍对于档案学界来说，不仅仅是一笔沉甸甸的物质财富，同时我们还从中看到了老一辈档案教育家对后一代人的殷殷期望，所以，这对于档案事业的继承者来说，更是一笔非常珍贵的精神财富。[①]

2000年吴宝康教授捐书仪式

12月，全国政协委员、国家档案局原副局长刘国能在《档案观——档案人

① 刘临清．情牵兰台心系教育——记吴宝康教授捐书仪式［J］．档案学通讯，2001（1）：38.

生、档案业务、世界档案》（中国档案出版社2000年出版）一书中评价：

> 吴宝康曾说，“我做档案工作已经40多年了，大部分时间是在学校里度过的。这40多年来，我主要做了两件事，一是办学，培养档案专业人才。……二是搞科研，抓档案学学科理论建设”。这两件事都是新中国档案事业中的大事、要事，吴宝康先生为之付出了毕生的精力，作出了开创性的卓著成就。[①]

◎ 2001年（辛巳） 84岁

1月8日，先生提笔写下：“老骥伏枥 志在千里 烈士暮年 壮心不已”[②]。

5月6日，安徽师范大学王茂跃在《中国档案》2001年第5期上发表《争鸣不是个人恩怨》。文中评价：

> 学术权威之所以是权威，是因为对档案学理论有所建树而被大家认可，但谁又能说，权威的一切观点都是正确的呢？在这一方面，我们应该向吴宝康先生学习。吴老是档案学界的前辈，但他从不以权威自居，他的谦虚、宽容在档案界被传为佳话。[③]

7月6日，先生口述、《中国档案》杂志社记者何卫东整理的《理论联系实际是〈中国档案〉的好传统》发表于《中国档案》2001年第7期。文章指出：

> 杂志最突出的一个好传统，就是从创刊一开始，就坚持理论与实际密切结合。建国初期，我们档案界的主要任务是解决工作问题。一方面，要建设档案学理论，另一方面，更要用理论解决工作中的实际问题。[④]

7月27日，郑州大学王金玉教授写信给先生汇报自己的研究成果和史料发现成果。先生于8月4日复函。

7月，全国政协委员、国家档案局原副局长刘国能在《体系论：中国档案事业体系》（中国档案出版社2001年出版）一书中评价：

---

① 刘国能．档案观——档案人生、档案业务、世界档案［M］．北京：中国档案出版社，2000：82.

② 湖州市南浔区档案馆“吴宝康陈列馆”藏品．

③ 王茂跃．争鸣不是个人恩怨［J］．中国档案，2001（5）：26.

④ 吴宝康，何卫东．理论联系实际是《中国档案》的好传统［J］．中国档案，2001（7）：25.

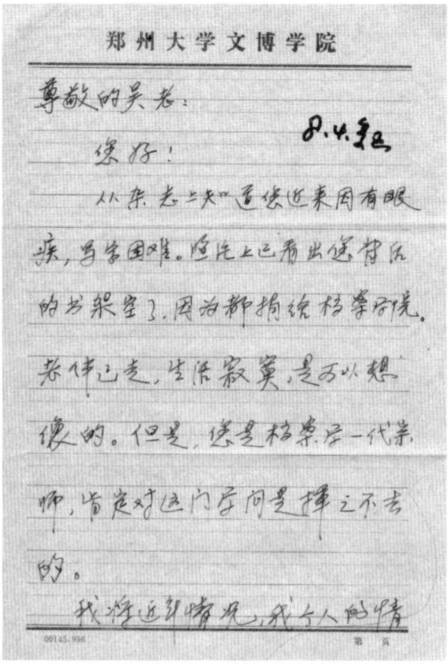
郑州大学文博学院

尊敬的吴老：

8.4.复

您好！

从张老处知道您近来因有眼疾，写字困难。信上已看出您背后的书架空了，因为都捐给档案学院。老伴已去，生活寂寞，是可以想像的。但是，您是档案学一代宗师，肯定对这门学问是挥之不去的。

我将近年情况，我个人的情

2001年王金玉写给吴宝康的信

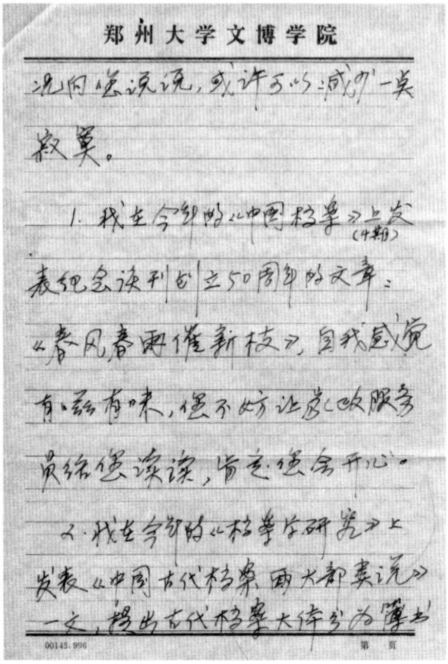
郑州大学文博学院

况向您谈谈，或许可以减少一点寂寞。

1. 我在今年的《中国档案》上发（4期）表纪念该刊创立50周年的文章：《春风春雨催新枝》，自我感觉有滋有味，您不妨让家政服务员给您读读，肯定您会开心。

2. 我在今年的《档案学研究》上发表《中国古代档案两大部类说》一文，提出古代档案大体分为簿书

2001年王金玉写给吴宝康的信（续一）

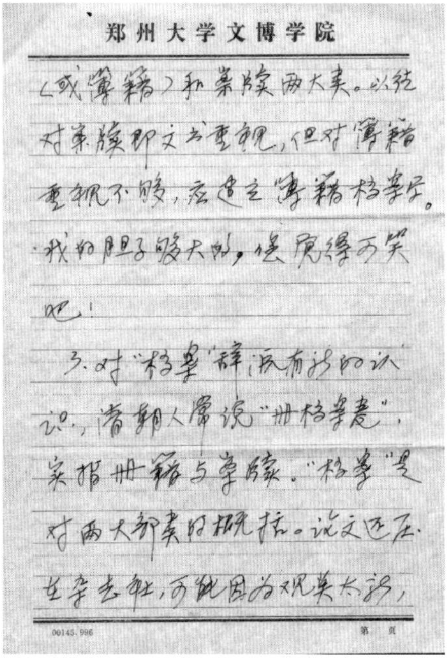
郑州大学文博学院

（或簿籍）和案牍两大类。以往对案牍即文书重视，但对簿籍重视不够，应建立簿籍档案学。我的胆子够大的，您觉得可笑吧！

3. 对"档案"辞源有新的认识，清朝人常说"册档案卷"，实指册籍与案牍。"档案"是对两大部类的概括。论文还压在李老手，可能因为观点太新，

2001年王金玉写给吴宝康的信（续二）

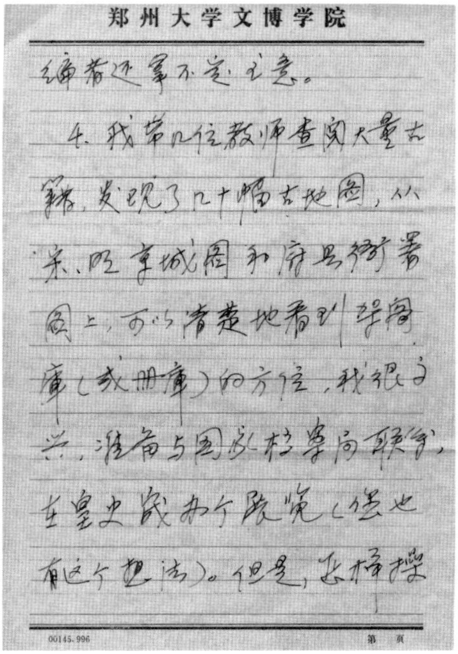
郑州大学文博学院

编著还拿不定主意。

4. 我带几位教师查阅大量古籍，发现了几十幅古地图，从宋、明京城图和府县衙署图上，可以清楚地看到架阁库（或册库）的方位，我很高兴，准备与国家档案局联系，在皇史宬办个展览（您也有这个想法）。但是，这样搞

00145.996 第 页

2001 年王金玉写给吴宝康的信（续三）

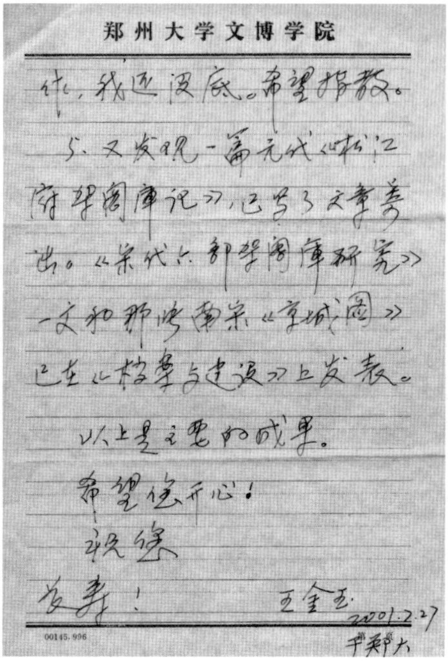
郑州大学文博学院

作，我还没底。希望指教。

5. 又发现一篇元代《松江府架阁库记》，已写了文章考证。《宋代六部架阁库研究》一文和郑州南宋《京城图》已在《档案与建设》上发表。

以上是主要的成果。

希望您开心！

祝您

长寿！

王金玉

2001.7.27

于郑大

00145.996

2001 年王金玉写给吴宝康的信（续四）

吴宝康教授是学校档案专业创始人之一，他潜心档案教育事业，既从事行政领导和管理，又从事教学和学科理论研究，如今 80 高龄，仍然关心档案教育事业。他的首批优秀学生同其他教师一起构成了结构较为合理的第二代教师队伍。①

7 月，先生胞弟、中共中央党校教授吴健在《现代资本主义研究：吴健文集》（对外经济贸易大学出版社 2001 年出版）一书中，从学习与运用矛盾论、矛盾的主要方面与“以利用为纲”、共性与个性的辩证关系三个方面综述了先生应用唯物辩证法研究中国档案学的主要思想成果。书中写道：

吴宝康十分重视毛泽东的矛盾论学说，这一学说是他探讨和论证档案工作的发展以及“以利用为纲”方针的主要理论依据。矛盾的普遍性与特殊性、共性与个性是《矛盾论》的又一个基本原理。吴宝康结合档案、档案工作的具体实践，在档案学中出色地运用了这一哲理。②

① 刘国能．体系论：中国档案事业体系［M］．北京：中国档案出版社，2001：223.

② 吴健．现代资本主义研究：吴健文集［M］．北京：对外经济贸易大学出版社，2001：613.

◎ 2002 年（壬午） 85 岁

2 月 10 日，原杭州大学教授陈作明致信问候先生。信中写道：“您是新中国档案学教育事业的创始人，我作为一名档案工作者，一直受到您的帮助和教诲，终身铭记在心。”

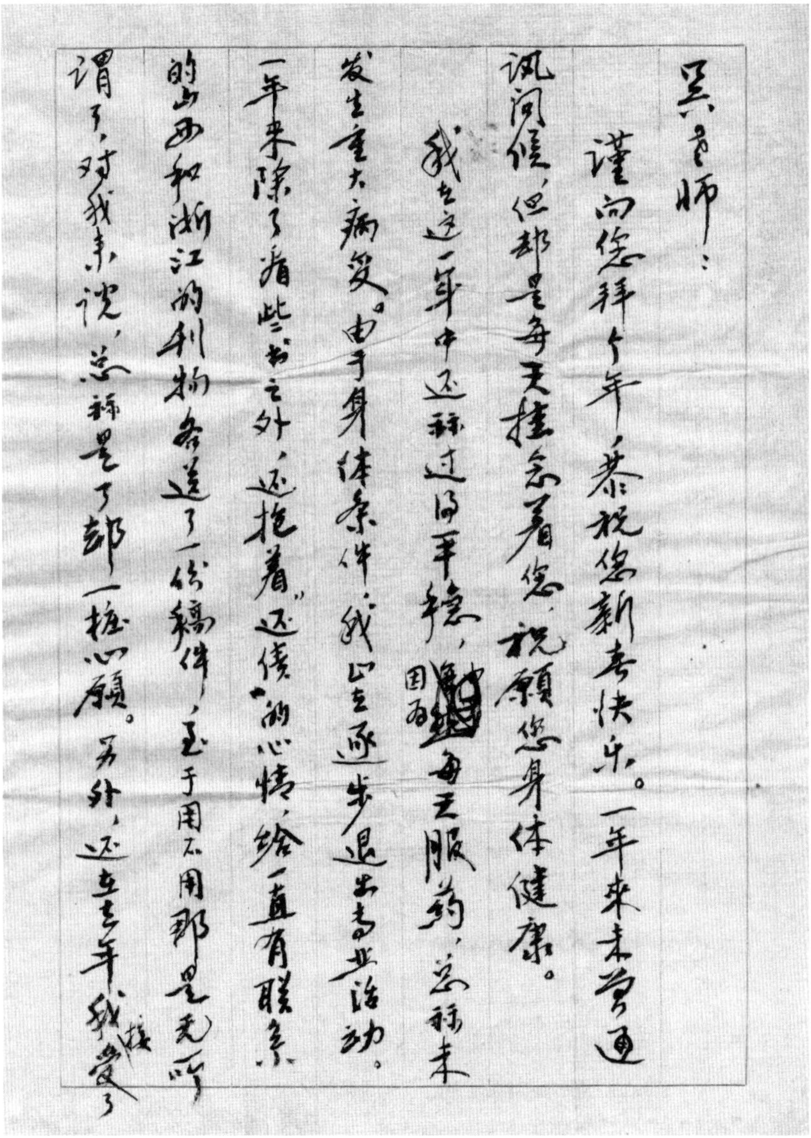
吴老师：

谨向您拜个年，恭祝您新春快乐。一年来未曾通讯问候，但却是每天挂念着您，祝愿您身体健康。

我在这一年中还称过得平稳，因为每天服药，总称未发生重大病变。由于身体条件，我已逐步退出专业活动。一年来除了看些书之外，还抱着“还债”的心情，给一直有联系的山西和浙江的刊物寄送了一份稿件，至于用不用那是无所谓了，对我来说，总称是了却一桩心愿。另外，还在去年，我接受了

2002 年陈作明写给吴宝康的信

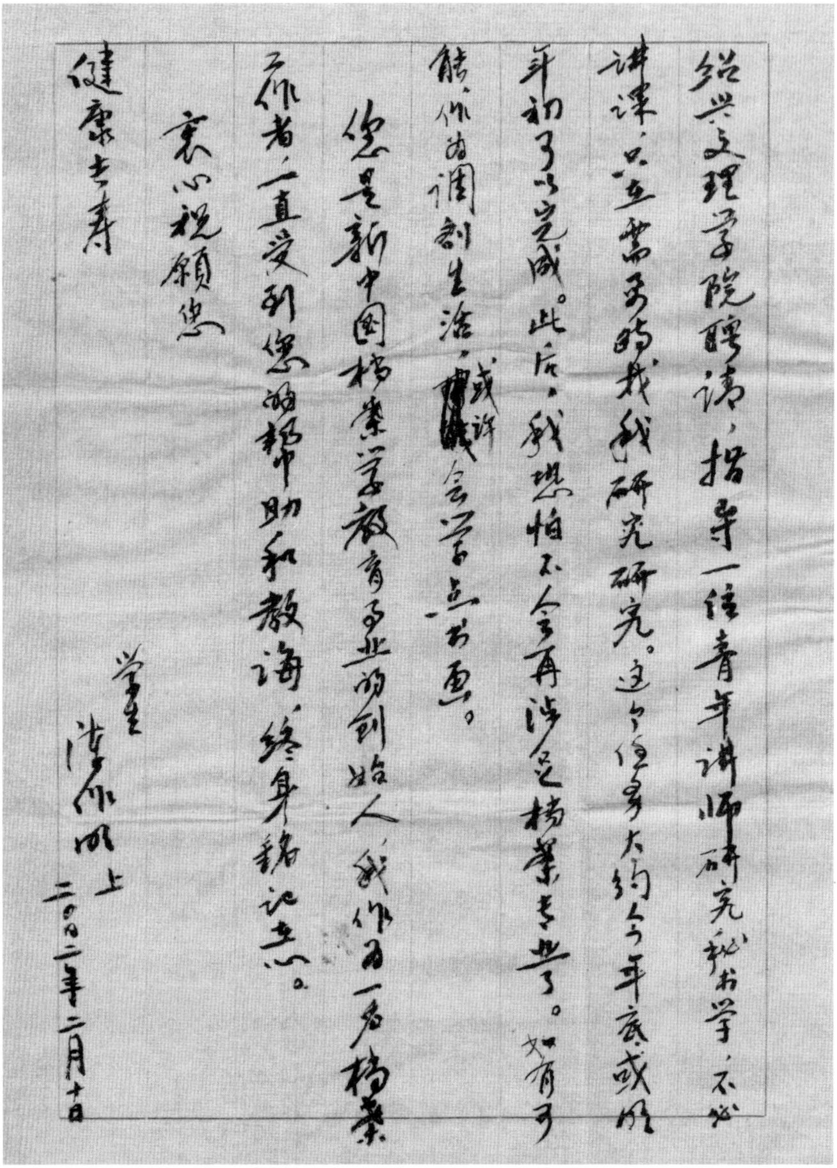
绍兴文理学院聘请，指导一位青年讲师研究秘书学，不必讲课，只在需要时找我研究研究。这个任务大约今年底或明年初可以完成。此后，我想恐怕不会再涉足档案专业了。如有可能，作为调剂生活，我或许会学点书画。

您是新中国档案学教育事业的创始人，我作为一名档案工作者，一直受到您的帮助和教诲，终身铭记在心。

衷心祝愿您

健康长寿

学生 陈作明 上

二〇〇二年二月十日

2002年陈作明写给吴宝康的信（续）

3月18日，中国人民大学档案学院副教授胡鸿杰在《档案学通讯》2002年第2期发表《论档案学人》，文中评价：

时代造就了以曾三、吴宝康等为代表的一批既有丰富的档案管理实践经验，又有一定理论水平的档案学家。他们从建国之初的白手起家到形成理论队伍，从建立学科体系到完善学科门类，使中国档案学获得了前所未有的发展，他们才是真正意义上的中国档案学“成就者”。①

6月8日，先生在北京钓鱼台国宾馆参加“南浔经济发展恳谈会”，积极为家乡发展出谋划策。②

9月，国家档案局副局长、中央档案馆副馆长杨冬权在第十四届国际档案大会上做《亚洲地区档案学的发展》报告。报告提到先生在中国档案学基础理论研究方面的贡献：

> 在档案学基础理论研究方面，中国人民大学教授、原档案系主任吴宝康先生著述丰富，成果众多。他提出档案学是一门科学，并提出了这门科学的体系结构设想；他重视档案利用理论的研究，提出“档案工作贵在做活”的思想，主张通过档案利用把档案工作与国家各项建设事业联系起来并为其服务。他是中国档案学基础理论研究的学科带头人。③

10月12日，中国人民大学档案学院举行成立五十周年庆祝大会。国家档案局局长、中央档案馆馆长毛福民，国家档案局副局长、中央档案馆副馆长郭树银，中国人民大学副校长林岗、中国人民大学副校长冯惠玲出席大会。毛福民转达了中共中央办公厅主任、国际档案理事会名誉主席王刚对中国人民大学档案学院五十华诞的祝贺和期望。大会上，西藏档案班学员向先生敬献哈达，代表中国人民大学档案学院全体师生对先生表达敬意。

是年，中国人民大学档案学科被认定为国家重点学科。这是全国唯一的档案学重点学科。

◎ 2003年（癸未） 86岁

1月25日，谢丽荣和赖世鹤在《浙江档案》2003年第1期上发表《一代宗师——吴宝康》。文章分以下几部分对先生进评介：

> 一、白手起家，创建新中国的档案教育机构
>
> 二、淡泊名利，团结两派重建档案系

---

① 胡鸿杰．论档案学人［J］．档案学通讯，2002（2）：4-9.

② 陆剑．吴宝康及其家族与南浔的世纪情缘［R］//吴宝康学术思想研讨会组委会．吴宝康先生百年诞辰纪念文集．2017：14-22.

③ 国际档案大会．第十四届国际档案大会文集［M］．北京：中国档案出版社，2002：157.

三、甘当铺路石，为中国档案事业培养人才

四、愿为“春蚕”，笔耕不辍[①]

3月25日，苏州大学社会学院档案系谭琤培教授在《浙江档案》2003年第3期发表《档案学学科建设的新进展——评新版〈档案学概论〉》。文中评价：

吴宝康教授于1986年所著《档案学理论与历史初探》（四川科学技术出版社出版）是我国第一部档案学概论性质的学术专著，可称为拓荒之作。[②]

3月，湘潭大学管理学院副教授、中国人民大学档案学院在读博士研究生何振在《档案馆学新探》（中国档案出版社2003年出版）一书中评价：

20世纪70年代末80年代初，以曾三、裴桐、吴宝康等为代表的老档案学者，对“文革”以来的档案学思想拨乱反正，为改革作了实践探索和舆论准备。我国较早提到“档案馆学”名称的，是现代档案学理论的奠基人之一吴宝康先生。[③]

12月，中国人民大学在档案学院的基础上成立信息资源管理学院，同时面向全国档案系统时保留“档案学院”名称。

◎ 2005年（乙酉） 88岁

10月，安徽大学管理学院李财富教授在《中国档案学史论》（安徽大学出版社2005年出版）一书中评价：

在创建现代中国档案学的过程中，一支以中国人民大学历史档案系教师为主体的档案科研队伍逐步形成，并涌现出曾三、裴桐、吴宝康等现代中国著名的档案学家（者），这是发展时期中国档案学的又一重大收获，而且从某种意义上讲，这一收获比档案学本身所取得的成就更为重要。[④]

是年，中国人民大学获得图书馆、情报与档案管理一级学科博士学位授予权。

◎ 2006年（丙戌） 89岁

2月，先生将自己保存的全部档案资料移交给中国人民大学档案馆，中国人

① 谢丽荣，赖世鹤．一代宗师——吴宝康［J］．浙江档案，2003（1）：22-25.

② 谭琤培．档案学学科建设的新进展——评新版《档案学概论》［J］．浙江档案，2003（3）：44.

③ 何振．档案馆学新探［M］．北京：中国档案出版社，2003：18.

④ 李财富．中国档案学史论［M］．合肥：安徽大学出版社，2005：79-80．

民大学档案馆整理后，将这部分档案资料命名为“吴宝康人物档案”。

4月20日，先生为中国人民大学档案馆题词：“努力把档案馆创新求实地办成为我校的教学和科研、建设和发展等提供有效服务的文化基地。”①

6月26日，为纪念曾三同志诞辰100周年，先生口述、谢丽荣整理的《纪念曾三同志百年诞辰 学习曾三的档案学思想》发表于《中国档案报》当日第3版上。7月，同文又以“学习曾三的档案学思想”为题发表于《中国档案》当年第7期。先生说：

> 科技档案工作的发展、科技档案管理学的建立，正是新中国档案学和档案事业所具有的中国特色。科技档案工作、科技档案事业，也是曾三同志档案学思想的重要组成部分。
>
> 近期以来，在档案界有人提出的科技档案概念可以淡化的观点，是不切合实际的，是错误的，是不符合曾三的档案学思想的。②

7月5日，先生接受了《中国人民大学》报的专访。专访分为“自强不息 勤奋好学”“追求进步 参加革命”“投身人大 开创教育”“坚持真理 永不言弃”四个部分。在专访中，先生还为档案馆提出建议：

> 档案工作要受到重视，路还很长；档案人自己要争气，要看得起这份工作。不管人们重不重视，档案工作都是很重要的，档案专业的存在有其客观必然性。只要党和社会需要这个专业，就没有什么力量能阻挡它发展！③

8月，郑州航空工业管理学院信息科学系主任刘永教授在《档案学概论》（河南人民出版社2006年出版）一书中评价：

> 以吴宝康先生等为代表的中国人民大学历史档案系肩负起研究档案学的重任，并通过集体的共同努力，确立了我国档案学的基本框架，其标志就是他们编写的各种讲义、教材。④

9月10日，中国人民大学信息资源管理学院（档案学院）庆贺教师节暨吴宝康90华诞。中共中央政治局候补委员、中央书记处书记、中央办公厅主任王刚电话致贺，中国人民大学校长纪宝成致贺信。国家档案局局长、中央档案馆馆

---

① 中国人民大学档案馆馆藏“吴宝康人物档案”.

② 吴宝康，谢丽荣．纪念曾三同志百年诞辰 学习曾三的档案学思想［N］．中国档案报，2006-06-26（3）.

③ 中国人民大学［N］.2006-07-05（4）.

④ 刘永．档案学概论［M］．郑州：河南人民出版社，2006：246.

长杨冬权，中国人民大学书记程天权，国家档案局原副局长、中央档案馆原副馆长郭树银，中国人民大学副校长、信息资源管理学院（档案学院）院长冯惠玲，北京市档案局（馆）局（馆）长陈乐人等出席了先生的生日庆祝会。

杨冬权说：

吴老是新中国档案高等教育事业的开拓者和奠基人；他提倡的档案学理论和实践，滋养了一代又一代的档案工作者；他创办的档案高等教育事业，为我国档案事业的发展提供了强大的智力支持。

杨冬权代表国家档案局、中央档案馆向先生赠送一副对联：

创建档案高等教育毕生做贡献
培养兰台专业学子一世倾心血

冯惠玲回顾了作为先生首批硕士研究生所受的教诲和先生对新中国档案教育事业所做的贡献：

54年前，吴老带领几位老前辈，在几乎一片空白中创建了中国人民大学档案专业，使之从无到有，并逐步成长为一个独立的学科。在开创档案学基础理论方面，吴老作出了巨大的努力和贡献。①

11月，上海市奉贤区档案局严永官副研究馆员在《档案学术评论概要》（中国档案出版社2006年出版）一书中评价：

随着档案学理论建设的深入，档案学著作的增多，我国档案学者对档案学著作进行了初步的探讨。其中最有代表性的就是吴宝康先生，他于20世纪50年代就开始了对档案学著作的研究，他曾于1954年在《档案工作》总第十一期上发表了《评陆晋蘧〈档案管理法〉》一文。这是他运用苏联档案学的理论与原则，对《档案管理法》（工人出版社1953年9月出版）进行深入分析，作了比较客观、全面的评价。本篇书评可以被视作我国档案学术评论实践中真正具有学术水准的书评之源头。此后，吴先生又以“十三本旧著”为主，对民国时期一些档案学著作进行了研究。②

是年，中国人民大学档案学科再次被认定为国家重点学科。

① 柴丽．中国人民大学信息资源管理学院庆贺教师节暨吴宝康90华诞 王刚对全体教师暨吴老表示亲切慰问 杨冬权前往祝贺 纪宝成致贺信 陈乐人应邀出席［J］．北京档案，2006（10）：5.

② 严永官．档案学术评论概要［M］．北京：中国档案出版社，2006：103.

◎ 2007年（丁亥） 90岁

1月，清华大学档案馆薛四新研究馆员在《现代档案管理基础》（机械工业出版社2007年出版）一书中评价：

> 早在20世纪三四十年代，我国档案界事实上就已经涉足关于文件运动规律的研究。新中国档案事业的开拓者曾三先生和吴宝康教授都对档案自然形成规律有所研究，吴宝康教授对“文件与档案管理一体化”问题的论述，和宝荣、陈兆祦两位教授对“档案发挥作用规律性”的总结，以及吴宝康教授主编的《档案学概论》对“实现档案价值规律性”的概括等，都是早期我国对于文件运动规律的研究成果。[①]

2月8日，中国人民大学校长纪宝成看望先生，向先生致以新春的问候。先生指出，希望中国人民大学能够使“新学科、老学科、大学科、小学科共同发展，和谐发展”[②]。

5月10日，中国人民大学信息资源管理学院（档案学院）博士研究生王协舟在其博士学位论文《基于学术评价视阈的中国档案学阐释与批判》（指导教师：胡鸿杰教授）中对先生档案学术思想进行了评析。作者简要回顾了先生的革命生涯，对其主要论著成果进行了文献计量分析，以其学术成果为基础，总结了先生对于档案学研究的贡献及其方法论特色。论文写道：

> 吴宝康先生高尚的学术品格、严谨的治学态度、斐然的学术成就无一不值得我们去学习。尽管先生的某些学术见解是存在局限的，但是，先生的任何一项学术成就的取得，总是离不开当时具体的时代特色与学术背景，先生的局限也是当时那个时代的局限，而时代总是发展着的，与时俱进正是怀有高尚学术品格的学者的追求。[③]

6月，绍兴文理学院人文学院潘连根教授在《文件与档案研究》（安徽大学出版社2007年出版）一书中评价：

> 值得一提的是，先生也十分重视文件生命周期理论。先生关于文件生命

---

① 薛四新．现代档案管理基础［M］．北京：机械工业出版社，2007：51-54.

② 纪宝成校长看望我院吴宝康教授［EB/OL］．（2007－02－08）［2017－01－01］．http：//211.71.30.61/news_and_events/pic_news/200811/30-280.html.

③ 王协舟．基于学术评价视阈的中国档案学阐释与批判［D］．北京：中国人民大学，2007.

周期理论的这些真知灼见，在有关文件生命周期理论的不少问题的研究上起了导航作用。①

7月15日，先生回忆当年在苏南战斗生活的口述资料，经谢丽荣整理，以“吴宝康回忆当年在苏南的战斗生活”为题，发表在《档案与建设》2007年第7期上。②

11月1日，中国人民大学信息资源管理学院（档案学院）退休教授陈兆祦在《中国档案报》当日第3版上发表《从银行小学徒到档案学导师》。作者评价说：

一所大学水平的高低，主要标准不但在于拥有多少知名的教授，而且在于拥有多少全国学术界的领路人。吴宝康教授开创了新中国的档案高等教育事业、开创了中国现代档案学体系，使中国人民大学长期成为全国档案人才和师资的主要培育基地，始终引领中国档案教育和档案学研究的走向，而他，更是桃李满天下，完全可以说，我国档案界无不受其惠。③

12月16日，中国人民大学信息资源管理学院（档案学院）举行五十五周年院庆典礼。

2007年吴宝康九十华诞留影

① 潘连根．文件与档案研究［M］．合肥：安徽大学出版社．2007：127.

② 吴宝康，谢丽荣．吴宝康回忆当年在苏南的战斗生活［J］．档案与建设，2007（7）：40-42.

③ 陈兆祦．从银行小学徒到档案学导师［N］．中国档案报，2007－11－01（3）．

◎ 2008年（戊子） 91岁

4月，厦门大学档案馆馆长翁勇青在《南强兰台春华秋实：档案与校史纵横论（上）》（厦门大学出版社2008年出版）一书中评价：

> 公正地说，《档案学理论与历史初探》是吴老在中国档案发展史上第一次明确地提出档案学党性这一概念，并能系统地阐述论证这一思想理论。为此，从“三个代表”重要思想来审视和重新认识档案学的党性原则，于今天档案学的发展，仍然有积极的现实意义和实用价值。可以看出，这是吴宝康教授对中国社会主义档案学理论的创立和发展，奠定了马克思列宁主义理论基础，也是他对档案学理论所做出的一种重大贡献。
>
> 吴宝康教授提出和确立的档案学党性原则，不仅贯穿于他的重要理论著作《档案学理论与历史初探》，而且体现于其他著作和文章之中。其原则所显示之理论思想不仅是鲜明的，而且是极其丰富和系统的。这是对新中国档案学理论的一种创见性的发展，标志着档案学研究已进入科学王国的新阶段。①

5月1日晚，中国人民大学副校长冯惠玲教授和中国人民大学信息资源管理学院（档案学院）的负责同志等前往医院看望先生，先生与冯惠玲等讨论学院、学科与学生的事情。②

5月2日晚11时56分，先生逝世，享年91岁。③

5月6日，国家档案局局长、中央档案馆馆长杨冬权，国家档案局副局长、中央档案馆副馆长李和平、杨继波前往中国人民大学林园先生家中，慰问先生亲属。④

5月6日，中国人民大学校长纪宝成教授前往中国人民大学林园先生家中，

---

① 翁勇青．南强兰台春华秋实：档案与校史纵横论（上）［M］．厦门：厦门大学出版社，2008：365-369.

② 浙江省湖州市南浔区档案局（馆）．他是一座山——新中国档案教育开拓者吴宝康［M/CD］．内部发行，2017.

③ 中国人民大学信息资源管理学院．吴宝康教授逝世［EB/OL］．［2017－01－01］．http：//irm.ruc.edu.cn/displaynews.php？id＝4074.

④ 国家档案局杨冬权局长等慰问吴宝康教授亲属［EB/OL］．［2017－01－01］．http：//211.71.30.61/events/200811/30-169.html.

慰问先生亲属。[①]

5月8日，先生遗体告别仪式在北京八宝山革命公墓举行。中共中央政治局委员、全国政协副主席王刚，国家档案局局长、中央档案馆馆长杨冬权，国家档案局副局长、中央档案馆副馆长李和平、杨继波，中国人民大学党委书记程天权，中国人民大学副校长林岗、冯惠玲，全国档案系统有关领导，全国档案专业高等院校师生，先生的学生、亲朋好友等500多人参加了先生的遗体告别仪式。教育部部长周济敬送花圈，对先生的逝世表示沉痛哀悼。八宝山革命公墓东礼堂高悬“创建档案高等教育毕生作贡献 培养兰台专业学子一世倾心血”挽联。许多组织和个人以敬献花圈、发唁电、送挽联等不同方式对先生的逝世表示沉痛哀悼。[②]

5月12日，中国人民大学副校长冯惠玲教授在《中国档案报》当日第1、2版发表《恩师吴宝康是我心中的一座山》。文中评价：

> 吴宝康先生在中国档案界是一座山，作为新中国档案教育事业的开创者、引领者和见证者，与曾三先生、裴桐先生并称为档案三老，他的长者风范、学者风骨和贤者风尚为档案界几代人所敬佩。
>
> 吴宝康先生在档案学专业老师们的心中是一座山，这种威望来自他的资历、阅历、能力和人格魅力。先生用他超前的眼光、坚定的意志和宽广的胸怀把一代又一代档案学者聚拢在这里，共同投身于档案学科建设，不少老教师对吴老抱有由衷的敬佩和深厚的感情。
>
> 吴宝康先生在我的心中也是一座山。这不仅因为他身材魁伟，风格稳健，威望颇高，更因为他有着不倒的信念、不懈的追求和不衰的意志，他把自己的生命融入了档案教育事业。[③]

5月19日，国家档案局原副局长刘国能在《中国档案报》当日第4版发表《一部档案高等教育创建史——悼念吴宝康先生》。文中评价：

> 时代造就了吴宝康，吴宝康成就了事业。他离休后，心仍在档案教育上。他走了，他创建的事业和为事业不计较个人升迁的思想、无私奉献的崇

---

① 中国人民大学纪宝成校长等慰问吴宝康教授亲属［EB/OL］.［2017－01－01］.http：//211.71.30.61/events/200811/30-167.html.

② 著名档案学家吴宝康教授遗体告别仪式在京举行 王刚同志参加并敬献花圈［EB/OL］.［2017－01－01］.http：//211.71.30.61/events/200811/30-149.html.

③ 冯惠玲.恩师吴宝康是我心中的一座山［N］.中国档案报，2008－05－12（1、2）.

高精神永垂！[①]

6月2日，中国人民大学信息资源管理学院（档案学院）举办吴宝康教授追思会暨实物档案展览，先生的家人、同事、学生以及学院教师代表参加会议。会上，大家深情缅怀了先生为创办中国人民大学档案学和档案教育所做出的贡献，回忆了先生生活中许多不为人知的点点滴滴与看似平凡的往事，在座的每一位无不为之动容。期间，大家还参观了先生实物和图片展览。会上，先生家人再次向中国人民大学档案馆捐赠了先生的实物档案共计113件，并向中国人民大学图书馆捐赠了图书。[②]

6月15日，《中国档案》2008年第6期刊登《吴宝康同志生平》。文中评价：

> 吴宝康同志是新中国档案学和档案教育的创立者和奠基人，被誉为中国档案学界的一代宗师。吴宝康同志以发展的眼光、科学的态度和坚韧不拔的精神，带领档案专业教师，走出了一条具有中国特色的档案教育之路。
>
> 吴宝康同志是中国共产党优秀党员，久经考验的共产主义战士。他忠诚党的教育事业，教书育人，为我国档案事业培养了一大批优秀人才；辛勤耕耘，为档案学科贡献了极其丰富的精神遗产。吴宝康同志心胸宽广，襟怀坦荡，淡泊名利，一身正气，知人善任，提携后人。他为档案教育事业殚精竭虑，鞠躬尽瘁。吴宝康同志的一生，是为共产主义事业奋斗的一生，是为我国档案事业和档案教育事业无私奉献的一生。[③]

6月16日，中国老教授协会档案与文秘专业委员会常务副主任王德俊在《中国档案报》发表《生命不息 奋斗不止——深切缅怀吴宝康同志》。文中评价：

> 吴老是一面旗。虽然现在吴老已离我们而去，但他的思想和精神却永存。不仅吴老的“桃李满天下”的一代又一代、一茬又一茬的6 000人大档案学院弟子举着他的大旗，不断为建设中国特色社会主义档案事业大厦添砖加瓦，作出贡献，而且还有一批批越来越多的离退休老教授、老研究员聚集在他的大旗下，继承他的遗志，继续他的未竟事业，解放思想，开拓奋进，

---

① 刘国能．一部档案高等教育创建史——悼念吴宝康先生［N］．中国档案报，2008－05－19（4）．

② 吴宝康教授追思会暨实物档案展览在中国人民大学举行［EB/OL］．［2017－01－01］．https：//news. ruc. edu. cn/archives/14507.

③ 吴宝康同志生平［J］．中国档案，2008（6）：11.

不断开创中国老教授协会档案与文秘专业委员会工作的新局面。①

7月18日，中国人民大学副校长冯惠玲教授在《档案学通讯》2008年第4期上发表《中国档案教育史上的一座丰碑》。文中评价：

吴老是新中国档案教育事业的开创者和奠基人。56年前，吴老带领几位教师在一片空白中创建了中国人民大学档案专业，使之从无到有、不断丰富完善、逐步形成一个独立的学科，这是一个重要的历史贡献。

吴老是档案学科建设的推进者和引路人。半个多世纪以来吴老一直以发展的眼光推进档案学教育和档案学研究的成长和发展。吴老在档案学术领域的视角十分宽阔，他所论及的问题非常广泛，在档案学科体系建设、档案学基础理论和档案学史领域都取得了开拓性的理论成果。尤为值得一提的是，吴老在开创档案学基础理论方面做出了巨大努力和贡献。

吴老是档案教育战线的耕耘者和授业人。在一届又一届档案专业毕业生的心目中，吴老既是一位令人敬重的档案大家，又是一位诲人不倦的专业教师。几十年来吴老教书育人，传道授业，在三尺讲台上书写着他的档案人生。

吴老的档案人生为中国档案教育事业留下了丰厚的精神遗产和学术遗产，也成为全国档案学人心中永远的楷模。②

7月18日，中国人民大学信息资源管理学院（档案学院）退休教授韩玉梅在《档案学通讯》2008年第4期上发表《深切缅怀档案学界一代宗师吴宝康教授》。文中评价：

吴宝康教授是新中国档案教育事业和档案学科的开创者和奠基人。

1952—1955年是我国高等档案教育的初创时期。万事开头难。吴主任以虚心求教、洋为中用为指导思想，虚心向前苏联专家学习，克服重重困难求得了新知，谱写了我国高等档案教育的新篇章。

吴主任是一位具有战略眼光的档案学者。他积极倡导基础理论研究和应用理论研究相结合，理论联系实际。他以一丝不苟、锲而不舍、不断进取的精神，挑战困难，勇攻档案学科上的难题。在反复探索和论证的基础上提出

① 王德俊．生命不息 奋斗不止——深切缅怀吴宝康同志［N］．中国档案报，2008-06-16.

② 冯惠玲．中国档案教育史上的一座丰碑［J］．档案学通讯，2008（4）：4-5.

了关于档案学科体系建设的构想，并用三年时间带领写作团队编写和出版了我国第一部《档案学概论》，对完善档案学科建设做出了极为重要的贡献。①

7月18日，中国老教授协会档案与文秘专业委员会常务副主任王德俊在《档案学通讯》2008年第4期上发表《领导·师长·诤友——深切缅怀吴宝康同志》。文中说，先生在作者头脑中、心目中的印象可以用“领导、师长、诤友”六个字概括。②

7月18日，中国人民大学信息资源管理学院（档案学院）退休教授韩宝华在《档案学通讯》2008年第4期上发表《深切缅怀吴老创建中国档案教育事业的丰功伟绩》。作者提出：

> 我觉得，除了研读先生的遗作，我们还要特别注意学习先生的赤诚精神、钻研精神、创新精神。
>
> 先生对档案事业的赤诚之心，直接影响我国档案人才队伍的形成与发展。
>
> 先生对档案教育的钻研之功，直接影响着我国档案教育事业发展的模式与进程。先生作为我国档案教育事业的奠基人和开拓者，在学科基础近于空白的条件下，建立起为新中国档案事业服务的档案学科体系、档案教育体系，其工作之艰巨远远甚于一些显赫于世的大学科、老学科。
>
> 先生深谙档案之历史基因、文化内涵，以马克思主义为指导，以历史学、文献学、行政学等为基础，以深入档案工作实践为根本，紧紧把握理论联系实际这一档案教育发展的命脉。
>
> 先生对档案理论的创新之举，直接影响着我国档案学术的水平和贡献。③

7月18日，湘潭大学公共管理学院王协舟副教授在《档案学通讯》2008年第4期上发表《吴宝康先生档案学研究的方法论特色》。文中评价：

> 作为档案学界的先辈，吴宝康先生在档案学基础理论研究、档案学史研究、中国档案史研究等方面做出了卓越贡献。在研究过程中，他坚持以马克思主义、毛泽东思想为指导，坚持理论联系实际、坚持批判性思维方式，坚

① 韩玉梅．深切缅怀档案学界一代宗师吴宝康教授［J］．档案学通讯，2008（4）：5-6.
② 王德俊．领导·师长·诤友——深切缅怀吴宝康同志［J］．档案学通讯，2008（4）：7-8.
③ 韩宝华．深切缅怀吴老创建中国档案教育事业的丰功伟绩［J］．档案学通讯，2008（4）：8-9.

持综合运用多学科研究方法。①

7月18日，网友hhj5857［中国人民大学信息资源管理学院（档案学院）胡鸿杰教授］在《档案学通讯》2008年第4期的“网事回眸（第三辑）”中发表《悼吴老》。文中写道：

是一个人的离开让我们走到了一起，是一个人的离去让我们又想起了中国档案学。其实，我们在缅怀吴老的时候，更应当想一想我们自己已经或者将要为档案学做什么，并以此来告慰我们的先人。我想这是吴老最愿意看到的！②

8月，国家档案局马淑桂在《源于实践 服务全局 兰台工作纵横》（中国档案出版社2008年出版）一书中评价：

关于档案的本质属性问题，学界的争鸣很是热烈。最早也最具权威的观点是吴宝康教授在其主编的《档案学概论》中提出的：“档案是历史的原始记录，或说是原始的历史记录，这是档案的本质属性。”③

9月15日，江苏科技大学葛荷英在《档案与建设》2008年第9期上发表《缅怀吴宝康先生》。文中评价：

吴老是中国档案界泰斗，他完全是从档案事业发展大局出发，鼎力扶持在档案学林中刚冒头的幼苗。吴老当年在《档案编研的理论与方法》一书的“序”中所论述的学术思想务实而前卫，十多年过去了，至今仍有指导意义，催人奋进。他说档案是自然形成又是主观选择的结果，鉴定要好好研究如何选择档案的问题。吴老的档案学研究思路清晰深刻，点出了档案的本质和档案鉴定研究的任务，给予我很大的启示。

吴宝康先生是杰出的档案教育家和档案学家，他带领中国人民大学的教师创建了中国的档案学专业，建立了档案学科体系。中国人民大学成为中国档案领域业务骨干的摇篮和中国档案学科的培育基地。他本人著作颇丰，更积极组织和支持档案学领域的研究。④

是年，中国人民大学档案学科被认定为国家特色专业。

---

① 王协舟．吴宝康先生档案学研究的方法论特色［J］．档案学通讯，2008（4）：10-12.

② 胡鸿杰．悼吴老［J］．档案学通讯，2008（4）：95-96.

③ 马淑桂．源于实践 服务全局 兰台工作纵横［M］．北京：中国档案出版社，2008：76-77.

④ 葛荷英．缅怀吴宝康先生［J］．档案与建设，2008（9）：49.

第六卷

2009—2017 年（诞辰 92 年～100 年）

◎ 2009年（己丑） 诞辰92年

1月15日，上海大学文学院档案学系教授丁华东和硕士研究生张丽娜在《档案管理》2009年第1期上发表《论吴宝康先生档案利用思想的三大纲领》。文中评价：

> 吴宝康先生是新中国档案学和档案教育的奠基人，是新中国档案学基础理论和中国档案学思想史研究的开拓者之一。他一生为档案教育事业和档案学基础理论的发展做出了杰出的贡献，提出了一系列关于档案和档案工作的思想。
>
> 吴宝康先生对马克思主义的学习是持之以恒的，是不断深化的，与时俱进的，他根据我国的实际情况，在不同时期灵活地运用马克思主义思想的主题精神，不断升华自己的档案学学术思想。
>
> 吴宝康先生对档案利用在整个档案工作中的定位是：档案利用在整个档案工作中占有主导支配地位，是整个档案工作开展的核心。这个核心地位的确立，为以后开发利用档案信息资源作了铺垫。
>
> 吴宝康先生在档案利用方面不拘泥于旧思想，他能紧跟时代的发展，与时俱进，为自己的档案利用思想增添新的色彩。
>
> 吴宝康先生随着时代的发展不断在“升级”自己的观念，不断提出符合时代发展的档案学观点，他提倡大力开发档案信息资源的观点就是一个很好的例证。
>
> 吴宝康先生高屋建瓴地提出建设档案利用理论，为进一步开发利用档案信息资源与档案工作的顺利开展提供了理论基础；为档案管理环节的分工提出了明确的分水岭；同时，也丰富了我国档案学理论，完善了档案学理论体系。
>
> 吴宝康档案利用思想的三大纲领是相互联系、相互促进的。以马克思主义为指导是根本旗帜，为坚持“以利用为纲”方针和大力提倡开发利用档案信息资源提供了导向作用；坚持“以利用为纲”方针是以马克思主义为指导和大力提倡开发利用档案信息资源的具体表现；大力提倡开发利用档案信息资源是以马克思主义为指导和坚持“以利用为纲”方针的最终目的。
>
> 吴老作为我们档案界的一名大师，他为档案学界做出的杰出贡献是有目共睹的，认真分析和把握他的档案利用思想，继承与发扬它，并能随时代的

发展不断向其输入新的血液，进一步把它运用到档案工作实践中去，对提高档案利用工作的水平，促进档案学事业的不断发展，完善档案学的学科建设都具有举足轻重的作用。①

5月5日，全国政协委员、国家档案局原副局长刘国能在《档案与建设》2009年第5期上发表《国家档案事业60年》。文中评价："吴宝康是新中国档案高等教育的创建者和奠基人。"②

7月，湘潭大学公共管理学院王协舟副教授在《基于学术评价视阈的中国档案学阐释与批评》（湘潭大学出版社2009年出版）中，从档案学基础理论研究、档案学史研究、中国档案史研究等方面评价了先生对中国档案学发展的贡献。书中写道：

在档案学研究的方法论特色方面，先生以马克思主义、毛泽东思想为指导；坚持理论联系实际；注意运用批判性思维方式；注重综合运用多学科研究方法。③

在档案学术成就与贡献方面，先生几乎投入了毕生的精力为中国档案学的发展繁荣而努力探索，其在档案学基础理论研究、档案事业发展改革研究、档案工作业务实践研究等方面取得的巨大学术成就，无论过去、现在或将来，都是极具开创性的和具有奠基意义的。

诚然，《中国档案近现代史稿》中的某些观点还有待商榷，某些论据还有待历史的进一步验证。譬如，在诸如学科名称这样涉及一门学科核心概念的准确界定与科学表述上，该书出现了"档案学史"、"中国档案史"、"中国档案学史"、"中国档案工作发展史"、"中国档案事业史"等表述方式，但是，并没有专门的行文来界定这些术语并论述其相互关系。纵然如此，但瑕不掩瑜，这些不足丝毫不能掩盖和抹杀他对于中国档案史学科发展的贡献。④

在学术影响的文献计量分析方面，相对于其他学科而言，档案学科属于年轻学科，早期成果的发表园地比较少，先生的主要学术成就不是体现为论

① 丁华东，张丽娜．论吴宝康先生档案利用思想的三大纲领［J］．档案管理，2009（1）：73-75.

② 刘国能．国家档案事业60年［J］．档案与建设，2009（5）：4-9.

③ 王协舟．基于学术评价视阈的中国档案学阐释与批评［M］．湘潭：湘潭大学出版社，2009：118.

④ 王协舟．基于学术评价视阈的中国档案学阐释与批评［M］．湘潭：湘潭大学出版社，2009：111-117.

文，而是集中体现在《档案学理论与历史初探》、《档案学概论》、《中国档案近现代史稿》三部著作中。从被引率角度看，单就学术期刊论文而言，吴宝康先生1982—1996年间发表的19篇论文的总被引次数达到80次，平均每篇论文被引次数达到4.21次；其中，在《档案学通讯》1993年第1期发表的《"文件生命周期理论"问题引起的若干思考》一文被引32次。被引频次分析表明，先生的档案学术成果影响大，档案学术思想影响深远。而其专著《档案学理论与历史初探》、《档案学概论》，更是被全国高校师生、档案学理论研究者、档案工作实践者作为必读经典著作。

从创作时间来看，有三个十年值得注意，即以中国人民大学档案专业开办、恢复和繁荣为契机，分别在50年代、80年代、90年代出现三个创作高峰期。其中，先生近半数的学术论文（约45%）是在改革开放后到1988年2月离休前的十年间完成的，先生的代表性著作《档案学理论与历史初探》与《档案学概论》也是在这期间完成并出版的，因此，这一时期可以说是先生的创作黄金时期。另外也不能忽视的是，自1988年离休到1997年《新时期档案学与档案事业》文集的出版，不到10年的时间，先生以逾古稀之龄，笔耕不辍，进入第三个创作高峰期，发表了57篇作品（1997年以后，先生只发表了一篇作品，即发表在《中国档案》2006年第7期的《学习曾三的档案学思想》一文——笔者注）。其成果令人感佩，其精神令人景仰，真正践行了"为档案事业奋斗一辈子"的思想。

从研究领域来看，吴宝康先生研究的领域特别广泛，涉及档案、档案工作、档案事业、档案学的方方面面，但是，引起先生持续关注、重点思考的，当是档案学理论研究、档案事业发展、档案工作业务三个方面的问题，在列入统计的文献中分别占54.2%、17.7%、11.5%，三项合计占83.4%。其中，先生尤其对档案学理论研究倾注了较大心血，离休以后仍然密切关注。①

作者还对先生的几本著作进行了概览和评述：

《档案学理论与历史初探》（1986年）

该书作为中国档案学界关于档案学思想与理论发展历史总结的开山之作的地位是毫无疑义的。尤其是考虑到历史的原因，一者，十年内乱造成作者

① 王协舟．基于学术评价视阈的中国档案学阐释与批评［M］．湘潭：湘潭大学出版社，2009：97-101.

手稿的遗失和研究的中止；二者，在当时，提炼学科的基本理论和整理学科的学术思想史是史无前例的开创性工作，因此，在“文革”结束复出不久，先生就能够以此成果为中国人民大学档案系成立三十周年献礼，实属不易。

《档案学概论》（1988年）

该书第四编比较早地把档案学自身作为研究的对象，系统深入地阐释了“档案学的形成条件和特征”、“档案学的对象、任务和意义”、“档案学的体系结构”、“档案学的学科属性”、“档案学与其他科学的关系”、“档案学的研究方法”等元概念、元问题，无论在逻辑结构还是理论阐释方面都是一个创举。这种体例结构安排，为档案学基础理论的研究构建了基本框架，为今后国内其他《档案学概论》教材的编写树立了经典范例。

《当代中国档案学论》（1988年）

该书所含8篇论文具有以下共同特点：第一，选题方向新颖；第二，指导思想明确；第三，研究方法正确；第四，实践基础充分。

《档案学简明教程》

该书具有以下三个鲜明特点：第一，有着特定的编写目的和特殊的使用对象；第二，有着全面的体系结构和特殊的内容成分；第三，有着对档案学学科定位的重新认识。

《中国大百科全书·档案学分册》

该书是新中国历史上第一部学术性较强的具有辞书性质的档案学工具书。

《档案学词典》

作为我国第一部中型档案学专科工具书，《档案学词典》的编辑和出版，适应了档案事业发展的需要，有力地推动了档案工作名词的规范化、标准化和科学化，促进了档案术语学的理论研究。同时，《档案学词典》的编辑和出版，对于提高档案学的科学水平和科学地位，普及档案学的基本知识，为广大档案工作者特别是基层档案部门的工作人员查询、参考和学习档案学提供方便等方面的作用是显而易见的。

《中国档案近现代史稿》

《中国档案近现代史稿》为我国档案史与档案事业史研究积累了丰富的素材，具有重要的理论意义和史料价值。①

---

① 王协舟．基于学术评价视阈的中国档案学阐释与批评［M］．湘潭：湘潭大学出版社，2009：103-108.

作者还评价了先生对中国档案学元理论的贡献：

> 吴宝康先生于1986年出版的专著《档案学理论与历史初探》、1988年出版的教材《档案学概论》不再把档案学简单地等同于档案工作的经验总结，从而开始了从元科学层面把档案学作为一种社会历史现象加以整体系统地考察研究，重点研究了中国档案学的产生时间、研究对象任务、研究方法、学科性质、学科体系、知识框架、理论结构、发展历史、发展趋势以及与外国档案学的比较等问题，可以说代表了当时中国档案学元理论研究的最高水平。[①]

9月，广西民族大学廖艳娟完成硕士学位论文《论吴宝康对当代中国档案事业的贡献》（指导教师：吴荣政教授）。文中评价：

> 吴宝康先生几十年来为我国档案教育事业的创建、发展和提高做出了卓越贡献，他始终致力于档案学科建设，潜心档案学教学和科研，在我国档案学科体系建设、档案学基础理论和档案学史领域取得了开拓性的理论成果。
>
> 就吴宝康来说，浸润了中国传统文化的乳汁，从中国传统文化中吸取智慧和营养，既是顺理成章的事，也是一种价值理性指导的结果；同时，他又接受苏联的社会主义档案学理论，从中考究中国与苏联档案学的异同特质，这也是他吸收与创新的一个源泉。
>
> 吴宝康在其进行档案工作以及档案研究和档案教育的时候，很注重利用中国传统的档案思想，取其精华，去其糟粕。吴宝康虽然深受中国传统档案思想的影响，但并没有固守旧档案思想，而是抱着一种既尊重传统又批判继承的态度，在对中国传统档案思想进行梳理的同时，试图从传统档案思想中阐发出超越时代和地域特征的具有普遍意义的档案内容。
>
> 吴宝康不仅仅是重视马克思主义的学习，更为重要的是把其与中国的具体实际相结合。随着时代与形势的发展，注重对中国化的马克思主义——毛泽东思想和邓小平理论的学习，真正做到辩证地、历史地看待、处理问题。从根本上来说，吴宝康学术生涯能够取得丰硕成果，来源于他坚信马克思主义，始终坚持以马克思主义为指导。
>
> 吴宝康无论是从事档案学研究的深度，还是涉猎档案学研究的广度，他都堪称新中国档案学理论研究的开拓者之一。[②]

---

① 王协舟．基于学术评价视阈的中国档案学阐释与批评［M］．湘潭：湘潭大学出版社，2009：20-22.

② 廖艳娟．论吴宝康对当代中国档案事业的贡献［D］．南宁：广西民族大学，2009：1.

◎ 2011年（辛卯） 诞辰94年

3月15日，中国核试验基地技术部情报信息研究室原主任霍振礼在《档案与建设》2011年第3期上发表《我与吴宝康教授的思想交流——有感大师的科技档案留言》。文中评价：

他虽然没有研究过科技档案的细节问题，但站得高、看得远，自始至终从战略高度肯定了科技档案工作。

他提倡的和曾三一样——树立国家全面档案观，全面发展我国档案事业。他形象地提出科技档案管理和普通档案管理是档案工作的两张翅膀。他极力反对科技档案“淡化论”，认为这是不负责任的，在我国也是不切合实际的提法。他还主张编辑部在发表文章时要注意后果；如果有不同观点应能让人说话，但编辑部要起一定的引导作用。这一思想可能具有重大的现实意义。

他具有最可贵的无私学者风范，我注意到，不管是什么人向他请教，甚至商榷，他总是耐心地讲解、回复。[①]

6月30日，中国人民大学信息资源管理学院（档案学院）博士研究生高大伟在其博士学位论文《档案学的元问题及可能的形而上》（指导教师：刘耿生教授）中对吴宝康的《档案学理论与历史初探》一书进行了评析。作者简要回顾了该书的各章节内容，总结了该书的学术贡献。文中写道：

该书一问世，立刻便以其内容的全面丰富和论点的新颖独到而轰动了全国档案界，也有了多篇学习的札记和述评。[②]

11月，辽宁大学历史学院丁海斌教授在《档案学的哲学与历史学原论》（辽宁大学出版社2011年出版）一书中评价：

关于“档案自然形成规律”这一观点的论述还有很多。然在诸多学者的论述和著作中，特别是以吴宝康教授主编的早期人大版《档案学概论》等教材的影响而最大，“档案自然形成规律”在档案界一时深入人心。[③]

---

① 霍振礼．我与吴宝康教授的思想交流——有感大师的科技档案留言［J］．档案与建设，2011(3)：64-66.

② 高大伟．档案学的元问题及可能的形而上［D］．北京：中国人民大学，2011.

③ 丁海斌．档案学的哲学与历史学原论［M］．沈阳：辽宁大学出版社，2011：35.

◎ 2012 年（壬辰） 诞辰 95 年

2 月 20 日，吉林大学管理学院孙丽、刘京京、徐少龙在《云南档案》2012 年第 2 期上发表《吴宝康与中国档案史研究》。文章根据先生在中国档案史研究方面所取得的成绩，阐述了先生生平及其中国档案史著述、先生在中国档案史研究方面的贡献及在中国档案史研究中的历史地位。①

5 月 18 日，上海交通大学档案馆郭欣仪、姜玉平在《档案学通讯》2012 年第 3 期上发表《学科制度理论与中国档案学史研究》。文中评价：

> 吴宝康先生的《档案学理论与历史初探》是改革开放以来最早系统论述中国档案学思想和理论发展历史的文献，该书在总结新中国成立 30 年以来我国档案工作实践的基础上，指出档案学史的研究内容、研究意义等，对后来的档案学史研究具有非常重要的指导价值。②

6 月 30 日，中国人民大学信息资源管理学院（档案学院）博士研究生徐欣云在其博士学位论文《档案“泛化”现象研究》（指导教师：胡鸿杰教授）中，对先生主编的 1988 年版《档案学概论》中所论述的“档案”定义予以评析，认为“这种管理学意义上的档案的学术定义影响了一代又一代档案人，并成了档案界的传统及主流的档案概念”。文中还评价：“吴宝康随着时代的发展不断在‘升级’自己的观念，不断提出符合时代发展的档案学观点。”③

◎ 2013 年（癸巳） 诞辰 96 年

3 月 18 日，河北秦皇岛城市建设档案馆董玉森在《档案学通讯》2013 年第 2 期上发表《吴宝康中国档案学演变思想评析》。作者认为：

> 吴宝康教授向来重视对中国档案学基础理论的研究，尤其重视对中国档案学演变史的研究，他把中国档案学演变史分为“史前时期”、萌芽时期、形成时期和发展时期四个阶段，并对每个阶段的发展状况做出了客观中肯的评价。吴宝康熟练地运用马列主义、毛泽东思想，运用辩证唯物主义和历史唯物主义的观点，准确地为我们描绘了中国档案学演变的全过程，并指明了

---

① 孙丽，刘京京，徐少龙．吴宝康与中国档案史研究［J］．云南档案，2012（2）：35-37.

② 郭欣仪，姜玉平．学科制度理论与中国档案学史研究［J］．档案学通讯，2012（3）：30-33.

③ 徐欣云．档案“泛化”现象研究［D］．北京：中国人民大学，2012.

中国档案学的未来发展趋势，具有重大指导意义。[①]

5月，浙江大学信息资源管理系在《图书馆档案学名家文集》（浙江大学出版社2013年出版）中评价：

> 吴宝康教授于80年代初所著的《档案学理论与历史初探》一书，实际上是对我国此前所有档案学基础理论研究成果的总结和进一步发展，可以说是本时期的扛鼎之作。[②]

7月8日，南京大学信息管理学院博士研究生王上铭、教授吴建华在《档案学通讯》2013年第4期上发表《档案学范式转换动力机理研究》。文中评价：

> 现代中国档案学奠基人吴宝康教授，也多次发文力促档案学向信息管理范式的转换。这次转换，使档案学从历史学科中独立出来，与图书馆学、情报学整合为信息科学一级学科，学科知识中心化再次获得成效。[③]

◎ 2014年（甲午） 诞辰97年

1月28日，湖州市南浔区档案局潘秋韵在《浙江档案》2014年第1期上发表《档案教育宗师吴宝康的家乡情》。作者提出：

> 吴宝康作为新中国档案学和档案教育事业的创始人之一，把全部的心血和精力投入到了档案事业的创立和发展中。他是家乡南浔的骄傲，他与家乡的血脉亲情，不会因时间流逝而湮灭，他的精神将永远激励着家乡的后辈学子。[④]

4月，江西师范大学文化历史与旅游学院徐欣云副教授在《档案“泛化”现象研究》（世界图书上海出版公司2014年出版）一书中评价：

> 吴宝康随着时代的发展不断在“升级”自己的观念，不断提出符合时代发展的档案学观点。[⑤]

6月，浙江省档案局在《档案事业概论》（浙江大学出版社2014年出版）一书中评价：

---

① 董玉森．吴宝康中国档案学演变思想评析［J］．档案学通讯，2013（2）：8-11.

② 浙江大学信息资源管理系．图书馆档案学名家文集［M］．杭州：浙江大学出版社，2013：245-250.

③ 王上铭，吴建华．档案学范式转换动力机理研究［J］．档案学通讯，2013（4）：4-8.

④ 潘秋韵．档案教育宗师吴宝康的家乡情［J］．浙江档案，2014（1）：33.

⑤ 徐欣云．档案“泛化”现象研究［M］．上海：世界图书上海出版公司．2014：191.

以吴宝康先生等为代表的中国人民大学历史档案系教师肩负起研究档案学的重任，并通过集体的共同努力，确立了我国档案学的基本体系框架，其标志就是他们编写的各种讲义和教材。①

是年，上海大学杨雪飞在其硕士学位论文《档案界“三老”的档案学思想研究》中评价：

吴宝康的档案学思想偏重于对档案和档案本身的研究，他确立了我国档案学的独立学科地位，并构建起了完整的档案学学科体系；开启了学术界对档案学发展历史的研究；对档案学人才的培养提出了诸多建议；运用了矛盾论解释档案工作现象并提出了以档案利用为目标的思想。②

◎ 2015年（乙未） 诞辰98年

3月9日，中国人民大学信息资源管理学院（档案学院）博士研究生陈建在其博士学位论文《中国档案学的政治性格研究》（指导教师：胡鸿杰教授）中指出，先生是坚持档案学政治性的代表人物。论文写道：

坚持档案学政治性的代表人物是吴宝康，他认为档案学具有党性，档案学的党性就是阶级性和科学性的统一……吴宝康很早便对政治行政因素进行了肯定，他主要是从档案学的政治性方面进行探讨，认为档案学具有党性，档案学的党性是阶级性和科学性的统一，并提出了“社会主义档案学”的名词，“可以认为我国档案学从根本上说是有阶级性、党性的……这正是档案学不同于其他社会科学的一个特点”，“明确档案学的党性，对于建设档案学，提高档案学的理论水平和科学水平是具有决定意义的”。③

◎ 2016年（丙申） 诞辰99年

4月28日，肇庆学院档案馆夏慧副研究馆员在《山西档案》2016年第3期上发表《吴宝康档案思想研究综述》。文中评价：

吴老首创现代档案教育，在近半个世纪的档案教育事业中，他的学术重

① 浙江省档案局．档案事业概论［M］．杭州：浙江大学出版社，2014：160.

② 金波，于英香．图书情报档案理论与实践研究：第2辑［M］．上海：世界图书上海出版公司，2015：469-470.

③ 陈建．中国档案学的政治性格研究［D］．北京：中国人民大学，2015.

点在于档案基础理论研究。他主编的《档案学概论》和专著《档案学理论与历史初探》等著述，为新中国档案学理论研究和档案教育奠定了良好基础。学界以其创作为基点，对他的档案学思想展开探讨。①

5 月 25 日，山东大学董彦彤完成硕士学位论文《吴宝康档案学思想研究》。作者梳理了先生的档案实践活动和档案学思想理论，重点分析了先生档案学理论产生的思想渊源和对当代档案学术领域产生的影响。文中评价：

> 吴宝康档案学思想的形成，与档案教育、档案工作密不可分。吴宝康推动了中国档案学教育事业的发展，终生致力于档案学研究，最终形成了一套完备的档案基础理论思想体系。他的基础理论思想贯穿于档案工作之中，体现在档案高等教育观念和档案学科变迁之中，凝结在档案学的系统研究之中。②

◎ 2017 年（丁酉） 诞辰 100 年

1 月 25 日，辽宁大学档案学硕士研究生金璐在《档案》2017 年第 1 期上发表《谈〈档案学概论〉30 年的演变》，文中评价：

> 1988 年 1 月，吴宝康任主编，和宝荣、丁永奎任副主编的《档案学概论》由中国人民大学出版社出版。编者以“档案学概论是一门专业的基础理论知识课”为出发点，经过多次会议讨论，反复论证，确定全书分为档案、档案工作、档案事业、档案学四编。这样的设计内容全面，将档案学建设中最大的几个基本概念及内容囊括其中；顺序合理，符合人们的认识规律，“采取先从档案讲起，再讲档案工作和档案事业，最后才讲档案学。我们认为这样比较容易被青年学生接受和消化”，这样一个全面而严谨的结构获得了成功，为后来多版《概论》所沿用。尽管该书中的内容有一些不足之处，但是瑕不掩瑜，该书基本反映了当时我国档案学研究的水平，是对档案学理论进行总结归纳的重要成果。③

7 月 18 日，中国人民大学信息资源管理学院（档案学院）徐拥军副教授和硕士研究生王露露在《档案学通讯》2017 年第 4 期发表《论吴宝康档案思想的演变》④。全文如下：

---

① 夏慧．吴宝康档案思想研究综述［J］．山西档案，2016（3）：122-124.

② 董彦彤．吴宝康档案学思想研究［D］．济南：山东大学，2016：33.

③ 金璐．谈《档案学概论》30 年的演变［J］．档案，2017（1）：9-16.

④ 徐拥军，王露露．论吴宝康档案思想的演变［J］．档案学通讯，2017（4）：13-17.

2017年是吴宝康诞辰100周年。吴宝康作为新中国档案学和档案教育的奠基人及创立者，与曾三、裴桐并称为“档案三老”，其档案思想具有“以提供利用为中心、以面向社会为目标、以实践需求为基础、以时代趋势为补充”的特点，其思想的演变轨迹可以看作我国档案事业发展的缩影，同时也代表了新中国发展档案教育事业的探索历程。

笔者以“吴宝康”“档案思想”为检索关键词，在中国知网和读秀学术分别对截至2017年4月的文献进行检索，通过阅读题名和摘要，发现与主题高度相关的文献105篇。相关研究成果主要集中在档案学科体系、中国档案学史、国家档案事业管理、档案工作规律和档案利用思想等诸多方面，然而，关于吴宝康档案思想演变过程的研究成果则较为薄弱。本文结合我国档案事业发展轨迹和吴宝康的个人工作经历等因素，梳理并分析吴宝康档案学思想的演变过程及主要原因。

1 吴宝康思想演变的内容

1.1 从文书档案工作到科技档案工作

吴宝康在解放战争期间开始从事文书、档案的研究工作，于1948年7月，调到中共中央华东局政策研究室工作，任资料室主任。在上海解放后，任华东局办公厅秘书处副处长，负责监管档案工作。这些工作经历为他从事机关文书处理和档案工作研究提供了丰富的实践经验。新中国成立初期，从中央到地方各机关尚且不具备文书档案工作基础，加之文书档案本身具备较强的政治斗争色彩，党和国家极为重视，因而提出了统一管理国家档案的原则和立卷归档制度等举措。吴宝康关于文书档案的思想主要集中在文书立卷工作和如何区分资料与档案两大主题：一方面，他曾多次强调文书立卷对档案管理工作的重要性，在《文书立卷实验工作的初步研究》《中国人民大学档案专修班立卷实验工作的初步研究》《论文书处理工作的任务与组织》《论文书处理学的创建及其对象与任务》等文章中多次提出“在文书处理部门便立好案卷是最好的、最值得推荐的方式”[①]“文书处理工作是管理国家事务的一种重要工作手段”[②]等观点。另一方面，吴宝康对区分档案与资料问题的认识有一个推翻自我、不断深入的过程。1951年，他首次提出以“是否

① 吴宝康．中国人民大学档案专修班立卷实验工作的初步研究［J］．档案工作，1953（2）：11.

② 吴宝康．论文书处理工作的任务与组织［J］．档案工作，1955（1）：5-9.

需要本机关、本部门所办理”[①] 作为区分档案与资料的关键；1953年，他又对原先的观念进行了补充修正，提出：不应仅从文件材料的内容与形式上区分档案与资料，而主要应从其目的上去看。[②]

随着国民经济恢复，特别是第一个五年计划的实行，在经济管理部门和企、事业单位形成了大量科技档案，同时，为确保经济管理、科技研究和生产建设正常进行，建立科技档案工作已成为刻不容缓的事情，这就为科技档案事业的发展提供了物质基础和必要性。[③] 吴宝康在科技档案方面的研究重点在于构建基础理论和实现经济效益。1956年，吴宝康在档案工作人员应掌握的基本技能中就提到了对技术档案的管理与组织。次年，又再次提出“技术档案管理与组织”是一门独立的科学课目。[④] 1983年8月，吴宝康在科技档案学术讨论会上提出，“如何把经济学理论应用到科技档案工作中来是新思路，而经济效益的计算还需要继续研究”[⑤]。次年，吴宝康对去年所提问题进行了简要回答：科技档案在生产活动过程中，得到利用方可实现其价值，从而产生经济效益。[⑥] 1990年，吴宝康又再次强调了科技档案，在科学技术转化为生产力的实现过程中，必将发挥其无可替代的重要作用。[⑦]

1.2 从档案实体管理到图书情报档案信息管理

新中国成立初期，我国档案工作面临的中心任务是：接管并整理旧中国遗留下来的档案、集中革命战争时期的档案、建立基本的立卷归档制度等，而这些中心任务都与档案实体管理工作密切相关。1953年，吴宝康基于丰富的资料管理和文书立卷工作经验，详细阐释了立卷工作要遵循的六大特征、具体工作流程以及需要注意的事项。根据国家档案事业建设的客观要求，吴宝康提出，目前档案整顿改革工作的首要任务是“建立档案工作的统一管理制度，健全机关的文书处理工作，对历史档案实行国家的监督和有计划的集中”[⑧]。

1984年，为了“实现向科学进军的计划”和“服务四化建设”，档案与

---

① 吴宝康．论档案学与档案事业［M］．南京：南京大学出版社，1988：2.

② 吴宝康．论档案学与档案事业［M］．南京：南京大学出版社，1988：11.

③ 王传宇．新科技档案事业50年（上）［J］．档案学通讯，1999（5）：30-33.

④ 吴宝康．关于档案学问题［J］．档案工作，1957（1）：26-29.

⑤ 中国档案学会副理事长吴宝康在科技档案学术讨论会上的讲话［J］．档案学通讯，1984（1）：4-11，38.

⑥ 吴宝康．科技档案与经济效益——复姜树滨等四同志信［J］．档案学通讯，1984（3）：4-8.

⑦ 吴宝康．论新时期档案学与档案事业［M］．北京：中国档案出版社，1997：156.

⑧ 吴宝康．论新时期档案学与档案事业［M］．北京：中国档案出版社，1997：30.

图书、情报的信息价值作为发展科学技术、实现四化的条件之一，受到了党和国家的高度重视，加之各地档案馆馆藏数量的不断增多和馆藏结构的不断丰富，也为实现图书情报档案信息一体化提供了物质基础。1986 年 7 月，吴宝康在全国档案学研讨班上作专题报告时提出："图书、档案、情报一体化和文书、档案一体化的趋势终将实现，成为档案学的又一突破点。"① 1987 年 4 月，吴宝康进一步明确提出了档案学研究的新趋势，即要从过去研究传统档案管理，转变到研究文献管理、信息管理、知识管理上来。② 1990 年，吴宝康又切实提出了迈出"一体化"的第一步是首先要在档案界内部实现统一的信息联网管理。③

1.3　从以利用为纲到以信息资源开发为中心

在接触档案工作之前，吴宝康主要从事一些新闻编辑、调查研究等事务性服务工作，1948 年调至中共中央华东局任资料室主任，主要职责是管理华东局机关的图书、报纸、资料和档案，最终为政策研究室提供服务。多年的服务工作实践使得吴宝康对收集、整理、保管、利用四个工作环节有了初步认识，并形成了以"利用"为中心的观念，且这一观念始终贯穿于其后的档案利用思想研究。1958 年，党和国家提出了向科学进军的号召和发展科学研究工作的方针，提供了"为社会主义建设服务"的客观动力；同时，我国档案收集、整理和保管工作已取得了初步成果，开展利用成为推动整体档案工作进一步发展的主观要求。在主客观条件兼备的情况下，1958 年 4 月，国家档案局提出了"以利用为纲"的指导方针。吴宝康极为赞成这一思想，同年 5 月，便从理论层面阐述了"以利用为纲"的方针和意义，即"以利用为纲"的方针是反映和符合档案工作发展规律的。④ 后来，在"文化大革命"期间，"以利用为纲"的方针被指控为"修正主义方针"，为此，吴宝康多次从可行性、矛盾论和系统论等角度论证"以利用为纲"方针的科学性和正确性。在利用思想问题上，吴宝康称自己是个"利用为纲论者"但不是"唯

① 吴宝康．论新时期档案学与档案事业［M］．北京：中国档案出版社，1997：16-17.

② 徐定权．我国档案管理已进入信息管理阶段——吴宝康教授谈档案、图书、情报信息一体化管理［J］．上海档案，1987（3）：5.

③ 姜之茂．语重心长盼飞跃——访著名档案学家、教育家吴宝康教授［J］．北京档案，1990（6）：10-12.

④ 吴宝康．论档案学与档案事业［M］．南京：南京大学出版社，1988：88.

利用论者”，即不忽视档案基础工作又不事事强调利用，而是以利用为纲。①

改革开放时期，为了适应经济建设、体制变革的时代趋势，吴宝康对档案利用理论进行了深化和延伸，提出“档案工作贵在做活”的倡议，他认为，为了做活，整个档案事业要真正实现开放式的转变，必须面向现代化，面向全国，面向世界，面向未来。随着信息社会的到来，吴宝康认为，开发档案信息资源是当前档案工作的中心任务和档案学研究的中心课题。1995年，吴宝康在接受采访时还提到研究档案信息资源的开发利用要提高到战略高度。②

1.4 从注重调查编研到注重主动服务

吴宝康从抗日战争年代起主要从事的工作便是调查研究工作，先后任新四军第六师政治部调查研究室主任、茅山地委调查研究室主任等，这些经历让吴宝康深谙调查研究对档案工作的重要性。1954年初，吴宝康陪苏联专家谢列兹聂夫到上海、南京、杭州和广州等地考察档案工作，回京后，吴宝康基于实地调研结果形成了书面报告，在报告中提出当务之急是成立国家档案局。1954年11月，我国设立国家档案局。1956年，国务院颁布了《关于加强国家档案工作的决定》，进一步强调了发展档案工作对于社会主义建设的重要意义。1957年，为了推动我国档案学研究工作的发展，吴宝康提出要“加强调查研究工作，积累大量实际材料，以便于为档案科学的研究工作创造条件”③。在改革开放后的思想解放时期更是主张要大兴调查研究之风。在从事档案教育和理论研究工作后，吴宝康自己也身体力行，多次带领研究生到江苏、上海、浙江等地的档案部门进行实地调研。

同时期，吴宝康也极为重视档案编研工作，这也与吴宝康多年从事的新闻编辑工作紧密相关。1984年，吴宝康提出开展档案编研工作可以把“死”档案变成“活”档案，可以提高档案工作的社会地位。④ 吴宝康对于调查研究和编研工作之间的关系也有较为清晰连贯的认识，他认为，调查研究工作可以积累大量的实际材料，由编研工作将之加以利用，可以发挥档案史料价值和情报价值。⑤ 在《中华人民共和国档案法》颁布后，1988年，为了推动

① 李丹．吴宝康档案编研与利用思想演变研究［D］．沈阳：辽宁大学，2012：24.

② 时元第，毕嘉瑞．老梅著新花——访著名档案学者吴宝康教授［J］．档案学研究，1995（1）：90-91.

③ 陈贤华．吴宝康与中国档案教育［J］．档案学通讯，1987（6）：4-9.

④ 吴宝康．谈谈档案的编研与利用工作［J］．中国档案，1984（1）：34-36.

⑤ 吴宝康．努力发展档案学［J］．档案工作，1957（2）：16-19.

档案编研工作进一步合法化和规范化，吴宝康提出：正确解决内部编研工作与外界利用需求之间的矛盾是执行《档案法》时面临的一大问题。在此期间，吴宝康也通过自身的编研工作为广大档案工作者树立了榜样，主编出版了《中华人民共和国档案工作纪实（1949年—1981年）》《中国档案近现代史稿》等编研成果，多次为《档案编研的理论与方法》《曾三档案工作文集》《宋代档案管理研究》《三十国档案工作概况》等编研成果或者主题著作题词作序。

同前文所述，社会经济体制改革和信息时代来临要求档案工作提供情报支持经济建设，同时，档案学研究重点开始从关注档案管理的内向性层次转为关注档案内容的外向性研究，以服务于社会各方面的信息需求。1985年，吴宝康提出档案利用工作要从为机关服务转为面向社会，从被动转为主动，从单一转为多样，从零散转为系统，从低效转为高效。[①] 1993年，吴宝康再次提出要让档案工作跳出或走出“档案大院”，真正成为社会的组成部分之一。1995年，吴宝康在《航空档案》创刊百年之际再次强调了主动服务在档案编研利用工作中的重要性。[②]

1.5　从历史辅助学科到档案学科体系

我国档案工作虽然历史久远，但却始终未形成真正意义上的正规档案教育。民国时期的档案学著作也多是偏技术经验型的，理论性的科学著作较为罕见。新中国成立后，可以说是要从零开始将档案学作为一门学科建立起来，其难度可想而知。

1952年11月，吴宝康调入中国人民大学组建档案学专业，担任档案学专修班主任，由此，从政府机关单位正式转入了档案教育岗位。刚上任面对的难题之一就是档案学基础理论的建设，他大量阅读文书档案学的相关专著，融入自己的学术思考和实践经验，于1958年撰写了《档案学专题讲授大纲》作为档案学课程教材，初步构建起了中国档案学的基本学科理论体系。在这一阶段，吴宝康将档案学定位成一门独立的科学，同时也是一门历史科学的辅助科目。[③] 吴宝康多次担任《档案管理学》《当代中国档案学论》《档案学简明教程》等课程教材的主编，或者为《档案学基础》《教学档案管

① 吴宝康．论档案学与档案事业［M］．南京：南京大学出版社，1988：496.

② 吴宝康．略论利用与编研［J］．航空档案，1995（1）：10.

③ 吴宝康．论档案学与档案事业［M］．南京：南京大学出版社，1988：490.

理》《当代中国档案学论》等优秀理论著作撰写绪论，可见他对档案学理论著作和专业教材的支持和鼓励。

随着我国各地档案工作的广泛开展和档案事业的建立完善，档案学科建设也逐渐摆脱了原先的困境，进入了稳定发展阶段。20世纪80年代后，吴宝康对档案学学科的认识也更加成熟、系统，研究重点主要集中在档案学的属性定位、体系结构和发展方向等三个方面。在属性定位方面，吴宝康提出：我国档案学已经从技术型、经验型的科学，发展为一门理论的科学，已经从作为历史学的一门辅助科目发展为独立的科学，已经从单一的学科发展为具有一定的科学体系以及若干分支的学科。① 在体系结构方面，1987年，吴宝康基于实际与未来发展的角度将档案学分成理论档案学和应用档案学。② 1996年，吴宝康又从研究对象和范围角度将其一分为三，分别是管理、内容和保护。③ 在发展方向方面，吴宝康明确提出，档案学将日益向信息管理和开发利用的学科方向发展，并有所突破，进而有可能改变和影响档案学的学科属性。④

2 吴宝康档案思想演变的原因

吴宝康曾在自述中提到有三件事对他的思想轨迹产生了长远影响，分别是：1938年，在上海参加以黄炎培为校长的上海职业补习学校举办的各科讲座；1944年，在苏皖区党委机关参加党的整风学习；抗战时期五个年头的调查研究工作。⑤ 这三件事都是发生在吴宝康从事档案工作之前，分别引导吴宝康形成了宽广包容的学术视野、科学的思想方法和实事求是的工作作风。笔者认为，可以从思想、文化和工作等方面分析其思想转变的原因。

2.1 科学的思想和方法论

1935年9月，吴宝康进入上海英商汇丰银行当练习生，博览大量进步书籍并接受马克思主义，逐渐形成了以马列主义、毛泽东思想和邓小平理论为指导，引入矛盾论、系统论、控制论和信息论的档案思想方法体系。

吴宝康作为老一辈革命家，始终坚持马列主义、毛泽东思想和邓小平理

① 吴宝康．论档案学与档案事业［M］．南京：南京大学出版社，1988：80.
② 吴宝康．论新时期档案学与档案事业［M］．北京：中国档案出版社，1997：36.
③ 吴宝康．档案学研究中的一些想法［J］．档案学通讯，1996（3）：12-13.
④ 吴宝康．中国人民大学档案学院吴宝康教授谈档案学未来发展的十大趋势［J］．山西档案，1987（1）：46.
⑤ 吴宝康．我的回忆（续完）［J］．档案学通讯，1997（2）：70-78.

论的指导，重点表现在扩展档案学研究的知识领域，提高对档案工作的政治性认识，增强建设社会主义档案事业的自觉性等方面。1983 年 3 月，吴宝康曾作题为《马克思与档案》的学术报告，介绍了马克思关于档案和档案工作的许多精辟论述，阐述了档案资料在马克思进行科学研究、创立科学共产主义理论中的重要作用。① 1983 年，吴宝康给《河南档案》题词："坚持以马克思列宁主义、毛泽东思想为指导，密切结合我国档案工作的历史和实际，努力建设和发展具有我国特点的社会主义档案学。"1984 年，吴宝康曾特别发文提出：马克思十分重视利用档案进行政治斗争和科学研究，而且还亲自参加过档案工作的实践。②

吴宝康主张引入矛盾论、系统论、控制论和信息论等方法论来丰富和发展档案学理论，他认为，档案工作作为一个整体之所以得以不断发展前进，正是利用环节作为独立要素与其他环节相互作用斗争，又相互统一于整体系统中。1961 年，吴宝康在学习了毛泽东同志的矛盾论笔记后有所体会，进而提出：档案工作的基本矛盾是"档案文件的收藏（收集、保藏）和人们的利用需求之间的矛盾"③。1981 年，基于历史视角，吴宝康提出"整个档案工作的历史也基本上就是不断地解决它们之间的关系和矛盾的发展历史"④。陈贤华和朱荣基等学者都曾评价吴宝康"提供了分析档案工作矛盾运动的范例"⑤，"对我国档案学最重要的贡献，就是关于档案工作的矛盾运动及其规律性的理论研究"⑥。吴宝康认为部分人将"利用为纲"定位为修正主义方针是因为对这一理论存在错误认知，因而，在原先矛盾论的基础上，吴宝康又从更高的矛盾——系统论层次进行了深入论证和完善。他认为，任何系统都有内部和外部的环境，系统的发展是内外部环境相互斗争统一的结果，而档案利用是档案系统内外部环境相互联系作用的枢纽环节，要实现档案系统的发展，必须从档案利用环节入手，使内外环境发生作用。可见，吴宝康的档案利用思想是与时俱进、不断完善、具有逻辑性的理性认识。

---

① 吴宝康．马克思与档案［J］．档案学通讯，1983（Z1）：2-14.

② 吴宝康．马克思重视档案及其作用［J］．历史档案，1984（1）：79-83.

③ 王德俊．中国人民大学档案系历次科学讨论会简介［J］．档案学通讯，1984（6）：50-52.

④ 吴宝康．为发展档案学理论研究建设社会主义档案事业奋斗——在江西省档案学会成立大会上的报告［J］．档案工作，1981（5）：10-13.

⑤ 陈贤华．吴宝康与中国档案教育［J］．档案学通讯，1987（6）：4-9.

⑥ 朱荣基．我国档案学宏观研究的重要成果——读《档案学理论与历史初探》［J］．档案学通讯，1987（1）：65-70.

2.2 深厚的文化根基和宽广的学术视野

吴宝康在外商银行工作期间广泛阅读了大量文学、哲学、经济学和政治学等主题的书籍和报刊。他在《我的回忆》中提到：《大众哲学》《论持久战》和《家》等著作对他哲学思想方法、世界观、人生观的启蒙作用很大，也推动他走上了革命和抗日的道路。① 吴宝康还在业余时间上夜校，参加各种演讲报告会和培训班，包括在回忆录中提到的上海职业补习学校举办的讲座，讲座报告涵盖主题广泛，包括国际形势报告、青年思想修养、中国历史和世界历史等，报告人皆为周谷城、孙冶方、林淡秋、平心等名家，与他们的接触为吴宝康其后形成宽广的学术视野和从事档案理论研究工作奠定了深厚的文化根基。

吴宝康从历史学、文献学、行政学、管理学和传播学等学科视角出发，在研究档案学学科建设、档案学理论体系构建和研究趋势等方面表现出其宽广的学术视野。1956年，吴宝康提出，文书、档案工作人员应当培养出宽广包容的学术视野和相关技能。② 1955年，吴宝康从行政学角度提出："唯有正确地建立了国家机关中的文书处理工作，才能够帮助机关领导者正确地处理政治事务。"③ 吴宝康曾从文献学的角度对整卷与编纂的关系进行深入的分析。他认为，整卷与编纂不同且彼此联系，整卷是为了保存档案，也是为了编纂，而编纂同时又必须依靠整卷工作成果。④ 吴宝康还极为重视档案的宣传工作，将档案宣传工作与档案广泛利用和社会化服务彼此联通。他曾多次提到，档案宣传工作要面向社会，才能够真正使档案学得到社会的重视。此外，吴宝康在研究过程中与时俱进地吸收着外界的创新观点。吴宝康支持将档案学置于文献管理、信息管理、知识管理等背景下进行更具有社会性、时代性和技术性的开放研究。他对档案服务对象的认知也具有较强的进步性和创造性，尽管之前从事的是文书档案工作，但是后期却摆脱了对档案是政治斗争工具的初级认知，形成了以为经济建设服务为中心，同时为社会发展、普通群众和文化交流服务的档案服务理论。

2.3 丰富的工作经历和坚韧的品格心性

吴宝康从小便喜好阅读各类书籍和整理材料，尤其是在上海南洋中学读

---

① 吴宝康．我的回忆（续完）［J］．档案学通讯，1997（2）：70-78.

② 吴宝康．文书、档案工作人员向科学进军时应该学习什么［J］．中国档案，1956（6）：5-6.

③ 吴宝康．论文书处理工作的任务与组织［J］．档案工作，1955（1）：5-9.

④ 吴宝康．论档案学与档案事业［M］．南京：南京大学出版社，1988：6.

书期间，在课余期间会做一些知识积累和资料整理工作。毕业之后，在汇丰银行工作期间，吴宝康成为地下党员，他曾在自述中提到自己可以发展至今的决定性因素便是“党的干部选择、选拔和培养”①，然而，更是因为对档案事业充满热爱和迷恋，吴宝康才选择为档案工作、档案理论研究和档案教育事业奉献一生，执着无悔。虽然吴宝康正式接触档案工作是在 1948 年，但不可否认的是，吴宝康之前从事调查研究和新闻报刊的工作经历对其后档案思想的转变产生了深远的影响，这两段社会性较强的工作经历使得吴宝康在从事档案工作后极为重视档案利用工作和社会性服务，也形成了实事求是的工作作风和干一行、专一行的工作态度。最终，吴宝康形成了对包括档案在内的资料工作的基本认识，即档案无论是作为革命时期的政治斗争工具，还是用于经济建设时期的信息开发，抑或是服务于社会各方面，服务于普通群众，都具有一个共同点——档案工作是一项基础性工作，任何时代都有其特定的且不可或缺的需要。这一认识最终发展为一种坚定的理想信念，在精神上支持他将档案理论研究不断深入、创新和发展完善。

吴宝康在从事档案教育工作后，曾直言“在中国人民大学建设档案专业的 40 多年，也许可说我是尝够了人生甜、酸、苦、辣的种种味道”②，尤其是在十年动乱期间和中国人民大学停办，档案系将被撤销之时，吴宝康都坚守着“档案学是有生命力的”的信念，积极奔走、写信，争取保留档案系，最终在他的努力下，中国人民大学档案系得以暂归北京师范大学按原建制代管一年。斗争和困境并未浇熄吴宝康对我国档案教育事业建设的一片赤诚，他全力争取中国人民大学复校，同时恢复历史档案系，也多次建议中央和国务院早日恢复国家档案局。“文革”期间的“大办档案”也促使吴宝康对档案理论完善和实践工作问题进行了反思和分析，对“利用为纲”的思想理论有了更加透彻深入的认识。

由上可见，吴宝康档案思想的演变离不开其丰富的工作经历、深厚的文化积淀和科学的思想方法论、坚韧的品格心性和敬业的工作态度等主客观因素的多重作用。当然，受到时代背景、意识形态的限制，吴宝康的档案思想也存在一定的局限性。例如，吴宝康反对“反思学术思想”，认为“1979—1989 年以来，档案学全面活跃，空前繁荣，成果累累，是建国以来档案学

① 吴宝康．我的回忆（续完）[J]．档案学通讯，1997（2）：70-78.
② 吴宝康．我的回忆（续完）[J]．档案学通讯，1997（2）：70-78.

研究最兴旺的时期”①，未能对档案学发展持理性辩证的客观态度。吴宝康提出的“以利用为纲”的方针本身虽有积极意义，但是在“大跃进”的社会背景下，被部分档案工作者误读，导致“人人建档案”“事事档案化”等错误行为。这样的思想形成具有较强的时代特征，不可一味否定，在分析时需要深入研究其特定的社会背景、个人经历和演变过程，方可形成对吴宝康档案思想的客观认识和全面评价。

总之，吴宝康对我国档案事业的建设，尤其是档案教育事业实现从无到有，以及档案理论研究和学科体系的形成发展做出了不可磨灭的贡献，极大提高了社会对档案利用工作的重视程度和对档案学研究的专业性认知。我们应该更加科学灵活地继承吴宝康的档案思想结晶，更好地推动我国档案事业科学发展。

7月18日，中国人民大学信息资源管理学院（档案学院）博士研究生闫静和信息资源管理学院（档案学院）徐拥军（笔名：徐传信）副教授在《档案学通讯》2017年第4期发表《从研究对象到研究视角——由吴宝康研究看档案学人研究的路径转换》。文中提出：

学人研究是档案学研究的一块重要领地，是档案学术史研究的重要内容。以吴宝康这一档案学界重量级人物为例，作为研究对象的吴宝康档案思想研究，是将吴宝康视为单一的研究个体，重点研究他的档案学术观点、档案教育理念、档案专业情怀等方面；作为研究视角的吴宝康档案思想研究，已不仅将吴宝康视为一个人物表征，而且作为一种媒介、一个切入口，研究重点在于由学人看时代背景、由学人评历史事件、由学人论关涉人物。而从学术史意义上扩宽吴宝康档案思想研究路径，则从更高层面上将学人研究转向更广阔的领域，促使我们立足学科发展、追溯学术传统、把握学术脉络、推动学术进步。②

8月5日，重庆科技学院档案馆张玲在《兰台世界》2017年第15期上发表《中国档案学领域杰出人物的影响力研究——以论文题名及关键词中的人名词频为指标》。文中指出：

---

① 吴宝康．档案学建设的历史回顾与今后任务［J］．档案学研究，1989（3）：9-15.

② 闫静，徐传信．从研究对象到研究视角——由吴宝康研究看档案学人研究的路径转换［J］．档案学通讯，2017（4）：18-23.

> 本文利用 1998—2015 年档案学、档案事业类 CSSCI 库中的 47 种期刊统计出了论文题名和关键词中含有人名的 726 篇文章，筛选出了 581 个杰出人物，并着重研究了排位前 78 名的杰出人物，其中吴宝康、冯子直、刘国能、冯惠玲、谢伦伯格、杨冬权、毛泽东、邓小平、比尔曼、邓绍兴、毛坤、詹金逊位列前 12 名，除毛泽东和邓小平两位领袖人物外，其他 10 位皆属于档案学领域的专家、学者。①

8 月 15 日，范学贵在《档案与建设》2017 年第 8 期上发表《铁血柔情吴宝康——纪念吴宝康诞辰 100 周年》。文中评价：

> 提起吴宝康这个响亮的名字，我国档案界尽人皆知。他在中国人民大学长期从事档案教学与研究，为开拓我国档案事业，奠定档案学教育基础，培养大批优秀档案事业人才，倾其一生心血，做出了巨大贡献，在我国享有档案学泰斗之美誉。②

8 月 21 日至 22 日，“吴宝康同志诞辰 100 周年系列纪念活动”在浙江湖州南浔举行，活动由中共南浔区委员会、南浔区人民政府和中国人民大学信息资源管理学院（档案学院）、中国人民大学档案馆共同主办，中共南浔区委宣传部、南浔区档案局承办。

十二届全国政协委员、国家档案局原局长、中央档案馆原馆长、《他是一座山——新中国档案教育开拓者吴宝康》纪录片总顾问杨冬权，中国人民大学党委副书记郑水泉，中国人民大学原常务副校长冯惠玲，浙江省档案局局长刘芸，湖州市副市长闵云，南浔区区委书记夏坚定，中国人民大学信息资源管理学院（档案学院）院长张斌、党委书记王丹，中国人民大学档案馆常务副馆长李惠等嘉宾和先生家属代表出席活动。

8 月 21 日晚，《他是一座山——新中国档案教育开拓者吴宝康》专题纪录片首映式举行，杨冬权宣布启映。该纪录片总长约 50 分钟，由上海电视台高级编辑、著名纪录片导演宋继昌执导，2015 年在南浔开机拍摄，并先后赴北京、上海、浙江、江苏等地取景，通过先生亲人和生前好友的亲历口述，用镜头探访先生曾革命战斗过的地方，全面展示先生的革命生涯和为档案教育事业鞠躬尽瘁的

① 张玲．中国档案学领域杰出人物的影响力研究——以论文题名及关键词中的人名词频为指标［J］．兰台世界，2017（15）：31-33.

② 范学贵．铁血柔情吴宝康——纪念吴宝康诞辰 100 周年［J］．档案与建设，2017（8）：58-60.

一生。该片获中国电视艺术家协会主办的“人文中国第五季——红色记忆”全国电视纪录片、专题片三等奖。

8月22日上午，“吴宝康陈列馆开馆仪式”和“纪念吴宝康同志诞辰100周年座谈会”举办。开馆仪式上，刘芸宣布“吴宝康陈列馆”开馆，郑水泉、闵云、夏坚定分别致辞。座谈会上，与会人员共同追忆革命岁月，缅怀先生的人文精神和奋斗品质，畅谈档案学术文化。冯惠玲，张斌，李惠，先生长女吴稼平，湖州市社科联秘书长、湖州市南浔区弘扬吴宝康先生档案学术思想研究顾问张前方，以及杨冬权先后发言。杨冬权指出：

> 吴宝康不仅是无数档案工作者眼中的一座山，更是一泓充满了档案知识和人文思想的湖。当下，从事档案事业的后辈要将他所开创的中国档案文化事业继承与发扬下去，努力开创档案工作发展的新纪元。①

8月22日，在纪录片《他是一座山——新中国档案教育开拓者吴宝康》中，多位档案界学者共同追忆了先生的生前事迹和杰出贡献。

中国档案学会原常务副理事长王德俊在影片中评价：

> 档案学学科体系，基本上是吴老一手扶起来的。当然这里也有很多别人的功劳，但是领头的是他，画蓝图的是他，最后综合别人意见，形成最终成果的也是他，就连现在最基础的东西也是他提出来的。

先生大女儿吴稼平回忆，2002年，先生有一次给中共中央组织部写信汇报自己的工作，信中写道：

> 自中央组织部调我来京，至今已整整五十年。半个世纪来，我铭记党交给我的任务：创办新中国的档案高等教育事业。几十年呕心沥血，排除万难，终于为档案高等教育和国家档案事业的发展打下了一定的基础。作为一个老干部，我想，我现在可以向中央汇报工作了。

冯惠玲评价先生是中国档案事业的一座山，在中国档案教育界是一座山，并回忆先生去世前一直惦记着中国人民大学和档案学专业的未来发展。冯惠玲说：

> 他到临终，没有自己，没有个人要求，全部都是学校、学科、学生。

① 档案学教育奠基人吴宝康同志诞辰100周年纪念活动在浙江南浔举行［EB/OL］.（2017-08-26）［2018-01-01］. 人大新闻网，http：//news. ruc. edu. cn/archives/177700.

中国人民大学退授教师韩玉梅说：

和这么一个任何怨言都没有、把终身献给档案教育事业的人在一起共事，是一种幸福。

中国人民大学信息资源管理学院（档案学院）院长张斌回忆说：

他总是语重心长地和我们说，选择这个专业是非常好的，档案事业值得一生去研究、去追求。因此他也鼓励越来越多的年轻人去从事、热爱档案学专业的研究，这样档案事业就会后继有人。

浙江省湖州市档案局（馆）原副研究员徐丽萍回忆，先生曾和她说：

档案工作要做好，要心无旁骛，虔心档案。

国家档案局政策法规研究司原司长、中央档案馆原新闻发言人郭嗣平说：

给我最直接的、最深刻的印象是，吴老的档案学理论的研究，不仅仅局限在研究上，他基于这种档案学理论的研究，对中国档案事业提出的一些战略性的措施，太了不起了。而且实践证明，吴老的很多建议、很多观点非常正确。

国家档案局评价：

吴宝康教授是新中国档案学教育和档案学研究的奠基人之一，在几十年的档案学教育中，靠着锲而不舍的顽强奋斗精神，努力发展档案学，发展档案教育事业。档案学院从无到有，从小到大，以及档案学教育和档案学的发展，都与吴宝康教授在党的领导下所做出的努力分不开。

在现存的视频采访影像中，先生说：

我觉得，我们建立中国的档案事业，建立我们中国的档案教育，中国的档案学，都是马克思主义带了头的，是以马克思主义为指导的。

我是这么想的，只要我们这个党，我们社会需要这个专业，什么力量也阻挡不住它的发展。①

9月4日，中国社会科学院研究员、当代中国研究所原副所长程中原在《中国档案报》当日第3版上发表《终生效学的榜样——纪念二姐夫吴宝康》。文中写道：

① 浙江省湖州市南浔区档案局（馆）. 他是一座山——新中国档案教育开拓者吴宝康［M/CD］. 内部发行，2017.

> 我觉得他最可宝贵的一点是富有独立见解，能够提出别人没有提出的见解。
>
> 他曾不无骄傲地说，称得上我们党的宝贵财富的有两样，一样是老干部，一样是档案。他是从这样的高度来认识和从事档案事业的。
>
> 他总结档案工作的经验和规律，提出并坚持“利用为纲”，强调一定要围绕利用来做好保管等各方面的工作，开展各方面的档案工作。我参加张闻天选集传记组工作，负责撰写《张闻天传》，与档案发生十分密切的关系，深深体会到“利用为纲”是对的，是符合档案工作规律的。我们工作中有什么与档案工作有关系的事，我在利用档案过程中有什么体会，都跟他谈。①

9月15日，中华人民共和国海南海事局林曲虹在《档案管理》2017年第5期上发表《当代中国档案学的发展现状、特点与趋势》。文中评价：

> 吴宝康先生的《档案学概论》中，率先采用系统论的方法，分析了档案工作系统的结构与功能、档案工作系统内部结构之间的关系、档案工作系统与外部环境的关系，取得了较好的研究成果。②

9月，中国人民大学档案馆编著的《人大·档案·记忆（第一辑）》（中国人民大学出版社2017年出版），刊登杨文娜撰写的《吴宝康与中国人民大学档案馆的创建》一文。该文根据中国人民大学档案馆所保存的档案，论述了先生筹备创建档案馆、兼任中国人民大学档案馆首任馆长、主持起草与修改《中国人民大学档案馆暂行工作条例》的过程。文中写道：

> 吴宝康是新中国档案教育的创建人、奠基人，为新中国档案事业的发展做出了杰出贡献。作为中国人民大学首任档案教研室主任，吴宝康不仅为新中国档案学科的发展做出了巨大贡献，同时，作为首任馆长，他一手筹建了中国人民大学档案馆，把档案学的教学研究与档案馆的业务实践相结合，保证了档案馆甫一成立，就运行在科学规范的轨道上。③

9月，中国人民大学校报编辑部编的《大师渊范：中国人民大学名师大家专访集》（中国人民大学出版社2017年出版），收录了刊于校报2006年7月5日第1215期第4版的对先生的专访。

---

① 程中原．终生效学的榜样——纪念二姐夫吴宝康［N］．中国档案报，2017-09-04（3）．

② 林曲虹．当代中国档案学的发展现状、特点与趋势［J］．档案管理，2017（5）：20-21.

③ 杨文娜．吴宝康与中国人民大学档案馆的创建［A］//中国人民大学档案馆．人大·档案·记忆（第一辑）［C］．北京：中国人民大学出版社，2017：45-50.

10月28日，由中国人民大学信息资源管理学院（档案学院）、中国档案学会、《档案学通讯》杂志社联合主办，中国老教授协会档案与文秘专业委员会、浙江省湖州市南浔区档案局（馆）协办的吴宝康学术思想研讨会在中国人民大学八百人大教室举行。本次研讨会也是庆祝中国人民大学信息资源管理学院（档案学院）创建65周年的重要活动之一。

2017年吴宝康学术思想研讨会

中国人民大学党委书记靳诺教授，国家档案局副局长、中央档案馆副馆长付华研究馆员，中国人民大学党委副书记、纪委书记吴付来教授，中国人民大学一级教授冯惠玲教授，中国档案学会秘书长邓小军，《中国档案》主编杜恒琪，北京市档案局副局长马素萍研究馆员，北京市海淀区档案局局长杨军昌，中国老教授协会档案与文秘专业委员会主任王德俊，浙江省湖州市南浔区档案局副局长朱丹娜，中国人民大学档案馆常务副馆长李惠，中国人民大学办公室主任顾涛，吴宝康先生的二女儿吴稼青，中国人民大学《档案学通讯》杂志社总编辑胡鸿杰教授，中国人民大学信息资源管理学院（档案学院）院长张斌教授、副院长卢小宾教授、副院长刘越男教授、党委副书记徐拥军副教授出席会议。来自全国各地的档案学者和档案工作者、中国人民大学信息资源管理学院（档案学院）师生代表共计300余人参加了本次研讨会。研讨会上发表了由吴宝康学术思想研讨会组委会编印的《吴宝康先生百年诞辰纪念文集》（内部发行）、徐拥军编著的《吴宝康学术年谱》（内部发行）。

中国人民大学信息资源管理学院（档案学院）党委书记王丹主持开幕式。开幕式上首先播放了《他是一座山——新中国档案教育开拓者吴宝康》专题纪录片。

吴付来代表中国人民大学在致辞中指出：

吴宝康先生是新中国档案教育与档案学的重要开拓者和奠基人。1952年中共中央委托中国人民大学开办专修科档案班，先生受命担任档案班班主任。从此，先生将自己的毕生精力贡献给了新中国档案教育与研究事业。从初创时期的一穷二白到恢复繁荣时期的逐步完善，档案学科的每一个重要发展阶段都印刻着先生的心血。在档案学科从无到有的发展历程中，先生不畏困难、身体力行、调查研究、著书立说，以开拓者的情怀和抱负，倾其学识和智慧在档案教育史、档案学史上创造了一个又一个标志性成果。先生还十分关注和支持其他高校档案专业的创建和发展，十分注意培养中青年档案学者，为他们的学习和发展甘当铺路石，甚至晚年在病榻之上仍心系档案教育的发展与青年档案学者的成长。这种强烈的专业使命、治学精神与高尚品格为广大档案工作者所称道。

中国人民大学档案专业在先生的领导下不断成长起来，本科教育、硕士学位教育和博士学位教育相继创立，学科建设水平居全国之首；新中国档案高等教育体系和档案学科体系也在先生的努力下不断趋于成熟，为中国档案事业创建与发展提供了坚实的人才保障和智力支撑。今年9月，教育部、财政部、国家发展和改革委员会经国务院批准下发《关于公布世界一流大学和一流学科建设高校及建设学科名单的通知》，中国人民大学图书情报与档案管理入选一流学科建设名单，这是对先生创建档案教育和档案学的最好回馈。

纵观吴宝康先生的一生，作为我国档案界的一代宗师，他将毕生精力奉献给了新中国的档案教育和研究事业，以他革命者的精神致力于建构中国气派、中国风格、中国特色、中国境界的档案教育体系和档案学科体系。先生的学术思想和人格精神，不仅是中国人民大学的宝贵资源，更是全国档案界的共同财富。今天，来自全国各地高校、档案部门的领导、专家和青年学子会聚一堂，共同纪念吴宝康先生百年诞辰，正是为了继承这笔宝贵的精神财富，发扬先生的思想品格与精神风范。

最后，希望通过吴宝康学术思想研讨会的召开，铭记先生为共产主义事业奉献毕生精力的坚定信念，铭记他为新中国档案教育和研究事业做出的开创性、历史性贡献。①

① 根据现场录音整理，未经本人审定。

付华代表国家档案局、中央档案馆在致辞中指出：

今天，我们在这里聚会，纪念吴宝康同志诞辰100周年，缅怀他为我国现代档案学、档案教育的建立做出的重要贡献，学习他的有关档案学、档案教育、档案事业发展的思想，追思他的治学、处事、做人的崇高精神和风范，激励我们这些后学、晚辈为建设我国社会主义档案事业而努力奋斗，这是我国档案学史、档案教育史乃至档案事业史上的一件大事。

吴宝康同志的一生是传奇的一生、奋斗的一生。他的一生都与档案工作有不解之缘。他18岁进入上海英商汇丰银行，22岁加入中国共产党。战争年代，先后在中共东路特委、新四军、中共华东局从事办报、调查研究和资料工作，转战于江南地区，为我们党领导的中国人民解放事业贡献了力量。新中国成立后，吴宝康同志任中共中央华东局办公厅秘书处档案科科长、档案室主任，担任过中共中央秘书处副处长，他和他的同事一道，殚精竭虑，领导和谋划了新中国档案事业的创建，为新中国档案事业的发展做出了积极贡献。

在新中国档案事业创办初期急需一大批政治可靠、业务精湛的档案工作者的情况下，吴宝康同志于1952年领命前往中国人民大学创办档案专业，从此走上了档案高等教育和科学研究工作的岗位，并在这个岗位上坚守了半个多世纪，他见证了新中国档案高等教育的创建、发展、中断、恢复与繁荣，奠定了新中国的现代档案教育和档案学理论研究与繁荣的基础，引领了中国现代档案学的发展和研究方向，培养了一批又一批新中国档案事业建设的生力军，为我国建设世界上体系最为完备、规模最为宏大的有中国特色的社会主义档案事业做出了重要贡献。

今天聚在这里的人，大多读过吴老的书，受到过吴老的教诲，可以说我们都是吴老的徒子徒孙。我本人也在这里学习过多年，曾经有幸多次聆听吴老的教诲。虽然过去了30年，但以吴老为代表的前辈先贤，陈兆祦、和宝荣、丁永奎、李鸿健、张我德、曹喜琛等经常浮现在眼前，他们的教诲经常回响在耳边。

这里是吴老工作、生活的地方，也是他一生牵挂的地方。我们在这里举行吴宝康档案学术思想研讨会，就是要缅怀吴宝康同志为我国档案事业的发展做出的贡献，学习他的思想，继承他的精神，完成他的事业。

我们缅怀吴宝康教授，最重要的是要学习他对档案事业的矢志不移的执着精神。吴宝康教授为我国档案事业的发展奋斗了一生，在他的手上，我国现代档案教育从当初的独此一家到现在的遍地开花，我国的档案事业从初创、发展到现在的辉煌，有发展有停滞，有顺利有挫折，有顺境也有逆境，但吴老对于档案学、档案教育、档案事业一直保持着乐观，一直保持着执着，矢志不移。他兢兢业业，克服了重重困难，奋斗了半个多世纪，圆满完成了党交给他的“创办新中国的档案高等教育事业”这一艰巨任务，培养了一代又一代的档案新人，为我国档案事业的持续发展增添了无穷的动力。他的这份执着使他成为中国档案教育史和档案学史上的一座丰碑，成为几代档案人的典范，激励着我们不忘初心、砥砺前行。

我们缅怀吴宝康教授，要学习他不断开拓的创新精神。新中国的档案事业是在一穷二白的基础上建立起来的。中国有几千年的文化，有几千年的档案工作传统，但是旧中国没有给我们留下像样的档案事业，也没有像样的档案学术思想。吴宝康教授等一批档案界的前辈先贤，从只能依靠苏联专家讲课，到开设自己的十几门课程，再到后来建立了宏大的档案学课程体系。在没有经验可以总结、没有石头去摸的情况下，我国档案教育和档案学能有辉煌的发展，靠的是吴老和他的同事的不断开拓、不断创新，靠的是吴老的精神的引领。

我们缅怀吴宝康教授，要学习他脚踏实地的工作作风。档案学不是玄学，从本质上来说，它是一门应用学科。它来源于档案工作实践，它也要反过来指导实践。吴老在创建中国档案学的时候，一直是脚踏实地，从实践中来，到实践中去。我从人民大学毕业后，到了国家档案局的《档案工作》杂志社工作。我在翻阅杂志社的档案时，仍然在接受着吴老的教诲。吴老曾担任过《档案工作》杂志社编委会的副主任，看到他对每一篇文章的审阅，看到他写的每一篇文章，没有宏篇大论，有的文章甚至仅有半个页码，但他的这些小文章解决了许多档案工作实践亟须解决的大问题，为基层档案工作者阐释了疑难，解决了迷惑。在当今社会越来越浮躁的时候，我们尤其需要认认真真地学习吴老那一代人的脚踏实地的作风，弘扬吴老所代表的那种脚踏实地的工作作风。①

张斌在开幕式上汇报中国人民大学信息资源管理学院（档案学院）发展情况时指出：

吴老的一生是光荣和伟大的，他不仅是一位爱国的革命家与共产主义战

① 根据现场录音整理，未经本人审定。

士，更是一位献身于中国档案事业，致力于发展和繁荣中国档案学研究，开创中国正规档案教育事业的档案学家和教育家。

吴老把他的一生都献给了中国人民大学档案科学研究和档案教育工作；同时，吴老把他的一生也献给了中国档案事业，他始终关注和支持其他高校档案专业的创建和发展，甘当“铺路石”。吴老一生著作等身，先后出版著作6部、书稿1部，创作和发表文章119篇，他虽然已经离开了我们，但他创建的档案事业、档案学思想是永恒的，无论过去、现在或将来都值得我们永远纪念。

如今，曾经由吴老等人一手创建，并为之奋斗了终生的中国人民大学档案学院，已经迎来了它的65岁生日。经过几代人的不懈奋斗，如今的中国人民大学信息资源管理学院正在茁壮成长，在学科建设、师资力量、科学研究、人才培养、社会服务、对外合作等方面都取得了长足发展，已经成为我国图书情报与档案管理学科高等教育体系中创建最早、学科门类最齐全、教育层次最完整的院系之一，成为我国图书情报与档案管理科学研究和高级专门人才培养的重要基地，在国内外具有较好的学术声誉、学科地位和社会影响，为国家培养了大批优秀人才，发挥了重要的智库作用。①

随后，会议在张斌教授的主持下进入专题研讨阶段。冯惠玲、陈永生、曹润芳、朱丹娜、闫静分别做学术报告。

在吴宝康学术思想研讨会上，中国人民大学一级教授冯惠玲首先做了题为“不老的吴老”的主题报告：

在吴老百年诞辰之际，我们怀着深深的敬意，纪念这位档案教育的先贤，却觉得他并没有走远。吴老是九十一岁辞世的，可谓高龄了。晚年的时候由于伤病，行动不便，他很少外出，他的活动半径主要在他的卧室和书房之间。在接近九十岁的时候，也因为眼疾不能看书报，主要靠家人读给他听。所以从那时的身体状况来看，他也的确是位老者了。吴老性情沉稳，话语从容，再加上他的身份地位，在我们这些晚辈心中常常有一种不怒自威的尊者、长者之感。但是，回顾吴老的学术生涯，梳理他的学术思想，我们却分明感受到先生的奋斗精神常在、思维活力常在、学术创新常在。吴老身上一直有一股与时代同行的锐气和朝气，从未停下前行的脚步，所以我说吴老不老。

① 根据现场录音整理，未经本人审定。

我想分两点讲。一个是讲吴老的奋进精神不老。刚才我们从片子里看到了他35岁的时候接受中央的委托，从华中局办公厅转战中国人民大学办教育，在一片空白处，开创了新中国现代档案教育的先河。巧的是他在这里碰见了一个和他性情相投，同样是拼命三郎的苏联专家谢列兹聂夫。他们全力以赴地投入了学科建设，和当时的其他初创人员一起克服了重重困难，不懈努力，仅仅用三年时间就实现了从专修班到研究班、专修科、本科班的发展，初步建立了教师队伍、基本课程和办学基本条件。在苏联专家离开后的十几年间，吴老又带领自己的教师队伍，实现了苏联档案理论的中国化和档案课程的体系化，档案学教育初具规模。这一段在吴老看来是1966年以前（分为1952年至1955年、1956年至1966年两个阶段）。“文革”期间，刚刚走向正轨的人民大学档案学专业，随着人民大学的停办而随之解散。因为其他学校没有这个专业，所以我们本学科的老师没有办法整建制地转移，又被分散到了很多单位，档案教学实验设备和图书资料也被分散了，多年积累的实验材料也有很多被销毁掉了，从而使“文革”以后的恢复工作比其他专业更加困难。1978年，吴老已年逾花甲。61岁那年，他没有卸甲归田，而是为恢复档案专业再度披挂上阵，开始了一场艰难的二次创业。他亲力亲为地请回教员，找回分散的图书资料和实验材料，重建资料室、实验室，使档案系得以重生。之后又以开创者的勇气，建立了档案学硕士点，当初也是有不少异议的。他亲自带了前三批的八名硕士生，把期盼了二十多年的档案学院变成现实。我们的档案学院是1960年经国务院批准的，一直到1985年才得以挂牌，学科体系也逐步完善。吴老70岁的时候，办理了离休手续，离开了学科领导和教学岗位。已经古稀之年的人了，本可以颐养天年了，而他又为自己吹响新的进军号。从那时开始的十年间，吴老笔耕不辍，出版了《论档案学与档案事业》《论新时期档案学与档案事业》，主编了《当代中国档案学论》《档案学简明教程》，发表了论文近60篇，所涉问题非常广泛，紧贴时代脉搏，提出了不少新问题和新观点，把档案学的厚度和宽度又向前推进了一大步。70岁开始，这哪里是一位老者的生活节奏？我想，即使是青壮年学者也难以企及。在长达半个多世纪的学术生涯中，吴老有很多开创之举。除了建立档案教育机构之外，1954年在他的建议下成立了中国人民大学档案馆，他受命担任馆长，这是新中国第一个大学档案馆；1959年，国务院批准成立了档案学研究室，他受命担任主任，这是新中国第一个档案学术研究机构；1978年，他创办《档案通讯》杂志，后来更名为《档案学通讯》，他亲任总编辑，这是新中国第一本档案学术期刊；1985年，他担任《中国大百科全书》图书馆情报与档案学的《档案学分册》的编委会主任，同时牵头编撰《档案学词典》，担任主任，这是我国最早的档案学大型工具书；1988年，吴老主编的《档案学概论》出版，这是我国第一部档案学基础理论教材，荣获了国家的最高教材奖——国家教委高等学校优秀教材一等奖。一个又一个首次，吴老一往无前。这一腔永不言退的创业热血，不是可以和奋斗着的青春比肩媲美吗?

我想提出的第二个不老是吴老的学术思维不老。吴老说他在人民大学只做了两件事，一是办教育，二是搞科研。作为教师，他桃李天下；作为学者，他著述颇丰，多有建树。吴老的学术思想有两个鲜明的特点，一是涉猎广泛，从宏观格局到具体领域，遍及档案学、中国档案史、文书学、档案管理学、科技档案管理学、档案文献编撰学等若干个分支学科，论及了历史档案、政府、军队、企业、农村等各类档案的问题，涵盖了基础理论、档案体制、立法、政策管理方法等很多方面。第二个特点是开放前瞻，不断创新，推动我国档案学理论始终处于动态的发展当中。现在回过头来看，很多思想的预见性、前瞻性令人由衷地叹服。早在1955年的时候，档案学教育刚刚完成初创，就是吴老所说的前三年的一个阶段，吴老便开始探索档案学领域的中国化，根据中国国情改造拿来的苏联档案学理论和建设自己的理论体系。在1958年的时候，吴老就明确地提出了要摆脱对苏联档案学理论的生搬硬套，创建中国化的档案学理论。这个词真是提得非常早，叫作“中国化”，而“中国化”的方针是理论联系实际。这样的思想引领了几代中国档案学者努力建设中国档案学科体系和理论体系。早在1981年的时候，吴老就提出了档案管理现代化议题，提出这个现代化的内容就是运用电子计算机存储和检索档案，以及现代通信技术和缩微照相技术等。这现在我们可能看起来很普通，但在1981年的时候，确实是少有人提及的动向。1982年，吴老把它进一步作为档案学研究的发展趋势加以强调，之后他又多次提出档案学应该研究新的技术革命和信息社会到来的形势下所带来的新情况和新问题，要高度关注新技术革命给档案工作带来的影响和变化。现在看来，这一思想对我国档案专业教学内容的更新与扩展，以及我国档案工作现代化进程都产生了积极的引领和推动。1984年以来，吴老陆续提出了档案内容管理、知识管理、信息管理思想，我想这是非常前瞻的。我记得我的学生有人在写知识管理的时候还受到了不少质疑，而吴老是在 1984 年提出来的，他说可以把档案部门看作是一个知识部门，是一个智力部门，因为部门保存的档案是经验，是知识，是信息，是科技的某种载体，所以它应该是一个知识部门。1986 年，他提出了要突破对实体管理的局限，深入到档案的内容中去研究。1987 年，他明确提出要从研究传统的档案管理转变到文献管理、信息管理和知识管理方面来。我们现在一听，好像是今天的话题。1989 年，吴老提出档案学已经经历了两个飞跃。他做出这样的判断，其中第二个飞跃就是从传统的档案管理向信息方向发展，纳入信息管理的轨道；1991 年，则提出我国的档案事业已经进入这样一个新的阶段，即信息管理的新阶段，这一思想的前瞻性和方向性价值不可低估。1984 年，吴老提出档案管理的一个新的趋向——档案、图书、情报、资料、文献管理的一体化；1986 年又扩充为两个一体化，即档案图书情报工作的一体化和文书档案工作的一体化。此后他在多个场合多次论证两个一体化的趋势和发展前景。他认为这两个一体化都是信息管理层面的一体化，档案将仍然具有自己独立的地位和作用。还需要指出的是，1988 年，当时的国家教委将档案学科从历史学门类调整到图书情报与档案管理，作为一个一级学科来建设，应和了吴老对学科性质的判断。本世纪以来，我国的高等教育明确了一级学科发展战略，所有的高等教育规划和评估均以一级学科为口径。根据国家高等教育的这一变化和学科建设需要，2004 年我们提出把档案学院扩展为信息资源管理学院，在突出档案特点的基础之上，以一级学科的口径开展学科建设。当时我们有这样一个设想的时候，还有点惴惴不安地到吴老家去听取他的意见。确实有点出乎意料，吴老非常明确地表示了赞成，而且他说："只有这样，我们的档案教育才有更宽的路子和发展空间。"他的这一真知灼见，对于人民大学的档案学科的健康发展功不可没。我有时候想，假如当时吴老是不同意的（因为是他创建的档案学院），那么今天我们的学科能不能进入双一流行列？所以想到这里，对吴老的这样一种开放、进取的崇敬就油然而生了。1985 年，吴老提出了大力开发档案信息资源的思想。当时，开发和资源在那个年代都是新概念，在档案领域更是鲜少使用。吴老以此发展强化了他一贯主张的档案开放利用的理论，提出了若干个转变。他认为从利用到开放再到开发，这是一个发展的过程。档案利用工作必须在更高水平上，彻底，全面，但又逐步有计划地从封闭转变为开放，从为机关服务转变为面向社会，从被动转变为主动，从单一转变为多样，从零散转变为系统，从低效转变为高效，从单一馆的档案利用转变为网络式的馆际综合利用。以后吴老又进一步强调，开发档案信息资源是档案工作的中心任务，也是档案学研究的中心课题。与此相关，吴老还提出了科技档案的社会效益和经济效益问题，多次强调把档案工作搞活，从多角度丰富了档案信息资源开发利用的重要思想。

随着国家的改革开放，吴老的学术思想、视野也向国际扩展。1985 年，吴老在陈兆祦主编的《三十国档案工作概况》一书的序言当中说，我们必须面向世界，了解世界，全面了解和研究不同社会制度和国家的档案工作，从中得到比较和借鉴。1994 年，吴老发表了《论国际档案学的建设》一文，提出由于世界各国档案工作受各国社会性质、政治体制以及历史文化传统等方面的制约和影响，呈现出丰富多彩的思想理论、原则、制度、技术、方法，我们需要研究各国的档案学理论和技术的现状和发展特点，用以推进和发展国际档案事业，使世界各国人民共享作为人类文化财富之一的档案信息资源。1996 年国际档案大会之后，吴老感到全面地、面向世界地建设档案学的任务更加迫在眉睫了，中国的档案学者应该为档案学的全面建设做出自己的贡献。从这些设想当中，我们看到了吴老开阔的学术视野和宏大的学术思想对于中国档案学术研究的国际化有着重要的启迪和引领。我也就此举这样几个例子。

老一辈的专家学者对于吴老的进取精神多有赞叹。中国人民大学梅岱教授说："吴宝康同志是档案学战线上不知疲倦的开拓者。"第一历史档案馆明清档案专家朱金甫先生说："吴宝康先生的学术观点从未停止过。"江苏省档案局副局长任遵圣先生说："吴老在科学道路上总是孜孜不倦地向前探索着和追寻着。"原中央档案馆馆长王明哲先生在《贺吴宝康八十大寿》的这首词当中叹道："年虽迈，志不衰，常奋笔，写兰台。……看晚霞光焰多辉煌，举觞拜。"

斗转星移，草木枯荣是不可抗拒的自然规律，人岂能不老。而那首《革命人永远是年轻》则唱的是超越岁月和生命的另一种境界。作为一代学术方家，吴老留给我们的不仅有丰富的学术思想和理论、开阔的学科发展空间，还有他不停息、不封闭、不守成、不断突破现状、探索新问题的学术勇气和品格，这种品格已经融入了中国档案学的肌体和血液，一代一代后继者接力奋进，让档案学永葆青春活力，紧紧跟上他所在的时代。①

中山大学资讯管理学院教授、中山大学档案科学技术研究院院长陈永生在吴宝康学术思想研讨会上做《吴宝康先生所处的时代和吴宝康先生学术贡献的时代特征》报告。报告评价：

在当时的情况下，吴老的学术贡献主要在档案学自身问题的研究上，我把它梳理为三个方面：

第一个就是对档案学的宏观关注和整体把握。为什么这么说？档案学的基础是吴老带领大家打实的，档案学的框架是吴老带领大家搭建的，档案学的墙壁是吴老带领大家砌成的，所以，这个贡献是永远有功效的。直到今天，我们还可以从吴老的论著中看出当年档案学发展的轨迹，这种现象在很多学科都没有，在学科发展史上是少见的，所以我们应该关注和研究吴老留给我们的这种现象。

第二，吴老对档案学的学术地位尽心尽力地维护。的确，吴老用一种战斗的姿态和斗争的精神，来维护档案学的学术地位，尽显了他对档案学的忠诚和职责。没有吴老的执着和真情，就没有我们今天档案学的发展和繁荣。

第三，吴老对档案学研究的拓展性预测。吴老一生所做的档案学工作大多数都具有开拓性。吴老在传统档案管理、纸质管理、手工管理的那个时代，已经捕捉到信息时代给档案管理和档案事业研究带来的变化，这是难能可贵的。

如果没有以吴老为代表的老一辈学者的开疆扩土，就没有我们后来人安营扎寨的繁荣景象。档案学的发展过程，是一个合力和接力的过程。吴老在这个发展过程中，做出了杰出的贡献。一方面，他既带领了老一辈档案学者合力建设中国的档案学；另一方面，也致力于提携年轻一代接力发展中国的档案学。如果没有老一辈这种学术情怀和学术胸怀，我们的档案学也不可能有这样的发展。因此，我认为吴老在合力带领他们那一辈的档案学者建设中国档案学，同时又提携年轻一代接力发展中国档案学，体现了吴老学术贡献的宽度和长度。②

在吴宝康学术思想研讨会上，中国人民大学信息资源管理学院（档案学院）退休教授曹润芳做《吴宝康先生对新中国文书学创建与发展的贡献》报告。报告

---

① 根据现场录音整理，未经本人审定。

② 根据现场录音整理，未经本人审定。

评价：

回顾新中国文书学创建的历程，重温创始人吴宝康先生对文书学理论与实践的论述及其影响，对促进文书学今后的深入发展具有重要的现实意义。

（一）在文书学创建之初，吴宝康先生即对文书学的创建依据、目的及其对象与任务等诸多理论问题作出了正确的论述，从而为文书学的创建与发展奠定了理论基础。

（二）以正确的态度对待学习外国的先进理论与重视对祖国历史遗产的传承是吴宝康先生成功创建新中国文书学的重要经验。

（三）根据文书学具有较强应用性的学科特点，主张并推行理论与实际密切结合的研究方法与教学模式。①

在吴宝康学术思想研讨会上，浙江省湖州市南浔区档案局副局长朱丹娜做了《地方名人档案文化建设的路径与实践——以吴宝康先生档案资料开发利用为例》报告。报告中提到：

围绕吴宝康档案资料收集工作，在信息资源管理学院的大力支持下，及时开展了口述档案采录。口述者包括吴老的家属、学生、同事以及其他相关人员共 19 人，录的音频、视频总时长共 15 小时。这是一次及时而有意义的口述档案采录工作，每一位口述者都提供了大量珍贵的回忆资料，具有很高的史料价值。……此外，档案馆早期设置的吴宝康教授的影像资料也及时地弥补了专题片没有吴老影像的遗憾，可以说是极其珍贵的。②

中国人民大学信息资源管理学院（档案学院）博士研究生闫静做了《从研究对象到研究视角——由吴宝康研究看档案学人研究的路径转换》报告。报告内容与闫静、徐拥军发表于《档案学通讯》2017 年第 4 期的同名论文相同。

在吴宝康学术思想研讨会上，研讨会组委会编发了《吴宝康先生百年诞辰纪念文集》。文集“前言”写道：

2017 年 10 月，为继承和发扬先生的档案学术思想，繁荣和发展中国档案学，中国人民大学信息资源管理学院（档案学院）、中国档案学会、《档案

① 曹润芳．吴宝康先生对新中国文书学创建与发展的贡献［R］//吴宝康学术思想研讨会组委会．吴宝康先生百年诞辰纪念文集．中国人民大学内部发行，2017：38-45.

② 根据现场录音整理，未经本人审定。

学通讯》杂志社发起主办，中国老教授协会档案与文秘专业委员会、浙江省湖州市南浔区档案局（馆）协办“吴宝康学术思想研讨会”。研讨会共收到交流文章 70 篇，内容涉及对先生生平事迹的悼念追忆、对先生学术思想的思考探究和对先生学术贡献的赞誉叹惋等，这些文章对研究吴宝康先生其人、其事、其思、其理都具有较高价值。

《吴宝康先生百年诞辰纪念文集》（简称《文集》）以参会文章为基础，汇编成集，以资纪念。《文集》收入文章 22 篇，共分为三个部分：“追忆篇”收入纪念性文章 9 篇，主题内容为对吴宝康先生的悼念和追忆；“专题篇 1：吴宝康学术思想研究”收入学术性论文 9 篇，主题内容为对吴宝康先生档案学思想的分析与思考；“专题篇 2：中国档案教育与档案学”收入学术性论文 4 篇，主题内容为对中国档案教育与档案学发展的思考与展望。

国家档案局原副局长、中央档案馆原副馆长刘国能的《我国档案高等教育创建人吴宝康——写于吴宝康诞辰 100 周年》一文收录于《吴宝康先生百年诞辰纪念文集》。文章分为四部分：“由低到高，开创档案高等教育”“致力于档案学研究，丰富发展档案学”“不倦学习、研究，丰富和更新知识”“处世为人，铸就高尚情操”。作者认为：

吴宝康档案学术思想概括起来主要有 6 个方面：一是阐述了档案学是一门独立的学科，二是论述档案学的产生和发展，三是阐述档案学的研究对象与任务，四是总结新中国成立前后档案学研究的历史经验，五是提出了档案学学科结构体系，六是继承了我国近现代档案学遗产，借鉴了国外档案学的一些研究成果。①

江苏省档案局薛春刚的《谆谆教诲 风范永存——纪念吴宝康教授诞辰 100 周年》一文收录于《吴宝康先生百年诞辰纪念文集》。文章评价：

以吴宝康教授为代表的新中国第一代档案工作者身上，体现着坚定的革命精神、忠诚的优良品格、严谨的治学态度、饱满的工作热情，这些优良的品格，值得当代每一位中国档案工作者学习。②

① 刘国能．我国档案高等教育创建人吴宝康——写于吴宝康诞辰 100 周年［R］//吴宝康学术思想研讨会组委会．吴宝康先生百年诞辰纪念文集．中国人民大学内部发行，2017：1-9.

② 薛春刚．谆谆教诲 风范永存——纪念吴宝康教授诞辰 100 周年［R］//吴宝康学术思想研讨会组委会．吴宝康先生百年诞辰纪念文集．中国人民大学内部发行，2017：10-13.

南浔区文化体育局陆剑的《吴宝康及其家族与南浔的世纪情缘》一文收录于《吴宝康先生百年诞辰纪念文集》。文章包括三个部分："吴咏记——吴宝康的家世背景""姐弟情——吴宝康的至密亲人""浪子吟——吴宝康的家乡情结"。①

南浔旅游协会徐顺泉的《吴宝康教授的七封信》一文收录于《吴宝康先生百年诞辰纪念文集》。文章回顾了先生写给作者的七封信。信中谈到建议浙江省湖州市南浔镇建立档案馆、镇名馆，以及受委托联系中央档案馆查档之事。②

中国第二历史档案馆朱琪的《重温吴老档案利用思想 开创民国档案事业新局面》一文收录于《吴宝康先生百年诞辰纪念文集》。文章重点从"关于坚持'以利用为纲'的思想""关于档案工作贵在做活的思想""关于开发档案信息资源的思想"三个方面论述了先生对我国档案利用理论的贡献。作者认为：

> 吴老的档案学思想有一个显著特点就是重视档案利用的研究。从档案利用到开放再到开发不同的档案利用发展阶段，他都著文论述，其学术思想已成为我国档案学宝库中的重要文化遗产。③

新疆哈密市档案局雷久红的《一代宗师吴宝康的工匠精神及启示》一文收录于《吴宝康先生百年诞辰纪念文集》。文章评价：

> 工匠精神在档案教育宗师吴宝康教授身上的具体表现：
>
> 1. 从时间上看，1948 年—2008 年的档案工作经历，证明吴宝康教授的"坚持"。
>
> 2. 从成长上看，从解放前后到"文革"结束、改革开放，始终贯穿着吴宝康教授的"忠诚"。
>
> 3. 从发展上看，档案教育从无到有、从有到停、从停到再办的轨迹中，演绎着吴宝康教授的"笃定"。
>
> 4. 从成就上看，由银行小学徒到一代宗师的嬗变，源于吴宝康教授的"创新"。

---

① 陆剑．吴宝康及其家族与南浔的世纪情缘［R］//吴宝康学术思想研讨会组委会．吴宝康先生百年诞辰纪念文集．2017：14-22.

② 徐顺泉．吴宝康教授的七封信［R］//吴宝康学术思想研讨会组委会．吴宝康先生百年诞辰纪念文集．2017：23-27.

③ 朱琪．重温吴老档案利用思想 开创民国档案事业新局面［R］//吴宝康学术思想研讨会组委会．吴宝康先生百年诞辰纪念文集．中国人民大学内部印发，2017：28-37.

5. 从待遇上看，档案学导师的副处级待遇，说明吴宝康教授的“淡泊”。[①]

甘肃省档案局董彦彤，山东大学历史文化学院滕连昌、程广沛、孙婷婷的《学界翘楚·长者风范·良师益友——档案学家吴宝康的多元形象及卓越贡献》一文收录于《吴宝康先生百年诞辰纪念文集》。本文摘要如下：

吴宝康是中国著名的档案学家，在档案学界，吴宝康展现了学界翘楚的能力，彰显了教育长者的风范，成为档案人的良师益友。本文梳理了吴宝康对中国的档案学术研究和档案教育发展做出的巨大贡献，从不同的方面展现了吴宝康先生的多元形象和卓越贡献。[②]

广东省广州市公安局海珠区分局海幢派出所罗宇杰的《点滴用心 奋勇前进 传承吴老的思与行》一文收录于《吴宝康先生百年诞辰纪念文集》。[③]

中国人民大学信息资源管理学院（档案学院）院长、“数据工程与知识工程”教育部重点实验室教授张斌，博士研究生杨文的《吴宝康先生科技档案管理思想研究》一文收录于《吴宝康先生百年诞辰纪念文集》。论文摘要如下：

作为新中国档案学的重要奠基者、建设者和见证者，吴宝康先生在科技档案管理方面为我们留下了许多值得探索的宝贵思想。先生重视科技档案的概念、分类、特点和价值研究，极大地丰富了科技档案管理基础理论；先生重视科技档案工作与科技档案馆工作，提出了科技档案管理的流程和环节，并就科技档案的现代化管理、宏观管理和控制提出了构想，促进了科技档案的科学化管理；先生提倡开发科技档案资源为经济建设、科技创新和经济效益服务，以充分挖掘科技档案的价值；先生建立了科技档案管理学科，丰富了科技档案管理学的学科体系，拓展了科技档案的研究范围，促进了科技档案管理学的发展。[④]

上海大学图书情报档案系韩云惠的《吴宝康先生档案教育思想探微——纪念

---

① 雷久红．一代宗师吴宝康的工匠精神及启示［R］//吴宝康学术思想研讨会组委会．吴宝康先生百年诞辰纪念文集．中国人民大学内部印发，2017：46-51.

② 董彦彤，滕连昌，程广沛，等．学界翘楚·长者风范·良师益友——档案学家吴宝康的多元形象及卓越贡献［R］//吴宝康学术思想研讨会组委会．吴宝康先生百年诞辰纪念文集．中国人民大学内部印刷，2017：52-59.

③ 罗宇杰．点滴用心 奋勇前进 传承吴老的思与行［R］//吴宝康学术思想研讨会组委会．吴宝康先生百年诞辰纪念文集．内部发行，2017：60-64.

④ 张斌，杨文．吴宝康先生科技档案管理思想研究［R］//吴宝康学术思想研讨会组委会．吴宝康先生百年诞辰纪念文集．中国人民大学内部印刷，2017：67-84.

吴宝康先生诞辰100周年》一文收录于《吴宝康先生百年诞辰纪念文集》。作者认为，先生档案教育思想的主要内容包括“开放的档案教育理念”“引导型人才培养思想”“重视档案科研的思想”“档案教育体系建设的思想”，先生档案教育思想对当代档案教育的启示是“探索多元化人才培养模式”“加强档案教育的合作与交流”“促进档案教育与社会需求结合”。①

辽宁大学历史学院教授赵彦昌、硕士研究生苏亚云的《吴宝康研究述评》一文收录于《吴宝康先生百年诞辰纪念文集》。文章摘要如下：

> 当前，学术界对于吴宝康的研究主要对其生平和他在档案学术研究、档案教育、档案事业上的贡献进行探讨，为读者多方位展示了吴老的传奇人生和他在档案学术研究、档案教育和档案事业上的成就，也展示了吴老的伟岸英姿，让读者对吴老也有一个更深的了解。但也存在一些问题，即研究主题不够多样、创新性不足、研究成果的种类不够丰富，需要档案人继续对吴老进行多方位、创新性探讨，以期全面展现吴老在档案界的风采和学得吴老的档案学术研究和档案教育的精华。②

福建师范大学社会历史学院翁冬婷的《吴宝康档案学思想的渊源》一文收录于《吴宝康先生百年诞辰纪念文集》。论文摘要主要内容如下：

> 本文是笔者在研究了吴宝康先生的生平事迹、学术成果、学者对其评价等方面的文献材料后，从先生的生活环境、学习经历以及实践经验三个方面来阐述其档案学思想的主要渊源。吴宝康先生致力于档案学研究四十余载，为我们留下了丰富的档案学理论成果和教学经验。③

甘肃省灵台县档案局曹建忠的《吴宝康档案学术思想探微——纪念吴宝康先生诞辰100周年》一文收录于《吴宝康先生百年诞辰纪念文集》。作者认为，先生档案学术思想的内涵精髓包括：“档案学是一门独立科学”“档案学是一个学科群”“档案学理论中国化”“开展群众性业务学术研究”“档案学是不断发展的科学”。先生档案学术思想的现实启示是：“必须重视发展档案职业教育”“必须重

---

① 韩云惠．吴宝康先生档案教育思想探微——纪念吴宝康先生诞辰100周年［R］//吴宝康学术思想研讨会组委会．吴宝康先生百年诞辰纪念文集．中国人民大学内部印刷，2017：112-120.

② 赵彦昌，苏亚云．吴宝康研究述评［R］//吴宝康学术思想研讨会组委会．吴宝康先生百年诞辰纪念文集．中国人民大学内部印刷，2017：121-133.

③ 翁冬婷．吴宝康档案学思想的渊源［R］//吴宝康先生百年诞辰纪念文集．内部发行，2017：134-141.

视培植档案学术研究的内生动力”“必须重视增强档案学术研究的文化属性”“必须重视提升档案学术研究的信息化手段”。①

甘肃省档案局董彦彤的《吴宝康档案学基础理论思想概述》一文收录于《吴宝康先生百年诞辰纪念文集》。作者认为先生档案学基础理论思想包括：

1. 阐述档案学是一门独立学科
2. 确立马克思主义理论为指导思想
3. 提出档案学结构体系
4. 论述档案学的起源、产生、沿革与发展
5. 分析档案学的研究对象与任务
6. 继承我国档案学遗产、借鉴国外研究成果
7. 完善档案利用思想②

珠海市文件管理中心干青青的《吴宝康档案思想在大数据时代档案信息化建设中的重要意义》一文收录于《吴宝康先生百年诞辰纪念文集》。文章评价：

> 吴宝康是新中国档案学和档案教育的奠基人，在开创档案学基础理论方面做出了巨大努力和贡献。他明确提出档案学是一门独立学科的观点；坚持以马克思列宁主义、毛泽东思想指导档案学研究；坚持理论与实际统一的原则；注重档案利用的研究，坚持“以利用为纲”的思想理论。笔者认为，吴老的档案学思想对于我们充分应用大数据等最新信息技术做好档案管理具有积极而重要的现实意义。③

佛山市档案中心李泳欣的《中国档案学百年发展纵横》一文收录于《吴宝康先生百年诞辰纪念文集》。论文摘要如下：

> 吴宝康教授一生致力于中国档案学演变史的研究。他在马克思列宁主义、毛泽东思想的指导下，运用辩证唯物主义、历史唯物主义的观点，把中国档案学演变史分为史前时期、萌芽时期、形成时期、繁荣时期四个阶段，

① 曹建忠．吴宝康档案学术思想探微——纪念吴宝康先生诞辰 100 周年［R］//吴宝康学术思想研讨会组委会．吴宝康先生百年诞辰纪念文集．内部发行，2017：142-151.

② 董彦彤．吴宝康档案学基础理论思想概述［R］//吴宝康学术思想研讨会组委会．吴宝康先生百年诞辰纪念文集．内部发行，2017：152-161.

③ 干青青．吴宝康档案思想在大数据时代档案信息化建设中的重要意义［R］//吴宝康学术思想研讨会组委会．吴宝康先生百年诞辰纪念文集．内部发行，2017：162-166.

为当代档案工作者更为中肯地了解中国档案学演变的全过程和未来发展趋势打下了坚实的基础。[①]

2017 年《吴宝康先生百年诞辰纪念文集》封面

11 月 3 日，中国人民大学信息资源管理学院（档案学院）退休教授周雪恒回忆道：

吴老最后十余年的时间里，八十几岁的高龄，走动不便，仍每天由保姆

① 李泳欣．中国档案学百年发展纵横［R］//吴宝康学术思想研讨会组委会．吴宝康先生百年诞辰纪念文集．内部发行，2017：169-176.

搀扶着一早就坐在家里的写字台前，把几十种地方档案杂志都看一遍，一坐就是一天。后来吴老视力严重下降，这些档案界的最新动态就由他的小女儿读给他听。我经常听吴老的老伴程桂芬讲的一句话就是："老吴啊，这一生就扑在档案上了。"这种事业心，尤其可敬可佩！

吴主任对档案学科的开创之功是特别令人动容的。我记得1958年成立档案学研究室时，吴主任就考虑到档案学研究队伍老中青相结合的问题，在培养新人的同时，历经诸多困难找到了民国档案学家殷钟麒，并将其吸纳进档案学研究队伍中来，积极向他请教问题。而且在开创中国档案史的研究中，吴主任的眼界、思维十分开阔，并未狭隘地局限在档案学领域、就档案论档案，而是指导教研室的研究员对文书处理史与国家机关发展史一并研究。这种眼界是十分值得钦佩的。①

11月4日，中国档案学会原常务副理事长王德俊回忆道：

我对吴老的尊重还来源于吴老开阔的胸襟。吴老对于反对他的意见和见解，从来都持有包容的态度，而且很多反对他观点的文章吴老自己看过后还十分公正与客观地给予评价，这是十分难能可贵的。②

① 内容源自徐拥军、闫静、熊文景于2017年11月3日对周雪恒的口述采访。
② 内容源自徐拥军、闫静、熊文景于2017年11月4日对王德俊的口述采访。

附录：我的回忆[①]

吴宝康

编者按　吴宝康同志是新中国档案界三元老（曾三、裴桐、吴宝康）之一。他是新中国档案教育的创建者，从教三四十年，桃李满天下，吴老为档案教育事业做出了杰出的贡献。他将教学与科研紧密结合，在从教同时，著述丰硕，他为档案学建立成独立学科并发展为多门分支学科组成的科学体系竭尽了毕生心力，在研究方法上倡导应用哲学理论和方法指导学科研究和建设，为中国档案学理论的科学化和系统化做出了卓越的贡献。今年是吴老的八十华诞，我们特刊出他的《我的回忆》，以表祝贺。

一、我的家乡

我原名吴庆荣，小名福宝，家里叫阿福，或福官。吴宝康这个名字是在1939年参加革命后改用的。从这个名字的改称，也可反映我个性脾气的特点。本来一般人参加革命后喜欢改叫一个比较革命化的或时代化的名字，但是我没有，偏偏改叫“宝康”这样一个又普通又俗气的名字。说起我的改名，还有一段来历，那就是当年我从上海到了无锡梅村参加革命后，我就向当时在无锡的东路特委书记张英同志提出改名的要求，意在参加革命后就隐姓埋名，不让人知。张英同志就问我：改什么名字？我就说请你帮我起个名字吧，普通一点的，群众化一点的就行。后来他就说，那就叫个宝康吧，再群众化也没有了。就这样，从此我就改名吴宝康，一直叫到现在。记得在“文化大革命”初期，在人民大学校园里贴了很多关于我的大字报。许多人在观看，我也在人群中观看。只听得一群学生模样的年轻人在议论，说看这名字也不像什么学术权威，这是我有生以来难得听到的别人对我名字的反应。我的名字确实发挥了通俗普通的作用，不是一个革

---

① 该文原载于《档案学通讯》1997年第1、2期。

命化、时代化的名字。我只希望自己只是广大群众中的一员，做一点普普通通的工作，起一点普普通通的作用，为革命多做贡献。我记得当年我在上海和下乡后，写文章都爱用“孙心烈”这个笔名，它又从另一个侧面反映了我的思想，我不喜欢锋芒毕露、慷慨激昂，而只求心似烈火，实实在在为革命做一些工作就是了。

我是浙江湖州南浔镇人，生于1917年9月4日（阴历8月20日）。南浔是位于江（苏）浙（江）交界太湖南岸，运河横贯其间的一个美丽富饶的江南水乡小镇，是个历史文化名镇。那时人口约有一二万。有商店林立、相当繁华的商业街道，有坐满了每天从四乡摇了航船赶来集镇的农民广做交易、休息聊天的茶馆，有电灯照明。全镇正好建在与运河交叉的十字河口的两岸，分东南西北四栅，瓦房相邻，鳞次栉比，大小石桥横架河上，一派江南水乡小镇风光。人们就生活在市河两岸和伸展出去的店房住屋之中。有沿街的商店门面，也有大小石库门的住宅。南浔素以丝商、盐商等集居之地而闻名，较为富裕，有四象八骆驼之称，还有一百只壮猪猡，以形容富家之多。有的大户人家，如张、庞、顾、刘等，都建有私家花园，如南栅张家的适园、刘家的小莲庄和藏书楼、东栅庞家的庞园等，都是闻名遐迩的，这些都是我小时候随大人去游玩的地方。

我家就住在南栅泰安桥西堍，陶家弄口南侧的一座四进式二层楼马头墙石库门的古老住宅里。大厅上挂着“紫绶堂”的横匾，中堂有山水画轴，木制对联是“达德智仁勇，修身孝悌慈”。有楠木长条桌、供桌。厅正中两旁楠木椅几。中间一只大圆桌。蛤蜊花格木窗，厅前还挂着八只红木玻璃官灯。宅内最后的一排房屋，有个大厨房，内有一座五眼大灶。大厅南门外，还有一排平房，共九大间。屋后还有一个大白场，可以看到我家的厚达三四尺宽的风火墙，即马头墙。过去我们写信时，把这里叫吴咏记，因为我的祖上就在这里开丝行的，丝行就叫吴咏记。大概是受帝国主义经济侵略，在市场竞争中失败，丝行纷纷倒闭，我家的丝行在我曾祖父一辈的时候就已关门停业了。我家祖上的经济从此走上了下坡路。

我的祖上是一个大家庭。在我曾祖父的一辈，有兄弟七人，姐妹三人都出嫁，所以共有兄弟七房，我家曾祖父是排行第五房。从曾祖父一辈起，名字都按“生、臣、其、庆”四字排下来。曾祖父一辈都是叫吴×生。我也不知我的曾祖父名字叫什么。我的祖父叫吴龙臣。我的父亲叫吴其况，字士良。父亲还有一个妹妹，名字也不知，嫁在湖州，丈夫早故，守寡终身。到我这一辈，我们兄弟姐妹四人。我姐叫庆珍，我叫庆荣，大弟叫庆华，小弟叫庆棠，小名小毛，现名吴健。我姐庆珍比我大三岁，嫁于南浔蔡厚生。全国解放后，蔡厚生辞去南浔中学教师职务，到上海华东局行政处工作。他是学园艺的，专管住房花园工艺。姐于1991年9月26日去世。姐夫也于1992年1月31日病故。大弟庆华，比我小三岁，小学毕业，抗战爆发后，曾参加游击队，后在苏州为日本鬼子杀害。小弟庆棠，比我小七岁，随我参加新四军，现为中共中央高级党校政治经济学教授。

我的祖母，娘家姓张。她有姐妹二人，其妹嫁于菱湖钱家，其后代即今钱振麟家（上海）。她有一异母兄弟，叫张平夫，在上海做房地产生意，较富，已故。我祖母名节。写信时就写吴节。这名字可能也不是原名，是我祖父死后取的，守寡曰节。我祖母是个相当有能力有见识的人，她没有念书，但幼年在娘家时随弟听讲自学四书五经，也能写字看书。她看过许多古典名著。如《三国志》、《水浒》、《红楼梦》等，她逐渐成为一个知书达理的妇女。嫁到吴家后，素为族人所尊敬，有相当威望。遇有大事，族人都愿同她商量，征求她的意见和见解，尊称她为龙嫂、龙阿姆或龙太太。是女中强人。

我没有见过我的祖父，只听说是在招商局的长江轮船上当职员，管钱财账册的。早年亡故时我父亲仅七八岁。祖母守寡终身。

父亲的长相，我已记不清楚。幼小时似乎也没有见过几次，他是一个破落人家的少爷公子，曾就读于上海同文书院。听祖母说，他也曾在招商局长江沿岸武穴的一个单位工作过，还在北京饭店，那时叫六国饭店工作过，但都因吃不来苦而作罢回家，欠了一身债，还抽大烟（鸦片烟），好吃懒做，不务正业，到了年三十就外出躲债。1924年三十多岁时在南浔家中死于伤寒症。母亲带着我们姐弟四个孩子，过着守寡生活。我的小弟庆棠还是个遗腹子，父亲也没见过。那时我也只有七岁。

正由于我家两代无人经营和工作，两代妇人守寡度日，在这旧社会里，我家经济拮据的状况是可想而知的。我出生时我家已经日趋贫苦了，我就是在这样一个家庭里出生和长大的。当时，实际上我们一家人都靠祖母在上海一所小学里管行政庶务所得工资过日子，有时也有亲戚资助。我的父亲即使在尚未病故的时候，也是不可依靠的。他每次外出做事，总是欠了一身债回来的。我幼小时，常听祖母跟我讲每年过年三十夜是最难熬的，总有人提了灯笼到家里来索要父亲在外欠的债。

祖母做事的那所小学是上海城西小学，还附设幼稚园（即幼儿园、托儿所），是亲戚办的。这个亲戚就是祖母她后妈的娘家——姓龚的人家办的，也可以说是我祖母的舅舅家办的。校长是祖母的表弟龚元彪及其夫人。

为了减轻我母亲带四个孩子的负担，祖母决定带我到上海去。那时重男轻女，祖母同母亲商量究竟是带我姐出去还是带我。带我出去，年龄太小；带姐出去，姐是女孩。在旧社会有女孩长大了总是别人家的人的封建思想，因此商量结果还是决定带我去上海，随祖母在小学生活和念书。

当我虚岁六岁的时候，1922 年过春节后不久的一天，就随祖母坐内河小轮船去上海，一路途径震泽、平望、黎里、芦墟等镇，进入黄浦江。船上过一夜。次日晨，祖母发现我在被窝里流眼泪了，就引着我看窗外黄浦江上的大轮船。不久就到达上海苏州河码头，从此我开始了上海生活，以后一般只是每年暑假、寒假才随祖母一起再坐小轮船回南浔（那时还没有长途汽车）。有时也不回南浔，就在上海亲戚家玩，如张家和钱家。

二、到上海

到上海后，我就随祖母在城西小学生活，同祖母住在一间房内。一切都由祖母照顾。祖母深知我父亲已无指望，因此一片爱心都倾注在我身上，像带自己的小儿子那样照料和培植，把未来的希望都寄托于我。我在城西小学最初还上了一年幼稚园，现在还留有一张那时的照片，背面书有“民国十二年七月十五日在上海城西幼稚园保育科修业期满摄影”字样。说明我是 1923 年 7 月在幼稚园修业期满后再上小学的。我在城西小学念了四年，于 1927 年 7 月初小毕业。在小学的情况，我已没有什么印象，只记得祖母说，我在小学时，每次上体育课，就皱眉头，上图画、音乐课倒是喜欢的。

城西小学是一所私立小学，在当时法租界蓝维霭路永福里，靠近斜桥，只有初级小学四年，没有高级小学的五、六年级。于是毕业后就要转学于老西门附近的西区小学。西区小学是一所完全小学。初高小都有，还设有初中一年级。该小学与上海南洋中学是有关系的，初中一是为南洋中学代办的，念完后可直接升入南洋中学初中二。所以，这个小学的教学要求和质量较高。我从城西小学转过去，又在初小四年级重读一年然后升入高小，毕业后再上初中一的。因此，从 1927 年 9 月到 1931 年 7 月一直在西区小学念书。

我的印象自到西区小学念书后，顿觉课程较前为重，要求也较前为严。这就促使我加倍努力，勤奋读书。语文课从《论语》到《古文观止》、《左传》、《战国策》等都读过。记得我的小学语文作业，曾有一次老师批曰：“资愚勤学，可造之材也”。这也许可以说恰当地反映了我在小学时期的学习情况。我的天资并不聪明，但知道努力。老师的批语对我幼小时代起了激励向上的作用。我小学三年级开始就学英语了。我的数学课是比较差的，只能及格以上，也算跟上。我在小学的课程学习，一般说只能算中等，名次总是从低到高的，到了中学也基本如此。

当我即将结束在西区小学的初中一年级学习的时候，家里发生了不幸情况，即我祖母工作的城西小学要停办了，这就意味着祖母要失业，家庭经济将更趋困难。一天，祖母对我说，小学要停办了，只好回南浔去生活。今后家里经济收入将更无来源，就无力量再培植你上学深造，最多也只能争取上完初中，就去做生意了。西区小学初中一学完后，可升入南洋中学继续念书。龚家是南洋中学的董事，可托他们同南洋中学的校长说说，免费学习。我那时虽然还是个十四岁的小孩，但对家里困难情况已很明白。因此，祖母说了之后，我很理解，以后也就照此办理了。

南洋中学是当时上海的一所办得较好的中学，有初中和高中。毕业后许多学生都上交通大学继续深造。南洋中学座落在上海南市日晖港附近大木桥路，校长是著名的教育家王培荪先生。当我在西区小学念完初中一，经龚家与南洋中学王培荪校长联系，并同意我免费上学后，我就于1931年9月进入了南洋中学读书。记得为此我还应王培荪校长的约见，到日晖港他的住家去过，谈谈我的情况。王校长还当面表示同意免费就学，并勉励努力学习。王培荪校长是一位善良慈祥的老教育家，戴着一副宽玳瑁边的深黄色镜片的眼镜，头戴一顶自织的绒线压发帽，说话很和气，可以感到他对家庭较困难的青少年学生富有同情心，愿意热心帮助。当我告别时，他还送我到门口。就这样，我从1931年9月到1933年7月在上海南洋中学读书，即从初中二到初中三。

我在南洋中学是住读生。在一个大操场的西边，有三座两层的宿舍楼，我住在中间的楼。楼和操场的南边是沿马路的竹篱笆墙，在靠近南楼的竹篱笆下有一个小洞，可以向马路南侧的小苏州面店，买一碗牛肉汤面、红山芋汤等，从小洞里塞进来。我住在中楼的楼下一间房里，有六个木床，三张对坐的书桌。与我同房间的有汪祖绳、陈继能、翁福绵（即陈耀华，又名翁迪民）、俞锡南、沈承昭。我与翁福绵对面用同一个书桌。我同房间的同学功课有好有差，性格有老实有活泼，但一般说都是当时所谓的好学生，都是用功努力学习、很守规矩的学生。我们六个同学相处得很融洽、团结，并能互相帮助。

我在南洋中学的两年过着艰苦、朴素、奋发、用功的学习生活。从我进入南洋中学念书起，我祖母已因小学停办而回到家乡南浔，同我母亲等一起居住，坐吃山空，经济是困难的。有时也得到祖母的异母兄弟、上海的张平夫的经济帮助。在中小学时代，我与祖母有时寒暑假不回南浔，应邀到钱家去住，钱家是祖母的同母妹妹之家，我那时常与钱振麟住在一起，我叫他叔叔，但他年龄只大我一岁。他家知道我家困难，也常将钱振麟穿过的半新不旧的单衣棉衣送给我。我小时候是穿过钱振麟不少衣服的。我们也很合得来，常有来往，关系很好，青少年成长过程中，思想也互有影响。在南洋中学时，我也有时独自去他家玩，他那时在格致公学读书。我的中学生活是相当清苦的，每个星期只有两角钱的零用费，电影大概一个月看一次，实际上就是每月一元钱。祖母托我的堂叔吴其安按月给我，有时就由他带我去看电影。

在这困难的岁月里，听我母亲说，我的外婆也常拿一斗两斗米和其他农产品来我家。我母亲的娘家姓孙，母亲名叫孙玉英，姐妹二人，兄弟六人，所以我有六个舅舅。大舅、三舅早年亡故，除二舅较富外，其他舅舅均较一般。外公原籍绍兴，年轻时来南浔一家银匠店当学徒，后来就成为这家银匠店的主人，店号就叫孙宝成银楼，设在南浔宝善街上，专做银器首饰生意。外公早年死后，二舅就继承了这份产业，并另有田地百余亩，所以日子过得很好。然而二舅家对我母亲的困境也并无多少支援，倒是我外婆怜悯我母亲嫁了一个不中用的丈夫，常带点东西来看望。在这些年间有时寒暑假回南浔，我也总是把学习生活安排得十分充实和妥帖。在南浔参加一些语文、英语的假期补习班，在家还练习毛笔字，学颜鲁公的颜体字，还学画，学芥子园的国画。当然也有时出去玩玩，上二舅家，或去离南浔西栅十二里东迁的外婆家，也在南浔镇上同姐弟等一起去适园、庞园、小莲庄等处游玩。母亲见我已长大成人，是长子，日益懂事，也很体贴母亲，所以有时也同我叙叙家常，谈谈心里话，讲讲家里的困难情况，没有钱用了，就偷偷拿点什么东西要两个弟弟到当铺里去当了钱，补贴家用。记得那一回我正帮母亲灶下打草把烧火煮饭，听了这些情况，暗自流泪。母亲看见了就极力安慰我，不要着急，身体要紧，总有办法的。

记不清楚是哪一年了，可能那时我十五岁，春天，我在上海去张家玩，那时张家的太婆还健在（即祖母的继母），我忽然肚痛得厉害，于是他们把我送到一家私人办的牛惠霖医院住院，祖母还来陪住、照料。这位牛惠霖大夫诊断是盲肠炎，因我体弱，未动手术，采取保守疗法，用一种什么药膏敷在肚子上，经一个多月治好了。我家付不起这笔住院医疗费，后来是张家舅公和我自族中的一位我叫新公公的，分担交付了一切费用。出院后，到暑假回南浔，祖母和母亲要我好好休养，也在力所能及的条件下，吃些滋补身体的食物。母亲说要吃一只母鸭，原汁原汤是很补人的。于是托乡亲买了一只鸭，母亲亲自炖煮，我吃了一只鸭。

我在南洋中学住读时，是很用功努力的。这也许与我同一宿舍的同学的良好学风有关，大家都是努力学习的好学生。记得我那时除争取学好各门课程外，喜欢利用业余时间，搞点课外知识积累的工作。那时，我用白报纸裁剪成 32 开，然后用线装订成厚厚的 64 开的小本子，讲究地装上一张图画纸的封面，还精心作了封面设计，写上自取的美术字体的书名，如“呐喊”、“激流”、“敝帚”等，内容大都是语言文学、中外历史、中外地理、国际知识等各方面搜集或摘抄得来的知识单元，分类按册集中收录，有五六本之多，自己还视同珍宝，予以珍藏，可惜后来都毁于南浔战火。

我在中学的学习成绩是由低到高的。每学期结束时，张榜公布。我是从及格以上到最后一学期，逐步爬到了第十名左右，总平均分数大概是 85 分左右。翁福绵、汪祖绳等常名列前茅，在前三名，但总平均也没有 100 分的，都是 90 多分的。

初中毕业了，同学们即将分离，大家都留下通讯地址。记得在最后一天，我们照例都到学生食堂吃饭，吃完饭，只听得一阵骚闹声，一些学生都将自己的饭碗往空中一抛，然后掉在地上，一阵啪啦声，碗都成碎片，许多学生也都随之抛碗取乐。我与同宿舍的同学都没有抛碗，都不以为然，觉得抛碗是毫无意义的事。

我自己知道，我初中毕业后就不能再读书了。我将失学，走上社会找职业。我与同宿舍的同学都讲了，他们都很同情我，他们都将继续在南洋中学进高中求学，我们相互告别，分道扬镳。

三、谋生社会

当我行将初中毕业的时候，祖母就同龚家的表弟龚元彪夫妇商量，请他们帮助我初中毕业后找一个职业。暑假我离校回到家乡，祖母告诉我，过了暑假就可到松江电灯公司去当练习生，是龚家介绍的。松江电灯公司的经理徐锡之，是他们熟悉的。龚家在松江电灯公司也有股份，所以就说成了。这使我感到我小时候每走一步路，都是得到几家亲戚帮助的。没有亲戚的帮助，在这社会里是寸步难行的。

不管怎样，祖母、母亲还是高高兴兴地为我准备行装，福宝要出去学生意了。族中人也都为我高兴，我自己虽感到失学的怅惘，但也深知家里困难，是没有办法的事。现在有了工作，当然也乐于前去松江。

1933年9月的一天，我踏上了走向社会谋生的第一步，那年我是十六周岁，全家到轮船码头送我去上海，再坐火车去松江。

松江县城，离上海不远。我到松江电灯公司报到时，办公室的几位职员已经事先都知道了。我在松江电灯公司是当练习生，具体工作是每月底到全城各家各户抄电表数字，回公司后计算每家每户用多少度电，要多少钱，然后月初就帮职员王先生拿了大皮包，随着他挨家挨户收电费。熟能生巧，为了节省计算钱数的时间，我自制了一张百度以内的度数钱数对照表，这样计算时就简便多了，也快多了。由于我小时候学会了骑自行车，后来我干脆骑了自行车，满城转，从东到西，挨户抄电表度数。

松江电灯公司并不很大，只有两部蒸汽机和发电机，它的发电量多少，已记不清，只记得用户不是太多的，似乎只有几百户，基本上都是城内东西大街上的商业用户，住户人家是很少用电灯的。工人和技师约二十人，职员共约十人，练习生三人，除我以外，还有顾闻樨、王希贤。王希贤就是收账职员王先生的儿子。顾闻樨是与我同年同月生的，那时感情也较好，很谈得来。练习生的工资，记得我是每月八元，除交三元伙食费外，实际只余五元。祖母、母亲嘱我不要给家寄钱，钱也不多，自己用就是了。但我想到家里的困难，我仍每月寄一二元钱给家。有时寄不出钱了，在信中寄几张邮票去，心中也聊以自慰。我同祖母、母亲是心连心的。

就从到松江电灯公司工作起，我开始每天记日记。买了很精致的日记本来记，连续记了六年。直到1939年在上海参加地下党后，就不敢再记了。可惜抗战前的日记本因留在南浔家中，都毁于战火，现在所存四本日记本，都是在上海汇丰银行所记的。

1988年我去上海开会，上海市档案局姜文焜局长陪我去松江一游。时隔五十余年后，我重访了松江电灯公司原址。现在已不是什么电灯公司了，而是松江地区的一个什么配电管理处的所在地。我进去看看，已经不认识了。经人介绍才找到原来办公室的房屋以及大门和传达室。大门已经用砖堵住不通行。还看到了原来的机房发电室，机器等已经不见了。据说是多少年前早已卖给河南的什么单位。那个高大的烟囱也早已拆掉不见。后来来了一位比我晚些年也曾在松江电灯公司工作过的老人陪我们参观，介绍情况。临走时还在几个依稀可见旧影的地方，合影留念。

祖母对松江电灯公司的练习生工资不高，总觉得有些不能满意，于是她又趁到上海张家探望之便，去找了龚家她的二舅——龚子懿，上海英商汇丰银行的老买办，及其子龚星五（祖母的表弟），当年汇丰银行的买办，要求他们帮忙，把我介绍到汇丰银行去，得到了他们的应允。于是我在松江电灯公司当了二年练习生之后，又于1935年9月，到上海汇丰银行去当练习生了。

汇丰银行比松江电灯公司气派多了，名气也大多了，在旧社会里是叫人羡慕和向往的，人称铁饭碗、金饭碗。汇丰银行座落在外滩江海关侧，是一座典型英国式花岗石建筑圆顶大厦，在黄浦江远处就能望见。大门是三扇高大铜门，门口左右还有两只大铜狮，象征着大英帝国的威风。一进门就是一个有十几根大理石的高大圆柱的玻璃瓦大厅，高达十米。这大厅就是银行的营业厅，高大，明亮，又宽敞，是一座当年远东第一流的建筑，现在是上海市人民政府的所在地。前几年，几次到上海，市档案局的同志陪我去参观，真是旧地重游，感慨不已，引起了许多回忆，并摄影留念。

到汇丰银行，我被分配在大写间工作。什么叫大写间，迄今我也难以说清。可能是一个专管股票往来事务的机构。这个大写间是很大一间明亮的办公室，正好是沿外滩马路，濒临黄浦江，可以看到外国船只军舰往来的情景。大写间里有高级英国职员二人，其中一人即称“大写”，还有三个英籍女职员，做具体账务工作。还有两个中国籍高级职员，一叫曹心安，一叫曹松涛，是兄弟二人。曹心安是中国职员的头头，统管全行中国职员和练习生事务。至于银行业务，谁也不知道他们究竟管些什么具体工作。此外还有练习生三人，外间一人，叫徐春荣。里间二人，我就在里间。徐是我们的小头头。在大营业厅里工作的人，除有一位英国高级职员外，还有中国籍职员数十人，葡萄牙籍职员数十人，练习生几十人，总计约一百几十人。我们全体练习生还有一个总头头，类似工头，专门具体管理练习生事。他被俗称为“拿摩温”（是英语译音）。

所谓练习生，其实就是办公室里的当差人，少数“优秀者”也有机会可升为初级职员，我在大写间工作四年，即从1935年9月到我1939年7月下乡参加新四军前，都是做着这些所谓练习生的工作：（1）听候当差，外国人叫你干什么，你就去干什么。如他要你去库房取一本大账本，或来往信件的案卷，或复函的复印本，你就去帮他取来，送到他的办公桌上。（2）复印发出的英文打字信函和在信封上用英文打字机打地址，即外国人用打字机打的信函，打完发出前，都由我们练习生把它复印在一本特制的复印簿上，这种复印簿的纸张薄而坚韧，刷水吸干后不破，把打字信函放在湿纸之下，在特制的轧印机上压轧后，信函就复印在纸上了。这种特别的复印簿，用完一本换一本，保存起来，利于查找。我在汇丰银行四年，就是干了这样两件事。

汇丰银行大楼后面，还盖了一座新汇丰大楼。这就是后来上海市档案局、档案馆的所在地（最近已搬走，迁到上海西郊的新建现代化馆楼去了）。旁边还有一座两层楼的房子，我就住在这座房子的楼上，一个大房间里住了六七个人，有徐春荣、于定元（即于毅峰，后来改名李之青）、徐兴宝（后改名陆大明）、我、梁杏泉等。还有一个职员姓邬的，镇江人，也与我们练习生住在一起。我就睡在靠房门口的一个床。每人有一张小桌，我的床与桌都是从张家拿来的。房门外是一个大平台。我们吃饭都是包饭，就在房间里一张八仙桌上一起吃饭，饭菜也不错。我们的房间和生活琐事还有一个公务员照顾。我刚进汇丰银行时，当练习生的工资是每月十二元，吃自己的饭，当然比松江好一些，以后每年都增加二元，有时还额外再增加一二元，所以到最后，我在汇丰银行的练习生工资大概是二十多元，未超过二十四元。上海与松江在生活水平上是不一样，上海的开支比松江要高。在上海，我社会活动要比松江多得多。在上海，我与亲朋同学间交往多了，上夜校、各种补习班的机会多了，逛书店买书的机会也多了，还要添置衣服等，文化生活看电影等也较方便了。由于整个生活水平较高，工资虽比松江多，但开支也较大，我仍力争节余，多寄点钱回家，每月可寄五元、十元，有时十余元，以缓解家中困难。

一般说，我到上海汇丰银行工作后，生活上是有所提高的，捧着汇丰的“铁饭碗”，也是可以安稳度日、虚度一生的，但是恰恰在 1935 年 9 月到 1939 年 7 月的四年间，也是我一生思想上发生急剧变化和极大转变的时期，那时正是我从 18 岁跨到 22 岁的青年时代。在那年代里，我从一个安分守己、循规蹈矩的顺民转变为胸怀烈火、投身革命的旧社会的叛逆；从一个处在旧社会底层的外商银行里的地位卑贱的练习生转变为一个无产阶级先锋队——中国共产党的党员；从一个家境贫苦但又关系亲密融洽的家庭一员转变为弃家从军的勇士；从一个在上海可以安居乐业的良民百姓转变为一个参加抗日队伍的新四军战士。这些都不是偶然的，是可以从主观上和客观上历史地找到原因的。

四、思想演变

我自幼生长在这样一个家庭环境中，对我的思想和个性的形成和发展，影响是很大的。当我还在母亲的襁褓之中的时候，母亲抱着我，指点着墙上挂着的那时称为月份牌里的美女逗引我乐，嘴里还连声念着“争气，还债”，希望我长大后能争气向上，把父亲欠的债偿还人家。我祖母在我六岁的时候，带着我到上海去，在她身边读书，也是把一切希望寄托在我身上，把我这个长孙当作小儿子一样抚养着，指望培养成人，荣宗耀祖，重建家室，建功立业，出人头地，做一个有用的人。我在小时候的家庭、亲友的内外环境中，很自然长成了性格内向，独自思考，沉默寡言，缺乏童心的人。思想表现在学校念书时，勤奋用功，努力向上。走上社会后，仍是一方面安分守己，循规蹈矩，做好工作，另一方面则继续争取自我学习，扩大知识，提高技能，以求谋生。总之，在旧社会，我在家是个好孩子，在校是个好学生，走上社会求职后是个好练习生，是个正直向上的人。我小时候在家庭、亲友的眼里，是个忠厚、老实、怯弱的孩子，不是才华横溢、聪明能干的人，而是一个实实在在做人的人。

1931 年“九・一八”事变，日寇侵占东北三省。1932 年上海的“一・二八”事变，军民英勇抗日，那时我正刚进南洋中学念书，在我思想上是引起民族观念的义愤，但尚未有很大的震动，对十九路军英勇抗日也为之兴奋和敬仰不已。在当时的形势下，对日寇侵华、国民政府的无能，在内心已埋藏着不满，开始引起思虑。

进入 30 年代后，新文艺思潮掀起，那时的上海，抗日文艺作品、革命文艺作品在社会上已经流行。我也在亲朋间爱好文艺者的影响下（如钱振麟、钱次缪等）接近了文艺，开始阅读抗日和革命文艺作品，成为一个爱好革命文艺的青年。我的思想启蒙是从爱好文艺开始的。那时，我开始购买文艺书籍，订阅文艺杂志，从中启发民族觉悟和抗日思想，增强阶级觉悟和革命思想。也曾想过学走创作之路，写些身边的事，抒发自己的民族和阶级的感情，自己感到我与作者或作者所写作品中的主人公的环境遭遇和思想感情是基本相同的，或一脉相通的。

1935—1936 年，正处在抗日战争即将爆发、革命高潮行将到来之时，从 1935 年的“一二・九”学生运动到 1936 年 12 月 12 日的西安事变，对我思想上的震动很大，使我从一般的民族意识和抗日思想，跃进到了抗日救国的思想境地，而且知道了有一个中国共产党，它是主张抗日的，这时我的学习志趣，逐渐从爱好文艺转向探索政治理论了，感到仅仅爱好文艺不能解决当前的抗日救国问题，而必须从研究政治理论中去探索出一条前进的道路。1937 年 7 月 7 日的卢沟桥事变，抗日战争爆发，“八・一三”后的上海、江苏、浙江的大片江南土地被日寇占领，家乡南浔沦陷，家屋被焚，族人被杀，祖母、母亲及姐弟等避难乡间。这种种家破人亡的景象，更使自己的思想从抗日救国发展到保家卫国、救亡图存的意愿和志向。记得我在抗日战争爆发前后的这一段时间里，因汇丰银行地处福州路外滩，去各书店十分近便，如商务印书馆、中华书局、生活书店、新知书店等都很近，走过几条马路就可到，所以差不多一个星期中要去几次，有时天天去，特别是生活书店，我有时中午吃饭后还去跑一趟，既看书，又买书。没有我所需要的书，就看看书也好。那时，我每月所得工资，除了汇寄祖母、母亲，添置衣服，观看电影外，主要就是买书看，越看越想看，求知欲空前高涨。除看书外，每天晚上仍坚持写日记，我当练习生六年，就写了六年的日记，也曾总结自己写日记的经验，觉得无非是“见、闻、感、谈”四个字，抗战后在汇丰银行记的几本日记，现在还保存着。

就是在强烈的求知欲的追求下，当我得悉上海市银钱业联谊会来汇丰银行发展会员时，我于1938年2月，同许多同事们一起参加了联谊会。我参加联谊会的主要动机就是知道联谊会经常举办各种报告会、演讲会以及讲座等等，可以丰富和扩大知识面。此外，也有一些我喜欢参加的文化活动，我参加了歌咏队，当时教唱歌的是陈歌辛，教的歌有《上海——不夜之城》、《度过这冷的冬天》等。我还参加《银钱界》报当记者，写写文艺演出的报道等。我青年时代是并不太爱好参加社会活动的，是个不擅长社会交际的人，但在求知欲的促使下，我参加了银钱业联谊会。

银钱业联谊会是抗战爆发后在上海组建起来的群众团体。它是我们党的外围组织。从联谊会的组成和发展，可以看到我们党的抗日民族统一战线政策的成功。当时，汇丰银行的买办龚星五竟还是联谊会的领导机构——理事会的副会长。我们练习生参加联谊会当然更无所顾虑了。想不到我就是在参加联谊会的活动中，后来参加了中国共产党，成为上海外商银行中第一个共产党员。

一般说，在汇丰银行工作和生活，被旧社会看成是一个可以终生安居乐业的场所，然而在一个有进步思想的青年人眼里，却是一个沉闷、保守、凶狠、吃人不见血的老牌英帝国主义的经济侵略堡垒，我们这些年轻的练习生不过是一群在这个社会深处的底层挣扎生存着的被压迫、被剥削者——外国人的使唤者、侍候者，在这样的场所里长期工作和生活，很自然会引起一个追求进步的青年的种种思想上的格格不入的矛盾。

就是1938年的一天，我在大写间的里间自己的工作桌前坐着看书，这已是我在办公场所的习惯性安排了，有工作时就工作，没事时就自己看书。平常那位高级职员曹心安进进出出看到我在看书，从来也不吭声，也可能他已经注意很久了。那一天，我也已记不起在看什么书，他走到我桌边，忽然站住了，弯下腰来翻我看的什么书，然后合上了书，用规劝的口吻对我说："何必看这种书，自寻烦恼，抗日靠你一个人也没有用，还是好好做你的工作。"还威胁地说："你在人家廊檐底下走路，就得头低下来，不然，要碰得头破血流的。"说完气昂昂地走了。我当时被迫终止了看书，心中十分气愤，也未吭一声。但第二天起我仍继续我的习惯安排，没事就看书。从此他也不再说了，似乎也默认了。但年底增加工资时，就只给我加了一元，比别人少。那时我心里也满不在乎，我行我素。只是感到受压迫，铭记在心，记得我后来还把这件事写成了一篇短文，投寄《译报》刊登出来，诉诸社会。

五、入党前后

从1933年到1939年的几年中，特别是1935年到汇丰银行后的四年中，我看了不少文艺小说、哲学、经济学、政治理论、国际形势、社会发展史以及青年自学丛书之类的书籍和杂志。至今仍能记起并印象较深、思想影响较大者有如下几种：巴金的《家》、谢冰莹的《一个女兵的自传》、艾思奇的《大众哲学》、河上肇的《政治经济学大纲》，还有一本苏联作者的《新政治经济学……》、斯诺的《西行漫记》、胡绳的《社会发展史论战》以及青年自学丛书中有关世界观、人生观等方面的书籍。

抗日战争爆发后，在国共合作的形势下，1938年的上海是可以买到看到许多我们党的出版物的，如毛泽东的《论持久战》、《中国共产党在抗日民族战争中的地位》，以及洛甫的《中国共产党十七年》等，这些书在生活书店都是公开卖的。此外，当时我还看到过我们党出版的《解放》等刊物。

艾思奇的《大众哲学》对我哲学思想方法、世界观、人生观的启蒙作用很大，引起了我学哲学的兴趣，知道在身边就有哲学，哲学不是可望不可即的。那些政治经济学的书，虽然不一定都能完全看懂，但硬着头皮看，看懂的大部分也感到是能够领悟的社会真理。《西行漫记》使我对中国共产党的了解具体化了。第一次知道了毛、朱其人，我由衷地赞佩和敬仰。《论持久战》不仅是一本论述抗日战争的书，而且是一本成功地运用马克思主义哲学的著作。巴金的《家》，使我想起我的家，它对我走上革命和抗日的道路起了推动作用。谢冰莹的女兵自传，使我强烈地感到，一个青年女子可以弃家从军，我一个男子汉难道还不如青年女子。

我自从参加上海银钱业联谊会后，在自学求知方面得到了一定程度的满足。联谊会差不多每周都举办报告会、演讲会等，我接到通知和入场券，就每周都去听讲。现在还可以记得的有王任叔（即巴人）的国际形势报告，平心的青年思想修养等。经常听演讲报告，当时在提高思想认识，扩大知识领域等方面起了很大作用。

早在松江时期以及到上海的初期，我还利用业余时间上夜校，学习英语、会计等。到 1938 年，银钱业联谊会发来通知，称上海职业补习学校举办各科讲座，自由参加，我报名参加了举办的所有讲座：如周谷城讲的中国历史、周予同讲的世界历史、孙冶方讲的政治经济学、平心讲的哲学、林淡秋讲的文学理论等。可以说这是入党前的一次较系统的马克思主义理论的学习，实际上为入党作了思想理论准备。我每讲都有笔记，分科装订后珍藏，可惜都在“文化大革命”中被抄家搜走，不知去向。

大概在 1938 年的下半年的一天，我照例一次不漏地去联谊会举办的报告会听讲，而且每次去都是第一个到会场。晚上七点开讲，我差不多六点半就到了。这一次当我走进会场时，一位管理报告会、演讲会的人员，他叫赵扬，走过来同我搭腔说话。他说：“你每次都来得很早，吃过晚饭没有？”我答：“我已吃过晚饭，我是汇丰银行的，走过来很近，所以我就每次来得较早。听讲很有好处。”他又说：“你每次来得很早，能不能帮助做点工作呀？”我问：“什么工作呀？”他说：“很简单的，只要有人来听讲，就请他在签到簿上签个名字，J（原文如此——笔者注）就行了。”我说：“那当然可以。”他又客气地说：“以后就请你帮忙了。”等了一会儿，他又问我：“你在汇丰银行，住在哪里呀？”我说：“我就住在汇丰大楼后面。”他接着就说：“那你同中国企业银行很近，那里有个叫尹克长的，你可常到他那去玩玩，他也很爱好学习的。”从此我就负责管起这个签名工作，并且想尽早去找中国企业银行的尹克长交朋友。

过了没有多少天，就在一天的晚上，我走出大门，一拐弯在江西路上找到了中国企业银行，并一下就在宿舍里找到了尹克长。我们两人真是一见如故，谈得非常融洽合拍，一直谈到深夜。我们相互交谈了对家庭、亲友、经历、银行工作情况、学习情况以及国内外形势等的看法，最后谈到中国共产党以及对党的看法和态度，并互约共同努力，寻找共产党的关系，谁找到就告诉对方。那晚，我很高兴交到了一位志同道合的好朋友。

过了些天，当我第二次到尹克长那里去玩时，他问我找到没有，并告诉我，他已经找到了党的关系，又问我参加不参加。我也问他参加不参加。他说参加，我说我当然也参加，我们一起参加。他说，要参加还得写一个申请。我问怎么写，他说要写本人的姓名、年龄、籍贯、家庭情况、自己的经历、亲戚朋友关系、对党的认识和为什么要参加共产党、对抗日民族统一战线的认识等。还说他也写，等我写好后，由他一起送去。我当然是完全信任他的。

我抽了几个晚上的时间，在宿舍里床边自己的小桌上，用薄而坚的纸，密密麻麻写了几张纸，有几千字，一一按照要求书写，并签名盖章，实际上这就是入党申请书。同事们也没有注意我在写什么，因为我平时每天晚上都写日记，有时写信，这是大家所熟知的，所以也没有被人觉察或引起怀疑。

当我将申请书送交尹克长，过了一些天后，尹克长就告诉我，已经批准了，并告诉我过些天有人去找我接头，暗号是什么。就在 1939 年 1 月的一天，中国银行的杨扬同志，即杨同善同志来汇丰银行找到了我，我们就在大写间外营业大厅的长木椅上，坐下谈话，接上了头，并默默地二人起立举行了神不知鬼不觉的简易的入党宣誓仪式。杨扬告诉我，尹克长就是你的入党介绍人，以后就由杨本人同我单纯联系。他还给我留下油印的党章，以及党的纪律等油印材料。就这样，我从 1939 年 1 月的那天起，在上海参加了有些神秘的地下党，开始过着党的生活，学着以党的立场、观点来看待社会和世界的一切。

入党后，我开始意识到我是一个秘密的地下党员，我在日记里不敢写真话真事了。有时特意写一些落后话和荒唐事，为如果发生被捕等情况时作好准备，万一日记被搜，不致于给失望人（原文如此——笔者注）提供口舌。

不久，我就执行我的发展党员的计划，我首先向我当时的好朋友，汇丰的练习生于定元做工作。我也依样画葫芦，采用尹克长的方法同于定元谈话，用共同找党的名义，发展了于定元为党员。他就是于毅峰，后改名为李之青，解放后任职于中国人民银行系统，后任上海市粮食局局长，现仍在上海。接着我又做另一位练习生徐兴宝的工作，并发展为党员，建立了汇丰支部，在这个英帝国主义的侵华经济堡垒里埋藏了一颗革命的“炸弹”。

四五月间，杨扬同志在一次接头会上向我传达了党中央的一项通知，动员党员去参加新四军，问我愿不愿意下乡。我当即表示愿意，要求下乡，革命抗日，这是我的宿愿，从此我就准备着离开这个繁华的大上海，去实现革命抗日的志愿。

当我下乡前不久。杨扬又来通知我，可以具体着手准备下乡了，那一天有组织上的人来找你，具体面谈下乡事宜，暗号是什么。到了那一天，真的有一位同志来找我，后来知道就是李希之同志，他面谈了许多下乡事宜细节，并通知我于七月五日傍晚六点钟到外滩 4 号码头入口处，有人在那里等着，手持什么，联络暗号是什么，接上头后，即可随此人上船，以后到什么地方，都要紧随此人，直到目的地为止。

我同于定元、徐兴宝二同志谈了下乡的事，他们也为我保守秘密，并作下乡的准备。同时我向曹心安请假说回南浔探亲，到了五日那一天的傍晚，我装得像一个商人似的，穿了一身短布衣裤，拿了一个蓝底白花土布包裹，连钢笔也不敢带，只带了几件替换衣裤，在于定元默默陪送下，出了汇丰新楼的北门，握别后，独自一个人由江西路、九江路，绕行到外滩码头，同一位同志对暗号接上头后，拿了船票跟着他上船。

这条轮船名叫“凯斯顿”，是不大不小的一条长江轮船，天黑启航，开了一夜。第二天早上到了长江南岸的浒浦。我跟着带路人上岸，有两个日本鬼子在上岩处守候着，观察着，但乘客都安全通过。我按照规定与带路人保持一段距离，但总能望见他。我们在小店里吃了早点，就又跟着去上内河的小轮船，经梅李镇、常熟城，下午到了荡口镇。船上人中呼乘客上岸，说“皇军”要检查。于是我们一一上岸，有一二十人列队等候，“皇军”一一看过后放行，我们又一一下船，这时船上只剩下十来个人了，小轮船开出后不久，那带路人开口说话了：“好了，到这里，就没有问题了，大家都是自己人，人们要说就说，要唱就唱。”于是大家就兴奋得都叫喊起来，有的跳起来了，后来有些人就唱起抗日歌曲，我一看大概有十个左右男女青年同志，这时才知道都是从上海下来到无锡梅村去的，都是那位带路人——交通员一个人带下来的。那时问了他姓名，现在也已记不起了。

我就这样到了无锡梅村，参加了革命，由东路特委分配工作。当时书记是张英同志，决定让我参加《江南》半月刊的编辑工作。

六、下乡前后

小弟庆棠快要小学毕业了。那时我已从松江回到上海，在汇丰银行工作，也已是十八九岁的青年了。想想庆棠上学毕业，也就失学，连入初中也上不起，怎么办？我想起了去找南洋中学的校长王培荪先生，请求帮助解决我弟庆棠去南洋中学免费上学，原以为难办，谁知向王培荪校长提出后，当即允准。我也很高兴，为庆棠能上初中而欣喜。谁知 1937 年抗战爆发，一切落空，美梦一场。后来庆棠到上海来玩，我就对他说：“你本来可以上南洋中学读书的，现在日本鬼子已打进来，一切落空，你也就失学了。你应该记住，要恨日本鬼子。”我又告诉他：“我将来想去抗日，参加游击队。”并问他：“你恨不恨日本鬼子？将来我去参加了抗日游击队，你愿不愿去参加？”庆棠说：“愿意同你一起去参加。”于是我要他先回南浔家去，说：“如果我什么时候离开汇丰去参加游击队，我就写信给你，你再来上海。”为了瞒着祖母、母亲，我们相约，将来信中我只说找到一个生意，你可即刻来上海，不能详说，要庆棠接到我信时，立即来沪。

当我接到组织上通知，于 1939 年 7 月 5 日离沪下乡时，我就一方面同于定元谈了庆棠的事，托他代我接待，并同组织上联系，把庆棠也送下乡去找我。另一方面我自己就写信回浔，要庆棠速来沪，我想家中祖母、母亲接到我信是会相信的，会放庆棠去沪。后来庆棠到沪时，我已下乡去无锡梅村。庆棠的下乡，都是于定元同组织上联系后办理的。不久，庆棠也到无锡找到了我，并由无锡东路特委分配工作。

我与弟庆棠二人的出走，在我家和汇丰银行里引起轩然大波。事情是从我姐夫蔡厚生到上海来找我们兄弟二人爆发出来的。家中自接到我信，要庆棠立即赴沪后，我们兄弟二人就音讯全无，于是心生疑虑，祖母与姐夫就吵吵闹闹，责怪姐夫把小毛逼走了，并一定要姐夫赴沪寻找我们兄弟二人。姐夫到了上海汇丰银行查询，汇丰银行曹心安说，庆荣是请假回浔探亲的。姐夫则说他没有回浔，到哪里去了。庆棠是接信到上海来找哥哥庆荣找生意的，又到哪里去了。姐夫又到张家去寻找，也说不知，于是真相大白，庆荣、庆棠兄弟二人肯定是相约出走了，只是去向不明。无论是银行人员还是家中亲人，都只能作种种猜测，私下议论纷纷。

我与庆棠私自出走，不告而别，受打击最大的就是我祖母和母亲。特别是我祖母，她老人家的一生，丈夫早亡，儿子不争气，原想把孙子带大，一切希望寄在孙子身上，而今孙子也跑了，还带了一个小孙子一起走，真是老来无靠一场空。从此闷闷不乐，终日唠叨，思念着福宝。次年，张家舅公邀她去上海玩玩，散散心，她去了，住在张有她弟家。住了一阵子，后来病了，她坚持要回南浔，死也要死到南浔去。后来病越来越重，我母亲第一次出门到上海张家，去接我祖母回浔，租了一条木船，由小火轮后面拖着，祖母躺在船舱里，母亲陪着。第二天早上，船还没有到南浔，祖母已经不声不响地去世了。母亲从她身上发现一百多元钱。后来到了南浔，就拿这笔钱办了丧事。祖母的一生真是苦难的一生，旧中国妇女的苦难是深重的，至今想来，我仍感到对不起祖母，她老人家未能活到我革命胜利回来。

当年我同家人诀别，既不是同家人闹了什么气，也不是有什么不如意的事，或有什么意见。我同家人——祖母、母亲等是有感情的，我深知她们的苦难。但是我在当时的条件下，无法解脱她们的苦难。随着我民族觉悟、阶级觉悟的提高，当时我意识到，要保家必先抗日救国，要保家救国必先参加革命，只有走这革命的先国后家的道路，才是一条康庄大道。我正是这样想，才彻底打破了旧的家庭观念，冲过了这个家庭关，摆脱了旧家庭观念的束缚，下决心走上革命抗日的道路。

我自从离沪下乡后，就一直没有给家里写过信，祖母直到去世以前也不知道这个心爱的长孙到哪里去了。虽然这是革命的需要，也是一种牺牲精神，但是我内心一直深感内疚和遗憾。我当年的狠心和决心，都来源于革命的信念和抗日的思想，表明了我与旧社会旧思想观念的决裂。历史决定了我这样一个旧社会的弱者转变为一个叛逆的强者，走上了革命的道路。

七、从抗战到解放

我于1939年7月5日离沪下乡到达无锡梅村后，就由东路特委书记张英同志决定我与杨增同志一起，参加《江南》半月刊（油印）的编辑工作。不久又任团长，去领导无锡各界抗日联合会的一个战地服务团，往来于无锡乡镇（梅村、甘露等）之间，进行抗日宣传鼓动工作。服务团有男女青年团员十五人，如袁心玲、陈闯、袁方、朱诚、毛伯勤等，演出当年最流行的活报剧《放下你的鞭子》，以及唱抗日救亡歌曲等，同时也做组织群众工作。

10月，无锡一带地区，由于国民党忠义救国军胡肇汉部队的骚扰和进攻，组织上布置我们面目公开的干部撤退，通知我返回上海暂时隐蔽，待时再来。于是我与张昆者、陆静同志三人按下乡时原路返回上海。到上海后曾住在保险业联谊会的楼里。我曾去张家，想暂住几天，但遭婉言拒绝。主要是怕我来路不明，大概那时他们也已知道我从汇丰不告而别。不久，11月，得到组织上通知，又再次离沪下乡。这次下乡，交通员没有再带我们去无锡梅村，而是到了常熟的东塘市。那时东路特委已移到常熟地区来了，我随即被分配去常熟县董浜区任区委委员，书记是刘景兴同志，徐明同志是组织委员，我是宣传委员。

12月，我患疥疮，在屁股上结毒，长成一个大疮，肿疼异常，不能行走。

于是去江抗部队所属的后方医院，开刀后第五天，12 月 25 日，那天夜晚，后方医院移动到了常熟横泾附近的村庄里投宿。凌晨，忽闻日寇汽艇声，护士来通知起床，等待集合转移。但实际上已被日军包围，我躺在床底下躲避脱险，天亮时日军已退走，抓去包括护士在内的男女同志十人。后方医院共有包括护士、大夫以及伤病员数十人，大部分脱险转移。被捕者中有我到后方医院结识的战友张芸石同志，他擅长绘画，传闻被日军杀害。我以《太行山上》一歌改编一曲《虞山脚下》，以悼念战友，刊登在《大众报》上。

脱险后，于 1940 年 1 月，我就被分配到苏（州）常（熟）太（仓）地区董浜办事处任主任，负责交通联络工作。1986 年曾旧地重游，走到相传是《沙家浜》中阿庆嫂的茶馆看一看，据说当年谭震林同志也曾到过这里。我还走到河边眺望，依稀难以追忆，想找到原来办事处的所在处，也未能找到，因时间仓促，只能匆匆离去。

1940 年 3 月，我又奉组织之命，调去东路特委《大众报》馆当编辑主任并兼任《江南》半月刊的编辑。《大众报》当时已有萧湘、徐庆云等几位同志在工作，《大众报》大概在 1940 年 1 月已经创刊，但他们中还没有一个党员，因此组织上派我去领导这个报纸编辑出版工作，并要我发展党员，建立支部。后来，萧湘、徐庆云先后由我介绍入党。《大众报》是油印的，当时印几百份。

1940 年 5 月 9 日，东路特委决定成立江南社，把《江南》半月刊和《大众报》统一由江南社负责编辑、出版、发行等工作。冯二郎同志（即曹白，后改名刘平若）任社长，我任编辑部主任，11 月任副社长。1941 年 3 月 18 日江南社奉命从苏常太地区移到澄锡虞地区，我任社长，冯二郎留苏常太地区工作。自成立江南社后，工作顺利发展。在上海地下党的帮助下，运来了脚踏式四开平架机、圆盘机、各号铅字、油墨、白报纸等。于 1940 年 7 月改油印为铅印。《大众报》为三日刊，《江南》仍为半月刊。在苏常太地区时，因是水网地区，所以印刷机、铅字盘都安装在几条木船上，在木船上排字、印刷。那时共有木船七八条，分属编辑部、出版部、发行部使用，大部分都给出版部印刷使用。编辑部有一条船，船舱里就是图书馆，都是从上海带下来的书刊。我们当时的编辑同志（包括我在内），都自己学会摇船，自己认路，所以在一个村庄住一二天或二三天后，就在夜晚自己摇船他往，谁也不知道我们又到了哪个村庄。经常活动在董浜、阳澄湖一带。作家锡金同志（后为长春东北师范大学教授）也就在这个时候同我们一起活动。

移到澄锡虞地区后，由于河道较少，于是出版部工厂弃船上陆，安置在无锡北乡旗杆下村。5月的一天，曾遭敌伪军袭击，受到相当的破坏和损失。在全体工人同志的努力下，很快就恢复生产，继续出版《大众报》。在这次袭击事件中，我们出版部有一名工人同志被抓走。

1941年7月，敌伪在东路地区部署清乡，澄锡虞地区周围已筑起篱笆包围圈，江南社奉命撤退，过江到苏北靖江。这时副社长谢明明（即谢飞）也已到苏北，随即办理全社同志的重新分配工作。

1941年8月，我接谭震林的电报，要我速即回江南，去镇（江）丹（阳）地区前进报社工作。我随即渡江南下，在丹阳访仙桥附近找到了陈光同志，决定去前进报社任社长。《前进报》是一张石印报纸。10月敌伪清乡迅速从苏常太、澄锡虞扩展到镇丹地区，于是《前进报》又奉命撤退，我再次渡江到苏北。

到苏北后，我被派到新四军六师政治部当宣传干事，政治部主任由谭震林师长兼任。当时杨浩庐同志任政治部协理员，我在他领导下工作。

1941年11月8日，我又奉命调任新四军六师政治部调查研究室主任，随谭震林同志渡江再次南下，并去茅山地区，到丹阳县的延陵镇，找到了当时的县委书记吴承同志（现名李隽，在沈阳），就在延陵一带开展农村调查研究工作。1942年3月，组织上从苏北江（都）高（邮）宝（应）地区调程桂芬、陆培学、李贯一、黎光等四同志来调查研究室工作，并在延陵附近的东庄湖村、西庄湖村开始首次调查研究，取得地主、富农、中农、贫农、雇农的人口、土地数等统计资料。1942年5月，为便于工作，调查研究室归地方领导，改为苏皖区党委调查研究室，我仍任主任。同年8月13日，又改为茅山地委调查研究室，我仍任主任。至同年11月又将调查研究室一分为二，恢复苏皖区党委调查研究室，由我任主任，并带领程桂芬、李贯一等同志去溧水溧阳地区，在苏皖区党委直接领导下，开展调查研究工作。其他同志留在茅山，仍在茅山地委调查研究室工作。我与程桂芬经区党委组织部吴仲超（副书记兼部长）、李坚真（副部长）同志批准，于11月去溧水前在茅山地区结婚。到溧水后，就在李巷以李孝廉同志家为基地，进行农村调查，程桂芬被派往溧阳调查。

1943年5月，溧水地区环境因国民党部队进攻，日趋紧张，苏皖区党委决定机关实行精简，我下放到溧阳县自醒中学隐蔽埋伏，由校长张炳元负责安全，并任初中一年级语文教员作为掩护。7月，日寇在溧阳西岗、唐王一带扫荡，自醒中学停课，程桂芬到自醒中学暂避，我们二人同去张炳元家隐蔽。7月11日午饭时，程桂芬被进村搜查的朱琳镇伪军中的叛徒指认逮捕，并押解金坛。我于当晚离开张炳元家，找到溧阳县政府，积极设法营救，同时，又被任命为溧阳县政府文教科长，并在溧阳各区了解小学教育情况。

1943 年 9 月 24 日，苏皖区党委调查研究室恢复工作，我在溧阳县的西岗唐王区、指前标区、罗村坝区、后周区、竹箦桥区等进行了全面的社会调查。1943 年底奉命离开溧阳，回到驻在溧水的苏皖区党委机关。我将调查所得材料，整理成几万字的《溧阳县社会调查》，油印一百余份，分发有关领导。

1944 年 3 月 30 日开始，到 1945 年 5 月 23 日，我参加苏皖区党委机关的整风学习。本来组织上已决定调我去苏南党校参加整风，后因工作需要又临时决定我仍留机关，一边参加整风，一边继续工作。我参加了区党委机关整风的一个小组，成员是欧阳惠林（区党委秘书长兼宣传部长）、孙章禄（区党委敌工部长）、方克强（苏南行署秘书长）和我（苏皖区党委调查研究室主任）。

参加整风前后约一年左右，到 1945 年初夏结束。结束前我在区党委机关整风的大会上作典型报告，受到了当时苏皖区党委机关整风领导小组成员、十六旅政治部主任魏天禄同志的大会书面表扬，认为我的发言有理论有实际，理论与实际相联系，对机关整风起了良好的推动作用。

1945 年 2 月，新四军一师在粟裕率领下，渡江南下到达溧水、溧阳，进军浙西浙东，开辟根据地，成立了苏浙区党委，我继任苏浙区党委调查研究室主任，随区党委机关活动于长兴、仰峰一带。是年 4 月，程桂芬终于重新找到了党组织，回到了区党委机关，经组织上审查，于 1945 年 7 月恢复党籍。随之，我们也恢复夫妇关系。1945 年 8 月，日寇投降后，我与程桂芬、程敏等去宜兴丁蜀山镇进行陶瓷业的调查研究，整成材料交区党委。1945 年 9 月底，我与桂芬等同志正在丁蜀山继续进行调查研究之际，接区党委欧阳惠林同志的通知，立即返回区党委所在地，准备北撤。我们立即收拾行装返回机关，并于 10 月初，随机关人员在区党委副书记金明同志率领下，渡江北上。出发前不久，我曾同欧阳惠林等同志一起游览了宜兴的善卷洞。11 月，到达淮阴、淮安休整。吴仲超等一部分人留在淮阴、淮安，我们另一部分人继续在金明同志率领下，往山东临沂进发。行前，我将所有苏皖地区历年的调查材料（包括油印的《溧阳县社会调查》）交给吴仲超，（这些材料）后来在七战七捷中都损失了，这是非常可惜的。12 月，我们到达临沂城——中共中央华东局机关的所在地。苏浙区党委到达山东的全体干部，由华东局组织部分配工作，我于 1946 年 1 月被分配到华东组织部巡视团工作。

1946年4月，组织上又征求大家对分配工作的意向，我想我对报纸工作较为熟悉，并有志趣，向组织上表示了这一意愿。于是被分配到华东局的机关报——《大众日报》编辑部工作。

当时《大众日报》的社长是匡亚明同志，总编辑是陈冰同志。我于4月到大众日报社后，就到编辑部任地方版的编辑，同事有于冠西、包慧、王平权等。苏、浙、皖各地报纸工作的同志撤退到山东后，云集于大众日报社，干部甚多。于是大众日报社决定成立研究部，调要闻版编辑商白苇任主任。1946年11月，我也调研究部任研究员，主研军事与战争。许鲁野主研国际形势。我主研军事与战争后，每天看阅并积累解放战争的战况材料，日积月累，作成统计。报道了从统计数字看敌我力量消长的变化，说明由我弱敌强到我强敌弱的转变。这一报道在《大众日报》上作为重要消息刊登出来，新华社山东分社还电发总社和各地，当时解放区很多报纸都发表了这一新闻。这是研究部第一次发布自己编撰出来的新闻稿。后来我还多次发布新闻稿，画地图，制锌版，在报上刊登出来，并总结了我们研究工作的经验，写成文章，刊登在大众日报社编的《新闻业务》期刊上。1947年7月，我任研究部副主任，商白苇调东北后，我任主任。

1948年7月，中共中央华东局成立政策研究室，亟须建立资料室，于是调我到中共中央华东局秘书处任资料室主任，兼政策研究室秘书，这个资料室也是政策研究室的资料室。1949年4月，解放军渡江作战，解放南京、上海，我随华东局秘书长魏文伯同志，从山东青州闵家庄坐十轮大卡车南下到扬州，并于5月进入上海。当时华东局机关及资料室设在上海福州路建设大厦，工作人员猛增到50人左右，并增调罗文同志任副主任，下设档案组、资料组、图书组，调来的中学生、大学生数十人，充实了各组力量，整理档案，添购图书，剪报贴报，全室热气腾腾，一片繁忙景象。

八、建国以后

1950年5月，华东局与上海市委分开办公，华东局机关移常德路办公，资料室撤销，一分为二，改设华东局办公厅秘书处档案科，我任科长。当时，秘书处处长是李波人同志。同年8月，我又调任办公厅秘书处编辑研究科科长，主编华东局机关刊物《斗争》。1951年5月升任秘书处副处长，分工主管档案工作。1952年7月，又兼任档案室主任。

1952年10月25日，我奉调从上海到北京工作，程桂芬亦同北上。到北京后，任中共中央办公厅秘书处副处长，并被派往中国人民大学专修科档案班任主任，兼档案教研室主任，从此走上了档案高等教育工作的岗位。1953 年 8 月，人民大学专修科撤销，档案班扩大为档案专修科，我仍任主任。1954 年 12 月，我又兼任中共中央办公厅秘书局第三处，即中央档案馆筹备处副处长（到 1959 年 10 月）。

1955 年 6 月，档案专修科又扩大为中国人民大学历史档案系，我任系主任，兼党总支书记。1954 年 9 月—1966 年 6 月，我一直是中共中国人民大学党委委员。其间，1955 年 6 月—1963 年 10 月为中共中国人民大学党委常委会委员。1957 年 8 月 14 日，又任国务院科学规划委员会资料组组员。

1966 年 6 月，“文化大革命”开始，我备受迫害与折磨。1969 年 8 月 1 日才宣布解放。同年 11 月，恢复党的组织生活，并在北京市的农村、工厂劳动锻炼。1970 年 3 月 27 日，去江西余江县中国人民大学五七学校劳动锻炼，达二年半之久，开荒、采茶、养猪、看秧、耘稻、看花生地等活都干过。当时，我母亲亦同我一起前往江西，住锦江镇上，我每月从五七学校所在地骑五十多华里的自行车，返锦江休息四天。那时，程桂芬在江西进贤县中办五七学校，火车仅隔一县，但中办五七学校不同意我去看望桂芬，因此算来我俩有七年不见面。后来可通信，但中办都要检查后才给桂芬。大米、小米两个女儿都去山西忻县插队。因此我家虽然当时人都健在，但实际上家已破散。

我去江西时，仍将《马克思恩格斯全集》、《斯大林全集》、《毛泽东选集》、《鲁迅全集》以及档案专业的一套铅印出版的各科教材和译著作品，还有《辞源》、《辞海》等工具书，全部带到余江。我坚信马克思主义、毛泽东思想以及档案事业必将复兴。

1971 年林彪事件后，学校人员就有返京的酝酿。1972 年 7 月 30 日，我从五七学校返回原人民大学铁一号，住西小院，母亲也随我回到北京。其后，人大五七学校人员就陆续分批返京。我女儿大米、小米也一一从山西忻县回到北京，开始团聚。程桂芬直到 1975 年 3 月 31 日，才离开进贤中办五七学校返京。

人大返京后，1973 年 6 月，奉命正式停办散摊。有的系带建制划归北京大学，有的系带建制划归北京师范大学，有的系带建制划归北京师范学院，唯独档案系没有学校愿意收留，决定解散。我当时虽已宣布解放，恢复党的组织生活，但仍属靠边站的干部，没有具体工作，无权顾问其事。于是我以一个党员的名义和原档案系主任的身份，写了一封人民来信，一式三份，分送周总理、中央办公厅、北京市委。这封信的主要内容是说明停办容易恢复难，可能花上十年的功夫也恢复不到现在的水平。建议领导上慎重考虑，力避仓促决定。在此期间，建议暂交某一大学代管，待多作调查研究后，再作决定。信发出后不久，传来市委通知，表示同意采取由某大学代管的形式，再作研究，并称早该如此。据传，我给周总理的信当时也转到了市委，给中办的信则未知下落。就这样，决定档案系暂归北京师范大学按原建制代管，我也就于 1973 年 6 月随系一起到了北京师范大学。然而好景不长，过了一年，于 1974 年 6 月，据称接北京市委科教组来电话通知称：北京市委科教组同国务院科教组以及中央有关部门商量后，决定档案系停办。至此，我也无能为力，就这样，档案系面临着真正解散的命运，教师干部重新分配，有的改行留在师大，有的分配到其他单位。资料大多送造纸厂，图书则转送中央档案馆明清部，实验设备则由有关中学来领取。一个艰苦创办了二十余年的档案系被彻底拆散了，档案教育事业蒙受了严重破坏。我被留在师大。时隔一年，1975 年 5 月 7 日，北京师范大学成立顾问室，校长高沂同志亲自来开会宣布，我任顾问。

1976 年 10 月，“四人帮”被打倒后，全国形势大有转机。原人民大学的教师干部掀起了复校活动，我也积极主张复校复系。至 1978 年 4 月党中央批准恢复中国人民大学及其原有各系，历史档案系也同时正式恢复，我被任命为系主任、党总支书记。后历史档案系又正式改名为档案系。我积极地努力于恢复历史档案系的工作，那时我是这样想的，妈也有错打小孩的时候，“文化大革命”就像妈错打了孩子一顿，现在党已经为此平反道歉，还有什么不可放下的呢！所以我仍毫无怨言地为党工作。后来，人民大学各系分属三个部，即马列理论部、财政经济部、社会科学部。社会科学部下辖法律系、新闻系、档案系、语言文学系等。1978 年 7 月，各部设领导小组，我为社会科学部领导小组成员。9 月又兼任中国科技情报学会常务理事。10 月，任中国档案学会筹备委员会副主任委员。后又任北京市档案学会副理事长。1981 年 11 月，中国档案学会第一次会员代表大会召开，中国档案学会正式成立，我当选为第一届理事会（1981—1984）理事、常务理事、副理事长。1984 年 12 月又当选为第二届理事会（1984.12—1990.4）理事、常务理事、副理事长。1990 年 4 月，又当选为中国档案学会名誉理事长，并由中国档案学会第三次会员代表大会通过决议，授予“档案学研究荣誉奖”，颁发奖杯和荣誉证书。

1979 年 12 月，我去云南昆明出席中国科技情报学会常务理事会以及学术讨论会，忽咯血不止，经解放军一医院抢救后，送云南省人民医院救治。北京在曾三、张中同志的帮助吁请下，经中央办公厅主任姚依林嘱冯文彬电请卫生部派医疗组急救。医疗组辛育龄大夫在李凤楼陪同下，率领麻醉师一人，飞往昆明，同昆明各大医院内外科主任十余人会诊，决定保守疗法，打针止血。云南省档案局大力配合，经 40 天的抢救，终于转危为安。1980 年 1 月，途径四川成都，飞返北京，后诊断为支气管扩张，因昆明海拔高达2 000米，气压较低，不适应所致。

病后，我想我的时间也许不多了，为争取时间把我对档案学理论与历史的研究心得和认识整理成稿，在疗养期间就开始伏案写作，终于写成了 30 万字的书稿，于 1982 年 10 月由人民大学出版社作为校内用书出版发行7 000册。后又于 1986 年 10 月，由四川科学技术出版社正式出版，书名仍为《档案学理论与历史初探》，印数 1.8 万册。1988 年 11 月获人民大学科研成果奖。

1983 年 7 月，我退居二线，任档案系名誉系主任，仍参加档案系主任办公会议，陈兆祦任主任。是年，我被校系评为教授，至 1985 年正式批准。自 1982 年起，我作为档案系的硕士研究生导师，直接指导三批研究生，都已取得硕士学位。冯惠玲、丁志民于 1985 年毕业，郑鸽、李宪、魏娜、朱国斌于 1986 年毕业，海滨、吴兰于 1987 年毕业。

退居二线为名誉系主任后，除带了上述八位研究生外，我主要努力从事档案学术研究工作。1985 年 7 月，国家教委正式批准中国人民大学成立档案学院。这是我从 1959 年起就努力为之奋斗的目标，终于在经过了几次曲折之后，实现了这一心愿。1985 年 8 月，《中国大百科全书·图书馆学 情报学 档案学》卷的档案学卷编辑委员会正式成立，我被聘任为编委会主任，主持工作。同年 12 月，在上海辞书出版社的支持下，成立《档案学词典》编辑委员会，我被聘任为主编。上述两本工具书的书稿都已完成，并于 1993 年、1994 年分别出版。

经几年的努力，《档案学概论》于 1988 年 1 月，由中国人民大学出版社出版，我为主编，和宝荣、丁永奎为副主编。此书于 1991 年 2 月，获中国人民大学优秀科研成果著作奖。同年 7 月，又获中国人民大学优秀教材奖。1992 年 11 月，又获国家教委高等学校优秀教材一等奖。

在研究生海滨的积极搜集材料和编纂、校阅下，我的论文集《论档案学与档案事业》一书，于 1988 年 4 月由南京大学出版社出版。

为了使我指导的八位研究生的学位论文被编纂成册，发挥更好的学术作用，由我主编，丁永奎为副主编的《当代中国档案学论》一书，于 1988 年 5 月由档案出版社出版。

1979 年 7 月，我担任《档案学通讯》的总编辑，1987 年 7 月担任《档案学通讯》编委会主任（1984 年 12 月起总编辑改由原副总编辑陈兆祦担任）。

我还被聘任为几所大学的兼职教授。1984 年 9 月，任苏州大学兼职教授；1985 年 2 月，任上海大学兼职教授；1986 年 9 月，任南京大学兼职教授；1986 年 7 月，任空军政治学院兼职教授。

在 80 年代里，我还参与了档案专业高级职称的评审工作。曾任国家档案局档案专业高级职称评审委员会委员，江苏省档案专业高级职称评审委员会主任，上海市档案专业高级职称评审委员会副主任，水利电力部档案专业高级职称评审委员会副主任。

1987 年 11 月，人大档案学院举行成立 35 周年暨我从教 35 周年的庆祝大会，同时也正好是我的 70 寿辰，受到许多同志的庆贺。

1988 年 2 月，我正式办理了离休手续，开始离休生活。

1989 年 4 月，我去上海出席上海市档案高级职称评委会，会议结束后的 4 月 27 日晚，胆囊炎突然发作，当夜即去华东医院急诊，并住院检查，确诊为胆结石症，于 29 日下午 6 时作胆囊切除手术。住院两个月，痊愈后返京。此次病中，大米还专程赴沪照顾，上海市档案局也出了大力。

1990 年 7 月和 1991 年 7 月，我与程桂芬两次去北戴河，一边休养，一边为中国管理科学研究院管理史研究所举办的档案管理研讨班讲学。

1991 年 8 月返京后，经北京医科大学第三附属医院作 B 超检查，诊断为重度前列腺肥大，须作手术治疗，不久即住院，由泌尿科大夫主刀，于 9 月 13 日切除前列腺，共重 63 克。手术后一切顺利，小米及三位研究生昼夜照顾。于 9 月 27 日出院返家。

根据 1990 年 7 月在北戴河的协议，由我主编一本适应研讨班教学需要的教材，经有关同志的努力，终于由我主编的以“档案学简明教程”为书名的教材，由档案出版社于 1991 年 4 月出版。

在有关同志的推举下，我于 1990 年 4 月任北京教授讲学团中国人民大学分团的主任，并于 1990 年 4 月被教授总团聘为教授。1991 年 8 月，北京教授讲学团改为中国老教授协会，人大分团也随之改为社会科学专业委员会，我仍任主任。1993 年 3 月，被中国老教授协会聘为特聘教授。

1992 年档案学院建立 40 周年，又是我从事档案教育工作 40 周年、75 岁寿辰。

自 1992 年迄今，英国剑桥国际传记中心已来函 50 余封，我先后入选《国际名人传记辞典》第 23 版，《有成就的名人录》第 16 版等，并被命名为“1992—1993 年度国际名人”，被授予“20 世纪成就奖”等。美国传记研究所，也已来函 30 余封，我入选“五千个世界名人”、“1993 年名人”、“十年来最钦佩的名人”、“1993 年世界名人”等，被授予“世界终生成就奖”等。

九、回顾综述

我从 1939 年 1 月参加党和下乡参加新四军，迄今（1996 年 1 月）已有 58 年，也就是说有半个多世纪了。在这 50 余年间，从我的工作经历来看，可以说经过了三个历史时期：(1) 抗日战争时期。(2) 解放战争时期。(3) 全国解放后的革命和建设时期。当然，第三个时期尚在继续发展中。我的工作不管经历与职务如何变化，基本上是三大类：(1) 新闻报刊工作。(2) 调查研究工作。(3) 档案工作。虽然在抗战时期似乎调动频繁，实际上主要也就是新闻报刊工作和调查研究工作。解放战争时期又回归于新闻报刊工作，并开始从事资料、档案和研究工作。全国解放后，则专一于档案工作和档案教育工作以及档案科学研究工作。在此过程中，我在党的培养下，从一个穷苦教职员家庭的孩子、初中毕业生、电灯公司和外商银行的练习生，发展成为一个老党员、老干部、老教授，一个老档案工作者、档案教育工作者、档案学者。

为什么我在这 50 多年的发展道路中会呈现出这样的特点呢？从一个练习生最终成为一个教授和学者呢？

党的干部选择、选拔和培养是重要的，也可以说是决定性的。最早的一次是我 1939 年下乡后，东路特委书记张英同志要我去参加《江南》半月刊的编辑工作，以及在苏常太地区主办《大众报》，从此我就走上了报刊宣传工作的道路。然后第二次是新四军六师师长谭震林同志于 1941 年冬决定调我去担任新四军六师政治部调查研究室主任，我从此又转上了党的调查研究工作之路，搞了五个年头的调查研究工作。抗战胜利，到达山东，我又回到了较熟悉的报刊宣传工作道路。然而在华东局秘书长魏文伯同志的选择下，我又于 1948 年从大众日报社调到了华东局搞资料、档案和研究工作，从此就走上了档案工作的道路。直到 1952 年，在中共中央办公厅秘书处处长曾三同志的选拔下，调到北京，走上了档案教育工作之路，一走就是 40 多年。如果没有党的这些选择、选拔和培养，那么我是不可能从一个练习生成长为一个教授和学者的。现在已年届八旬，回想当年许多一起工作过的同志，他们有的牺牲了，有的病故了，有的徘徊不前，有的回家不知下落。同他们比较起来，我的经历虽然也是坎坷的，但还是幸运的。我是幸存者中的幸运儿。在我50多年的工作经历中，用历史的眼光来看，虽然也不是没有什么调动，但基本上是比较稳定的。这点对我一生很重要。从大的方面来看，所做工作大体确可分为三类，但实际上这三类工作都有着内在的联系，环环相连，较为专一的。从一定意义上说，我一生所做的工作，基本上都是属于文化、教育、科学性质的工作范畴。除非自己根本不努力，长期在这样的性质和范畴中工作，总该被培育成人的。

本人的思想观念和个性作风也关系很大，也许可以说这是我入党前的时期里所形成的马克思主义世界观、人生观所决定的。我历来认为，终生为共产主义事业奋斗是具体的，不是抽象的。要实现共产主义事业的理想，必须从具体工作做起，必须把自己所做的当前每一项具体工作当作终生事业来做，否则一切就成为空中楼阁，成为空谈。同时，我又认为，一个共产党员必须服从组织分配，在具体的工作岗位上为实现共产主义的理想而奋斗。我是共产主义事业的理想和现实工作的统一论者，事业与工作的统一论者。服从组织分配的思想，也是建筑在这样的认识基础上的。我历来认为，一定要把自己从事的每一项工作或职业，当作共产主义事业中的具体事业和工作来做。所以，我在做报刊宣传工作时，做调查研究工作时，做档案教育工作时，都是把它当作一项事业和工作来做的，当作我的终生事业来做的。一切积极性、创造性都来源于此。正因为这样，我在分配工作后，对待每一项工作都是很安心的。特别明显的事实是我在人民大学档案系工作40多年。这样的个人思想个性就更促使我工作经历呈现比较稳定的态势。

我不求当官，只想多做实事，这也是促使我的历史发展具有自己特点的思想因素。全国解放，刚开始建国的初期，我就想，今后国家的重点将转向建设，个人必须专一行，为国家建设出力。不能只想当官，当万金油干部。就这样，我选择了档案这一行，总的说来，已干了40多个年头，能够长期坚持在档案这一领域中工作，这不能不说也与本人的思想观念、个性作风有很大关系。

我能够从一个练习生起步，最终成为一个教授、学者，这同自己几十年来不断努力地在自学中建树起一定的思想理论文化基础也是分不开的。特别是在我个人历史的前半期，有三件事是在奠定我的思想理论文化基础上起着长远影响和作用的。

(1) 我是一个中学门没有出、大学门没有进的人，我通过自学弥补了这个在文化基础上的缺陷，特别是在 1938 年我在上海参加黄炎培为校长的上海职业补习学校举办的各科讲座：中国历史、世界历史、经济学、哲学、文学等。当时的老师，现在来说都是名家了，如周谷城、周予同、孙冶方、林淡秋、平心、巴人、王任叔等。他们的讲授培植为我打下了思想理论和文化的一定基础，这是难以忘怀的。

(2) 抗战时期，1944 年，在苏皖区党委机关参加党的整风学习，这在我历史上可以说是一次具有重大意义的政治理论学习，收获是大的，效果是好的。主要表现在我的马列主义、毛泽东思想理论水平、思想方法、党性修养、思想作风等方面的提高，这是不可磨灭的，使我一生受用。那时使我真正体会到，做好一个共产党员确实不是件容易事。共产党员确实是要由特殊材料制成的，从组织上入党到真正思想上入党，是要有一个相当长时期的磨炼过程。就在那次整风学习结束时，我在一本整风文件的书后写上了一首自勉诗："读文件兮宜深入，整三风兮当坚执；思想正兮志气直，康兮康兮布尔什。"(1945 年 3 月 8 日作)

(3) 抗战时期五个年头的调查研究工作，对我深入农村，了解农民，了解社会，联系群众，培养实事求是的思想作风，锻炼思想方法，学会工作方法等，都有很大好处。当日寇投降之际，我正在宜兴丁蜀山作陶瓷工业调查，这也对研究我国市镇传统工业情况，以及了解和认识社会有很大作用。现在每想起这些调查材料，都已损失得片纸只字不留，感到无限惋惜。

我能够从一个练习生发展成为一个教授、学者，也许可以说不完全是偶然的，从自身的条件来说也不是完全没有一点基础的。

我一生的工作，可以说一直是同知识分子在一起的，在知识分子圈里，同知识分子打交道的。他们或她们从当时当地的干部情况来说，都是文化水平比较高的，从初中、高中到大学的都有。虽然我的工作职务有时也冠以什么长，如社长、科长、处长等，但在绝大部分时间里，我都是当主任的，如编辑部主任、调查研究室主任、研究部主任、资料室主任、档案室主任。1952 年到了中国人民大学，从班主任、科主任到系主任，所以，可以说我是当了一辈子的主任。主任也是官，但也可以说不一定就是官，只是一定组织的一个头头而已。到人民大学这样一所高等学校后，即使系主任，我看也不是什么官，在几十年的担任系主任的工作努力中，自然可能逐渐向着成为一个教授和学者的方向发展了。到人民大学来工作，也许是我历史的一个良好的必然归宿。

我是在 1948 年以大众日报社研究部的工作为转机，转到了华东局的资料室工作，当时是为了适应华东局政策研究室研究工作的需要，把我调去管理华东局的图书、资料、档案等。1949 年到上海，华东局的资料室扩大了编制与规模，下设图书、资料、档案三个组，共有几十个人，我就这样开始接触了档案工作，当然也接触图书、资料工作。后来 1952 年又调我到北京，专门到人民大学去搞档案教育工作，这才专门去搞档案工作这一行了。看来，我转上档案工作岗位，既是偶然的，也有必然的因素。

干一行，安一行，钻一行，爱一行，这是我历来的态度。我认为这是一个革命干部起码应有的态度，共产党员就更不用说了。我对档案工作，从钻进去到热爱这个工作，是有一个发展过程的。即钻进去，有了兴趣，然后觉得可爱，又进而热爱，最后达到迷恋。有人说我似乎给迷住了心，其实对工作热爱，发展到迷恋的程度，这是好事。这表明此人确已钻进去了，而且是钻一行，专一行。这个从钻到爱的过程，也是伴随着对档案、档案工作、档案事业和档案学的认识逐步提高和完善的过程，它们是分不开的，互为因果的。热爱和迷恋自己的工作，这是任何想要专一行的人所必须具备的思想条件。

最初我在搞档案以及图书、资料工作的时候，我对它们是并无什么深刻认识的。但是起码有一点我是知道的，也是有个人的深切体会的，这就是搞研究必须有材料，没有材料，想要研究问题是根本不可能的。关于这个问题的理论，从马克思到毛泽东都说得很清楚。所谓研究所需的材料，我想，包括图书、档案、资料、文件、报刊等都是属于材料范畴。由此我就开始认识到档案和档案工作的地位、作用及其重要性。革命也好，建设也好，社会各方面的发展也好，我看都离不开对包括档案在内的材料的需要，这是一项基础性的工作。随着时间的迁移，工作的发展，我的认识当然也日益提高和发展，最后落到了对档案事业和档案学的认识和理论研究上。

在中国人民大学建设档案专业的 40 多年，也许可说我是尝够了人生甜、酸、苦、辣的种种味道。有赞颂你的，有夸扬你的，也有来自内外的贬低你、怀疑你、轻蔑你、讥讽你、遗忘你的，甚至取消你、搞垮你、否定你的。当然，这未必是对人的，而往往是对事的。在这样的环境中，也锻炼了自己的意志和信念，提高了自己的认识和斗争精神，也反映了我的个性和脾气。我一定要执着地坚持下去！我非把它建成一个专业一门科学不可！你根本取消不了它的！最终总将恢复的！我有时心里这样想，你轻视蔑视它，只说明你不了解它，也许可以说是你无知。在 50 年代有人否定档案学时，在十年动乱中挨批挨斗、档案学遭受灾难时，在人民大学停办，档案系将决定被撤销时，我都坚持自己的信念。党的需要，社会的需要，终将决定档案学是有生命力的。信念的力量来源于党的需要，社会的需要，以及自己的提高到了理性的认识。同时也表现了我这人的个性脾气，我如果没有这么一点倔强劲，也许我也不会来搞档案工作，更不会搞档案工作一搞就搞了 40 多年。

我做了一个共产党员所应该做到的。我为档案教育和档案事业奉献终生，也就是为实现党的共产主义事业和理想贡献一份力量。

党把我培养成为一个教授、学者，然而我归根到底还是一个共产党员，一名老党员、老干部、老战士。

以马克思主义、毛泽东思想为指导的，具有中国特色的社会主义档案事业、档案教育和档案学就是在斗争中成长和发展起来的。作为一个共产党员，实际上我也是在斗争中成长和发展起来的。

十、简历表

1917.9.4　生于浙江湖州南浔镇

1922.2　去上海

1922.9—1923.7　上海城西幼稚园

1923.9—1927.7　上海城西小学初小读书毕业

1927.9—1931.7　上海西区小学高小毕业及附设初中一学习

1931.9—1933.7　上海南洋中学初中学习和毕业

1933.9—1935.8　江苏松江电灯公司练习生

1935.8—1939.7　上海英商汇丰银行练习生

1938.2—1939.7　上海银钱业联谊会会员、记者

1939.1　在上海参加中国共产党

1939.7.5—1939.8　下乡到江苏无锡参加革命，任东路特委《江南》半月刊编辑

1939.8—1939.10　无锡各界抗日联合会战地服务团团长

1939.11—1939.12　东路地区中共常熟县董浜区委委员

1940.1—1940.3　苏常太地区董浜办事处主任

1940.3—1940.5　东路特委大众报馆编辑主任兼《江南》编辑

1940.5.9—1940.11　东路特委江南社编辑部主任

1940.11—1941.3　东路特委江南社副社长兼编辑部主任

1941.3.18—1941.8　东路特委江南社社长

1941.8　清乡北撤　兼新四军六师东进报社部队版编辑

1941. 8—1941.10　镇（江）丹（阳）地区前进报社社长

1941.10—1941.11　新四军六师政治部宣传干事

1941.11.8—1942.5　新四军六师政治部调查研究室主任

1942.5—1942.8　苏皖区党委调查研究室主任

1942.8.13—1942.11　茅山地委调查研究室主任

1942.11初—1943.5　苏皖区党委调查研究室主任

1943.5—1943.7　溧阳县自醒中学教员（隐蔽、埋伏）

1943.7—1943.9　溧阳县政府文教科科长

1943.9.24—1945.2　苏皖区党委调查研究室主任

1944.3.30—1945.5.23　在苏皖区党委机关整风学习

1945.2—1945.10　苏浙区党委调查研究室主任

1945.10—1945. 12　抗战胜利，北撤山东

1946.1—1946.4　中共中央华东局组织部巡视团团员

1946.4—1946.11　大众日报社编辑部编辑

1946.11—1947.7　大众日报社研究部研究员

1947.7—1948.7　大众日报社研究部副主任、主任

1948.7—1950.5　华东局秘书处资料室主任，兼华东局政策研究室秘书

1950.5—1950.8　华东局办公厅秘书处档案科科长

1950.8—1951.5　华东局办公厅秘书处编辑研究科科长（负责编党刊《斗争》）

1951.5—1952.7　华东局办公厅秘书处副处长

1952.7—1952.10　华东局办公厅秘书处副处长兼档案室主任

1952.10.25　中共中央办公厅秘书处副处长

1952.10.25—1953.8　中国人民大学专修科档案班主任兼档案教研室主任

1953.8—1955.6　中国人民大学档案专修科主任

1954.12—1959.10　中共中央办公厅秘书局三处（中央档案馆筹备处）副处长

1955.6—1966.6　中国人民大学历史档案系主任兼党总支书记

1954.9—1966.6　中共中国人民大学党委委员

1955.6—1963　中共中国人民大学党委常委会委员

1955.11 印度政府教育部聘为印度历史档案委员会通讯委员，1958年2月和9月印度驻华大使馆又两次发来照会续聘

1956.6.14 毛泽东、周恩来、朱德、陈云、林伯渠、邓小平等中共中央领导接见参加拟制全国长期科学规划工作的全体同志并合影留念，张中、裴桐、吴宝康参加

1957.8.14 国务院科学规划委员会资料组组员（聂荣臻发聘书，科聘字0436号）

1958.9 中国档案工作者代表团成员，应捷克斯洛伐克内务部档案管理局邀请，出席该国全国档案工作者代表会议。又应苏联内务部档案管理总局的邀请，去苏联参观访问

1960.2 出席北京市文教系统群英大会

1966.6—1969.8 “文化大革命”靠边站

1969.8.1 宣布“解放”

1969.11 恢复组织生活

1969.8—1970.3 北京市郊区农村和工厂劳动锻炼

1970.3.27—1972.7 江西余江中国人民大学“五七”学校劳动

1972.7.30 从“五七”学校返回北京

1973.6 中国人民大学正式停办散摊，致函周总理、中央办公厅、北京市委，档案系暂归北京师范大学代管

1974.6 档案系接通知停办散摊，仍在北师大

1975.5.7—1978.4 北京师范大学顾问室顾问

1978.4 中国人民大学历史档案系、档案系主任、党总支书记

1978.7—1980.6 中国人民大学社会科学部领导小组成员

1978.9 中国科技情报学会常务理事

1979.10 中国档案学会筹委会副主任委员

1981.11 中国档案学会第一届副理事长

1981 北京市档案学会副理事长

1984.12 中国档案学会第二届副理事长

1979.7—1984.12 《档案学通讯》总编辑

1987.7 《档案学通讯》编委会主任

1983.7 中国人民大学档案系名誉系主任

1983年　教授（1955年聘为副教授），硕士研究生导师

（1985.7国家教委批准中国人民大学成立档案学院）

1985.8　中国大百科全书档案学卷编委会主任

1985.12　《档案学词典》编委会主编

1984.9　苏州大学兼职教授

1985.2　上海大学兼职教授

1986.9　南京大学兼职教授

1986.7　空军政治学院兼职教授

1987.11　庆祝档案学院成立35周年暨吴老从教35周年

1986.1　中国人民大学校务委员会委员

1982.5　北京市高校提升高级职称档案学专业评审组组长

1985.9　中国人民大学教师学衔委员会历史学评审组组员

1986.6　国家档案局档案专业高级职称评委会委员

1987.1　江苏省档案专业高级职称评委会主任

1988.3　上海市档案专业高级职称评委会副主任

1987.6　水利电力部档案专业高级职称评委会副主任

1982.10　《档案学理论与历史初探》中国人民大学出版社作为校内用书出版

1986.5　中国人民大学吴玉章奖金基金委员会委员

1986.4　《中国人民大学丛书》编委会委员

1986.9　四川科技出版社出版《档案学理论与历史初探》

1988.2　离休

1988.11　《档案学理论与历史初探》获中国人民大学科研成果奖

1988.1　中国人民大学出版社出版《档案学概论》

1988.4　南京大学出版社出版《论档案学与档案事业》

1988.5　档案出版社出版《当代中国档案学论》

1990.4.21　中国档案学会第三届会员代表大会通过为名誉理事长，并决议授予“档案学研究荣誉奖”，发给奖杯、荣誉证书

1990.4　北京教授讲学团教授，中国人民大学分团主任

1991.2　《档案学概论》获中国人民大学优秀科研成果著作奖

1991.7　《档案学概论》又获中国人民大学优秀教材奖

1991.4　档案出版社出版《档案学简明教程》

1991.8　中国老教授协会社会科学专业委员会主任

1992.8.14　英国剑桥国际传记中心，来函通知选定列入《国际名人传记辞典》第23版，并祝贺此入选荣誉

1992.9.4　英国剑桥国际传记中心来函通知，又入选为《国际知识分子名人录》第10纪念版

1992.10.9　英国剑桥国际传记中心来函通知，又入选为《有成就的名人录》第16版

1992.10.30　英国剑桥国际传记中心来函通知，命名为“1992—1993年度国际名人”，并祝贺“获此荣誉”

1992.12.23　英国剑桥国际传记中心来函通知，并祝贺荣获“20世纪成就奖”

1992.10.1　为表彰对高等教育事业做出的突出贡献，国务院批准发给政府特殊津贴及证书

1992.11　《档案学概论》获高等学校优秀教材国家教委一等奖

1993.1　《中国大百科全书·图书馆学 情报学 档案学》卷出版

1993.3　中国老教授协会特聘教授

1993.4—10　美国传记研究所多次来函入选为“五千个世界名人”、《国际杰出领导人辞典》、“1993年名人”、“有成就的核心名人”、“十年来最钦佩的名人”、“1993年世界名人”、“五百个有影响的领导人”等，并授予“世界终生成就奖”等

1993.10.8　江泽民、李鹏等中央领导接见《中国大百科全书》胜利完成庆祝大会全体同志，并合影留念，吴宝康参加

1994.1　中国老教授协会档案与文秘研究所所长

1994.7　上海辞书出版社出版《档案学词典》

1994.10　中国档案学会第四届会员代表大会聘任为名誉理事长

致　谢

2017年是吴宝康先生诞辰100周年，又恰逢中国人民大学建校80周年、中国人民大学信息资源管理学院（档案学院）创办65周年。为纪念先生诞辰、庆祝校院创建，学院决定，委托笔者编撰先生学术年谱并资助出版。笔者1993年进入湘潭大学档案学专业学习，2001年考入中国人民大学信息资源管理学院（档案学院）继续深造，2007年留校任教。24年以来，晚生一直学习先生的档案、教育思想，景仰先生的长者风范、学者风骨、贤者风尚。此次受托编撰先生学术年谱，殊为荣幸，也颇感压力。

在本书编撰过程中，中国人民大学信息资源管理学院（档案学院）周雪恒教授、冯惠玲教授、张斌教授、胡鸿杰教授、王英玮教授、梁继红副教授，中国老教授协会档案与文秘专业委员会王德俊主任、中国人民大学信息资源管理学院（档案学院）党委书记王丹同志等师长给予了精心的指导，提供了宝贵的意见。尤其是冯惠玲教授还在百忙之中挤出时间撰写了序言，王德俊先生为本书逐字逐句地做了校正。先生二女儿吴稼青女士为本书编写提供了许多信息，并授权我使用先生捐赠给中国人民大学档案馆的档案资料。中国人民大学档案馆李惠常务副馆长、杨文娜馆员、胡玲玲馆员，浙江省湖州市南浔区档案馆朱丹娜副馆长等热情、耐心地提供了各种档案资料供我查阅利用。中国人民大学闫静、熊文景、王露露、叶茹雨、李晶伟、洪泽文、张馨艺、李孟秋、乔晓杨、廖婷婷等同学帮助查阅了大量的文献，整理了初步的资料，进行了细心的文字校对。中国人民大学出版社潘宇女士、盛杰编辑、黄超编辑为本书的编辑出版，付出了辛勤的劳动和大量的心血。在此，对上述师长、同事、朋友、同学表示最衷心的感谢！

由于作者学识有限，加上时间仓促，本书还有许多错漏与不足，恳请各位读者批评指正，不胜感激。联系邮箱：xyj@ruc.edu.cn。

徐拥军

2017年11月26日

图书在版编目（CIP）数据

吴宝康学术年谱 / 徐拥军编著 . —北京：中国人民大学出版社，2018.4
ISBN 978-7-300-25595-8

Ⅰ.①吴… Ⅱ.①徐… Ⅲ.①吴宝康（1917－2008）-学术研究-年谱 Ⅳ.①K825.41

中国版本图书馆 CIP 数据核字（2018）第 032834 号

吴宝康学术年谱
徐拥军　编著
Wubaokang Xueshu Nianpu

出版发行	中国人民大学出版社		
社　　址	北京中关村大街 31 号	**邮政编码**	100080
电　　话	010－62511242（总编室）		010－62511770（质管部）
	010－82501766（邮购部）		010－62514148（门市部）
	010－62515195（发行公司）		010－62515275（盗版举报）
网　　址	http://www.crup.com.cn		
	http://www.ttrnet.com(人大教研网)		
经　　销	新华书店		
印　　刷	涿州市星河印刷有限公司		
规　　格	170 mm×240 mm　16 开本	**版　　次**	2018 年 4 月第 1 版
印　　张	16.75 插页 4	**印　　次**	2018 年 4 月第 1 次印刷
字　　数	281 000	**定　　价**	108.00 元